SW중심사회에서의

소프트웨어의 이해

Understanding of Software in SW-based Society

| 김행곤 · 손이경 지음 |

도서출판 그린

머릿말

우리 사회가 또 다른 대변화를 하고 있다. 그동안 우리 사회를 운영하던 기본 틀에 혁신이 일어나고 있다. 소프트웨어 중심사회 구현이다. 스마트폰 뿐만이 아니라 세상을 파괴적으로 바꾸는 기술이 지속적으로 출현하고 있다. 빅데이터 분석기술, 사물 인터넷, 클라우드 기술, 로봇 기술, 무인 자동차 기술, 3D 프린터 기술 등등의 출현으로 우리는 지금 문명사적 변화를 경험하고 있다고 하여도 과언이 아니다.

이 변화의 핵심은 디지털 지식혁명이다. 디지털 표현으로 인터넷을 통하여 지식과 정보를 공유하며, 그들을 소프트웨어로 제어한다. 또 직관적 의사결정 관행에서 데이터 기반의 과학적 의사결정 체제로 진화한다. 이제는 단순 노동만이 아니라 고도의 지식 노동도 자동화됨에 따라 지식의 활용과 창출이 급가속화 되고 있다. 이런 변화를 수용하여 현대 사회를 소프트웨어 중심 사회(Software Oriented Society)라고 표현하고 있다. 크게 보면 소프트웨어 중심사회는 하드웨어 중심사회와 대척점에 있다. 그동안의 유형경제와 제조업중심경제를 탈피하여 무형적 비가시적인 소프트경제로 확실히 이전하는 것이 소프트웨어 중심사회를 구현하는 것이다. 제조업에 소프트웨어를 입혀 무형적 가치를 증대하고, 무형적 신산업을 많이 일으켜야 소프트웨어 중심사회가 환영받을 것이다. 작게 보면 소프트웨어 중심사회는 그동안 컴퓨터 하드웨어의 그늘에서 부수적인 존재로 취급되던 컴퓨터 소프트웨어가 하드웨어를 넘어서는 중심 존재로 부각되는 것이다. 소프트웨어의 가치를 제대로 인정받고, 소프트웨어적 사고방식이 보편화되도록 하면 소프트웨어 중심사회가 구현된 것이라고 볼 수 있다.

이 책은 위에서 언급한 제 4차 산업혁명 시대와 소프트웨어 중점사회에서 필요한 컴퓨터, 모바일, 소프트웨어에 대한 학습을 시작하는 대학생들이 기본 지식을 습득할 수 있는 길잡이가 될 것이다.

이 책은 소프트웨어 중심사회에서 꼭 필요한 컴퓨터 개요, 소프트웨어 개요 등 9개 단원으로 4차 산업 혁명과 소프트웨어를 통한 미래 사회의 발전을 위한 ICBM(IoT, Clouding, Big Data 그리고 Mobile 소프트웨어)를 다루고 있다.

변화의 큰 폭풍이 우리에게 다가오고 있다. 우리 사회는, 기업들은, 정부는 과연 그 변화를 감지하고 준비하고 있는가? 우리의 젊은이들을 이런 변화에 적응하기 위한 교육훈련을 제대로 받고 있는가? 우리는 산업사회에서의 작은 성공과 근거 없는 IT강국의 구호에 취하여 실기한 것이 아닌가 걱정된다. 이제 우리는 산업사회의 패러다임에서 벗어나 지식창조사회로 진입하기 위한 특단의 조치가 필요하다.

본 저서를 통해 새로운 4차 산업 사회로 진입하기 위한 다양한 용어를 잘 이해하고 흥미롭고 장래 진로를 위한 지침서가 될 것이다.

본 저서가 나오기까지 애써준 손이경 교수, 자료 정리를 도와준 학부 김주성, 이온유 학생에게 감사하고 좋은 책이 나오도록 애써준 그린 출판사 윤덕우 사장님, 윤치영 과장님께도 감사를 드린다.

Contents

Understanding of Software in SW-based Society

Chapter 01

SW중심사회에서의 **소프트웨어의 이해**

컴퓨터 개요

4차 산업 혁명이 시작되면서 우리들의 생활에는 많은 변화가 생겨났다. 18세기 후반부터 시작된 3번의 산업혁명은 새로운 기계의 발명과 혁신적인 기술 발전으로 인간의 삶을 윤택하게 만드는 데 크게 이바지하였다. 이러한 발전의 뒤에는 여러 가지 부작용이 나타나기도 하였으나 이들 부작용을 이겨내고 더 나은 삶을 유지하는데 과학 기술은 많은 영향력을 행사하였다. 과학 기술의 핵심이라 불리우는 컴퓨터는 초창기에는 과학 기술 및 군사적인 용도 등 특별한 목적을 위해 사용되었으며, 일부 국가 또는 연구소 등과 같은 특수한 계층을 위한 전유물로 인식되어왔다. 하지만 20세기 후반 컴퓨터와 인터넷 기반의 지식 정보 혁명인 3차 산업 혁명으로 인해 컴퓨터는 다양한 분야에서 누구나 쉽게 자신의 업무에 사용할 수 있는 존재가 되었다. 뿐만 아니라 21세기 초반 제 2의 정보 혁명이라 할 수 있는 4차 산업 혁명으로 컴퓨터는 누구나 언제 어디서든 쉽게 사용할 수 있게 되었고, 다양한 정보기기를 이용하여 전 세계에 흩어져있는 무수히 많은 정보들을 손쉽게 검색하고 사용할 있게 되었으며, 이러한 정보 기술은 국가 산업의 흥망을 결정하는 중요한 요인으로 자리하게 되었다.

컴퓨터는 매우 단기간에 급속한 발전을 이루었고 이와 같은 발전을 가능하게 한 것이 어디에 있는가를 아는 것은 컴퓨터를 이해하는데 매우 중요하다. 이번 장에서는 컴퓨터가 시대별로 해결할 문제가 무엇이었으며, 컴퓨터에 의해 어떻게 해결되었는지를 서술한다. 또한 컴퓨터의 발전 과정을 통하여 컴퓨터의 본질과 문제점을 명확하게 하고, 컴퓨터에 대한 분류, 처리 형태, 응용 분야 등 전체적인 컴퓨터 발전의 흐름을 파악할 수 있도록 한다.

[그림 1.1] 산업혁명

1.1 컴퓨터의 발전과 역사

1.1.1 주판

인간의 특성과 본질이 물건이나 연장을 만들어 사용하는 데에 있다고 보는 인간관을 의미하는 "호모 파베르(Homo Faber)"라는 단어가 의미하는 것처럼 인간의 역사는 끊임없이 도구를 제작하고, 제작된 도구를 개선해온 과정의 연속이라 할 수 있다. 컴퓨팅이란 말을 우리말로 옮긴다면 비록 제한적이기는 하지만 "계산"또는 "셈"이라고 지칭할 수 있을 것이다. 인간이 '계산'이라는 것을 하기 위해서 가장 최초로 사용한 도구는 무엇이었을까? 역사 시대로 접어든 이후 인류가 계산을 하는데 사용한 최초의 도구는 고대 중국의 위대한 발명품 중의 하나인 '주판'이다. 중국인들은 '산가지'라 불리우는 작은 나무막대를 사용하여 계산하였고, 점차 계산의 규모가 커짐에 따라 '산가지'를 이용하여 계산하는데 한계에 다다르자 '산가지'의 기초위에 그 당시의 기술로는 매우 선진적인 '주판'을 발명하게 되었다[그림 1.2]. 명나라에 이르러서는 가감승제를 모두 할 수 있게 되어 단순한 계산뿐만 아니라 중량, 면적, 체적을 계산하는데에 사용되기도 하였으나 그보다 더욱 복잡한 계산 처리의 필요성이 증가하면서 주판을 이용한 손 계산으로는 충분하지 않게 되었다.

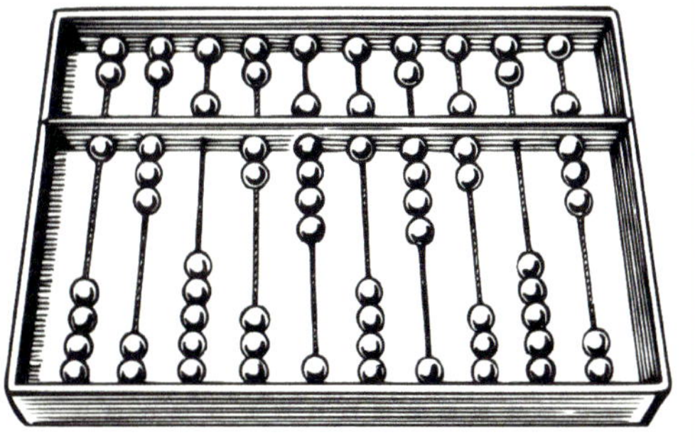

[그림 1.2] 주판

1.1.2 파스칼의 계산기(1642년)와 라이프니쯔의 계산기

역사상 최초로 계산하는 기계를 발명한 것은 프랑스의 철학자 B.Pascal(1623 ~ 1662)로써 톱니바퀴의 원리를 동력으로 사용하여 수동으로 덧셈과 뺄셈을 계산 할 수 있는 최초의 기계식 계산기인 파스칼의 계산기[그림 1.3]를 발명하였다. 앞에서 살펴본 주판은 수를 임시 기억하는 기구이고 컴퓨터의 레지스터(register)에 해당한다. 주판을 이용한 연산은 인간에 의해 행해진다. 파스칼의 가산기가 주판과 다른 점은 사람에 의해 이루어지는 것이 아닌 동력을 이용한 계산 도구라는 점이다.

[그림 1.3] 파스칼의 계산기

파스칼의 계산기가 발명된 이후 전 세계적으로 동력을 이용하여 움직이는 수동 계산기의 개발이 촉진되었고, 1671년에 독일의 철학자이자 수학자인 G. W. Leibniz(1646 ~ 1716)는 이것을 발전시켜 곱셈과 나눗셈 기능을 추가하여 자동으로 사칙 연산이 가능한 계산기를 만들었다[그림 1.4]. 라이프니쯔는 현대 디지털 컴퓨터에서 사용되고 있는 이진법 체계를 고안하였으며, 자신의 계산기에 2진법 체계를 사용하여 연산하였고 실제로 1820년대에 상품화되었다.

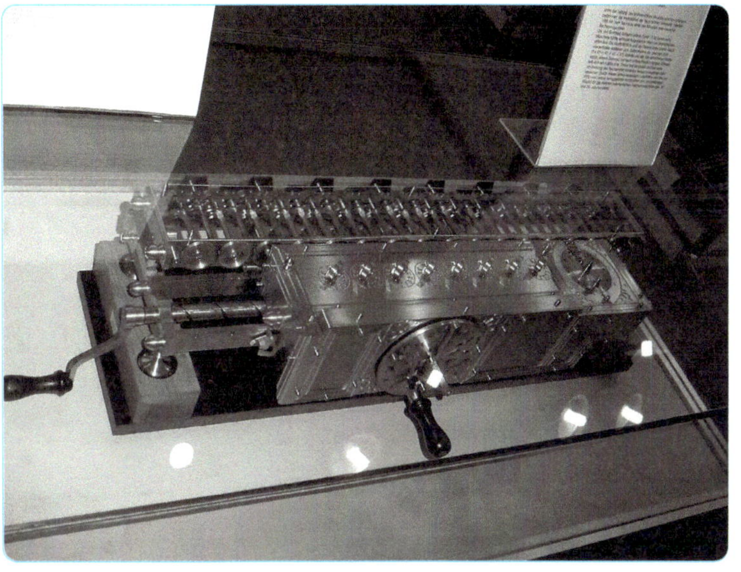

[그림 1.4] 라이프니쯔의 계산기

1.1.3 찰스 배비지의 해석기관

18세기 초 영국을 중심으로 제 1차 산업 혁명이 진행되고 있을 무렵, 영국의 수학자이자 발명가인 C.Babbage(1791~1871)는 당시 사람들에 의한 수작업 계산에서 발생하는 많은 오차들이 산업 기술 발달의 장애가 되고 있음에 착안하여 1822년 다항 함수를 계산할 수 있는 기계식 계산기인 차분기관(difference engine)을 고안하였으며, 1837년에 계산 절차에 대한 기억 기능을 가지는 해석기관(Analytic engine)이라 부르는 자동 계산기를 고안하였다[그림 1.5]. 해석기관의 훌륭한 점은 현대 컴퓨터의 기본적인 기능이라고 할 수 있는 기억, 연산, 제어와 입/출력 기능을 모두 가지고 있다는 것이다. 즉, 우리가 컴퓨터에서 사용하고 있는 '프로그램'의 개념을 최초로 제시하였다. 그러나 당시의 기술 수준에서는 해석기관의 주축이 되는 정밀한 톱니바퀴의 제조가 어려워 배비지가 고안한 기계를 완성하지는 못하였으나 현대 컴퓨터의 모습을 최초로 제시하였다는 의미를 가지고 있다.

[그림 1.5] 배비지의 해석기관

한편, 세계 최초의 프로그래머로 알려진 에이다 러브레이스(Ada Lovelace, 1815~1852) 백작 부인[그림 1. 6]은 찰스 배비지의 해석기관에 깊은 감명을 받아 배비지의 해석기관 연구에 동참하였으며, 배비지의 강연 자료를 번역하여 [배비지의 해석기관에 대한 분석]이라는 책을 출간하였다. 이 책에는 서브루틴(subroutine), 반복(loop), 조건(if), 분기(jump) 등과 같이 현대 컴퓨터 프로그래밍의 기본 원리를 포함하고 있다.

에이다의 업적은 에이다가 사망한 이후 100년이 지난 후 컴퓨터 과학자 엘런 튜링에 의해 세상에 알려지게 되었고, 에이다가 해석기관을 이용하여 처리할 목적으로 작성한 알고리즘이 최초의 컴퓨터 프로그램으로 인정되어 에이다에게 '세계 최초의 프로그래머'라는 호칭이 주어졌다. 1979년 미국방성의 주도로 개발된 구조적이고 객체지향적인 특성을 가진 고급 프로그래밍 언어에 에이다의 이름을 따서 'ADA'라고 명명하였다.

[그림 1.6] 에이다 러브레이스

1.1.4 홀러리스의 천공카드 시스템

1889년에 미국의 통계학자 H.Hollerith(1860~1929)는 전기와 기계를 사용하는 최초의 계산기인 천공 카드(punch card) 시스템[그림 1.7]을 개발하였다. 규격화된 종이 한 장에 구멍을 뚫어 데이터를 기록하여 입력하고 처리하는 시스템으로 천공 카드는 입력 장치와 기억 장치의 역할을 담당했다고 볼 수 있다. 1880년에 이루어진 미국의 통계 조사에서는 몇 년에 걸쳐 이루어지던 작업이 천공 카드 시스템을 활용한 1890의 미국 인구조사에서는 불과 6개월 만에 결과를 얻어낼 수 있었다. 그 후 H.Hollerith는 통계 기계 제조회사인 Tabulating Machine 회사를 설립하였으며 IBM의 전신이 되었다.

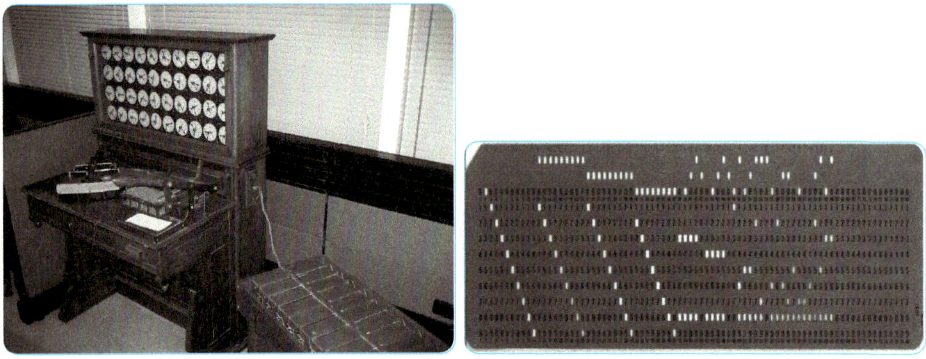

[그림 1.7] 홀러리스의 천공 카드 시스템

1.1.5 튜링 머신

2차 대전 당시 독일군의 암호를 해독하여 연합군의 승리에 공헌한 영국의 수학자 앨런 튜링(Alan Turing, 1912~1954)[그림 1.8]은 1936년에 현대 컴퓨터의 동작 원리에 해당하는 읽기와 쓰기, 제어 기능만 있으면 모든 계산 가능한 문제를 해결할 수 있다는 개념을 가진 가상의 연산 장치인 튜링 머신(turing machine)을 제안하였다.

[그림 1.8] 앨런 튜링(튜링 기계 창조자)

테이프를 통한 입출력 기능과 저장 기능을 이용하여 해결하고 싶은 작업의 계산 순서를 입력하게 되고, 튜링 머신은 주어진 순서대로 작업을 수행하게 된다. 이렇듯 튜링 머신은 현대 컴퓨터와 프로그램의 동작 원리를 위한 이론적 모델이 되었으며, 튜링은 컴퓨터 공학의 기본 이론을 만든 '컴퓨터 과학의 아버지'라 불리게 되었다. 미국 계산기학회에서는 1966년부터 튜링의 업적을 기리기 위해 컴퓨터 과학 분야에서 중요한 업적을 남긴 사람에게 '튜링상'을 수여하고 있다. 대부분의 소프트웨어 전공자들이 가장 먼저 배우게 되는 C언어를 개발하고, UNIX 운영체제를 개발한 데니스 리치(Dennis Ritchie, 1941~ 2011)가 1983년 튜링상을 수상하였으며, 월드와이드웹(World Wide Web) 관련 기술을 개발하고 인터넷 기술의 기반을 다진 영국의 과학자이자 '웹의 아버지'라는 호칭을 얻은 팀 버너스리(Sir. Tim Berners-Lee, 1955~)도 2016년에 튜링상을 수상하였다.

1.1.6 ABC

20세기에 들어와 두 번의 세계 전쟁이 일어나고 탄도 계산용 고속 계산기에 대한 연구가 진행되었다. 우선, 1930년대 후반 미국 아이오와 주립대학의 아타나소프(J. Atanasoff)와 그의 조수인 베리(C. Berry)가 공동 설계하여 제작한 직렬 전기 기계식 모형 컴퓨터이자 세계 최초의 전자식 디지털 컴퓨터인 ABC(Atanasoff Berry Computer)가 있다.

[그림 1.9] ABC

1.1.7 Mark-1

18세기 초 제시된 배비지의 아이디어는 1944년 미국 하버드 대학의 에이켄(H. Aiken, 1900~ 1973)에 의해 실현되었다. 에이켄은 IBM사와 공동으로 IBM의 통계 회계기 기술을 바탕으로 릴레이(relay)식의 자동 계산기 연구를 진행하여 세계 최초의 자동 계산기인 Mark-1을 완성하였다. 그러나, 기계식 계산기에서는 계산 속도의 고속화 요청에는 충분하지 못하였고 이후에는 전자식 계산기의 시대로 들어갔다.

[그림 1.10] Mark-1

1.1.8 에니악

1946년 펜실베니아 대학의 프레스퍼 에커트(J. P. Eckert)와 존 모클리(J. W. Mauchly)는 10진수 체계를 사용하는 전자식 자동 계산기인 에니악(ENIAC: Electronic Numerical Integrated And Computer)을 개발하였다. 2차 대전 당시 미육군의 요청으로 탄도의 궤적을 계산하기 위한 목적으로 개발되었으며 탄도가 날아가는 시간보다도 빠르게 계산되어 Mark-1에 비해 획기적인 속도로 연산을 처리하는 능력을 보였다.

에니악은 18,000여 개의 진공관을 사용하여 무게가 30톤이나 되었다. 또한, 배선판(plug board) 위에 배선을 하나하나 연결하고 스위치를 조작하여 작동하는 방식으로 작업이 수행되어 하나의 작업을 마친 이후에 다른 계산을 위해서는 매번 새로운 배선 연결과 스위치를 조작해야 하는 어려움이 있었으며, 10진수로 입력된 숫자를 2진수로 변환하여 기계에 입력해야하는 번거로움이 있었다. 하지만, 전쟁 이후에도 우주선 연구나 일기 예보 등 다양한 분야에서 활용되었다.

[그림 1.11] 에니악(ENIAC)

1.1.7 폰 노이만과 프로그램 내장방식

지금까지 살펴본 계산 도구들의 작동 방식을 살펴보면 Mark-1에서는 종이 테이프를 이용하여 명령을 하나씩 읽어 들여 실행하는 방식을 사용하였고, 에니악에서는 배선판에 일일이 배선을 하는 방법으로 프로그램을 수행한다. 이러한 방식은 자료 입력의 경우에 기계적인 동작을 수반하지 않기 때문에 계산 속도를 향상 시킬 수 있지만, 프로그램의 변경에는 막대한 노력이 필요로 하였다. 1944년 가을 에니악이 개발 단계로부터 제작 단계로 옮겨갈 무렵, ENIAC에 관계하는 전반적인 재평가가 이루어져 이들의 문제가 명확하게 되었다.

에니악의 단점을 보완하기 위한 노력으로 미국 펜실베니아 대학의 폰 노이만(J.Von. Neumann, 1903~1957)은 1945년 "EDVAC에 관한 보고서"중에서 에니악을 사용하는데 발생하는 여러 가지 어려움을 개선하여, 프로그램을 전자적인 기억 장치에 기억시켜 이것을 차례로 읽어내어 실행하는 방식인 프로그램 내장 방식(stored program system)을 제안하였다.

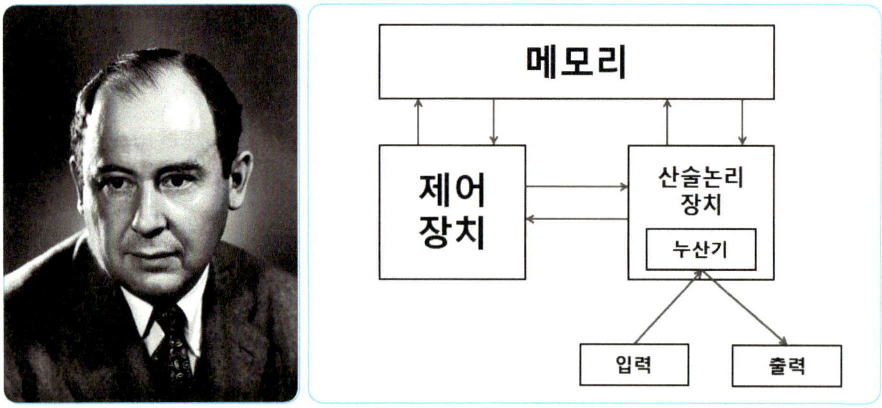

[그림 1.12] 폰 노이만과 프로그램 내장방식

1949년 영국 캠브리지 대학의 윌크스(M.V. Wilkes) 교수 연구팀에 의해 폰 노이만의 프로그램 내장 방식을 최초로 적용한 EDSAC(Electronic Delay Storage Automatic Computer)이 먼저 개발되었고, 폰 노이만은 1950년에 2진수 체계를 사용하여 자신이 제안한 프로그램 내장 방식을 적용한 EDVAC(Electronic Discreet Variable Automatic Computer)을 개발하였다.

이후, 1951년에 상업적인 목적의 컴퓨터로 유니박(UNIVAC: UNIVersal Automatic Computer)이 개발되어 미국 대통령 선거 예측용으로 사용되어 일반인들이 컴퓨터의 효용성에 대해 인지하는 계기가 마련되었다.

폰 노이만의 프로그램 내장 방식은 수행하고자 하는 프로그램을 기억 장치에 저장할 수 있게 됨으로써 프로그램의 변경이나 교환이 간단하고, 고정적이고 변경이 어려운 하드웨어에 대하여 프로그램을 통해 훨씬 유연하게 여러 가지 복잡한 문제를 해결할 수 있다는 점에서 획기적인 발전이다. 이 같은 프로그램의 유연성은 그 후 계산기가 단순한 계산기로부터 탈피하여 정보 처리 기계로서 발달하기 위한 중요한 요소였다.

지금까지 살펴본 바와 같이 배비지의 해석 기관에서 시작되는 자동 계산기의 이론은 폰 노이만의 프로그램 내장 방식에서 그 기초가 확립되었고, 현대의 모든 컴퓨터들은 대부분 폰 노이만 구조를 통해서 발전하여 오늘날의 컴퓨터 대중화 시대를 맞이하게 되었다.

1.2 컴퓨터 하드웨어

앞에서 살펴본 기계식 수준의 컴퓨터는 많은 발전을 거듭하여 디지털 혁명이라는 새로운 세상을 경험하는 토대가 되었으며, 눈부신 발전을 거듭하여 현재는 스마트 기기와 사물인터넷 등 우리 생활에 매우 밀접한 형태로 대중화되어있다. 컴퓨터를 중심으로 하는 정보 통신 사회에서는 컴퓨터와 소프트웨어에 대한 교육이 의무화되고 있고, 이를 더욱 잘 활용하는 방법과 능력을 키우는 것이 4차 산업혁명 시대를 잘 이끌어갈 수 있는 지름길이 되리라 생각한다. 즉, 컴퓨터를 구성하는 구성 요소와 그 요소들에 대한 연결 구조를 파악하고 컴퓨터에서 소프트웨어가 실행되는 과정을 이해한다면 앞으로 더욱더 유용하게 컴퓨터를 활용할 수 있을 것이다.

일반적으로 컴퓨터는 눈에 보이는 기계만을 생각할 수 있겠지만, 컴퓨터 시스템은 눈에 보이는 기계인 하드웨어(hardware)와 이들 하드웨어를 운영하는데 필요한 소프트웨어(software)로 구성된다. 하드웨어는 전자 회로와 각종 물리적 장치로 이루어진 기계의 본체로 구성되고, 소프트웨어는 기계를 활용할 수 있는 프로그램이나 이와 관련된 기술을 말한다. 먼저 하드웨어의 구성 요소만 살펴보고 소프트웨어에 대한 구체적인 내용은 2장에서 살펴보기로 한다.

컴퓨터 하드웨어는 크게 입력장치, 출력장치, 기억장치, 제어와 연산의 기능을 하는 중앙처리장치등으로 이루어져 있다.

⊙ 중앙처리장치

중앙처리 장치(CPU: Central Processing Unit)는 주기억 장치에 저장된 명령어를 수행하고 처리하는 장치로서 사람의 두뇌와 같은 역할을 수행하는 장치이다[그림 1-13]. CPU는 연산 장치(ALU: Arithmetic logic unit)와 제어 장치(control unit), 레지스터(register)로 이루어져 있으며 주기억장치를 비롯한 다른 장치들과는 시스템 버스로 연결되어 있다. 연산 장치는 제어 장치의 지시에 따라 전송되어 온 프로그램의 명령어와 데이터를 처리하기 위하여 산술 연산과 논리 연산을 실행하기 위한 장치로서 자료의 비교, 판단, 이동 등을 수행한다. 제어 장치는 주기억 장치에 저장된 프로그램을 해독하고, 해독된 명령들을 각 장치에 보내 처리하도록 지시하는 일을 담당하며, 컴퓨터 시스템을 구성하고 있는 각종 입출력 장치, 기억 장치 논리 연산 장치 등의 동작을 제어한다. 레지스터는 중앙처리장치 내의 임시 기억 장치로서, 실행의 중간 결과나 적은 양의 자료를 임시로 저장하는 플립플롭(flip-flop)으로 구성되어있다.

최근 출시되는 CPU에는 각종 제어기와 GPU(그래픽 처리장치) 등이 함께 탑재되어 있는 경우가 많으며, 인텔과 AMD가 대표적인 CPU 제조 기업이다.

[그림 1.13] CPU

⊙ 입력장치(input device)

입력장치는 문자나 기호와 같은 입력 데이터를 컴퓨터가 이해할 수 있도록 전기적인 신호로 변환시켜 주는 장치[그림 1.14]이다. 주요 입력장치로는 키보드, 마우스, 카드 리더기, 터치스크린, 카메라, 스캐너 등이 있다.

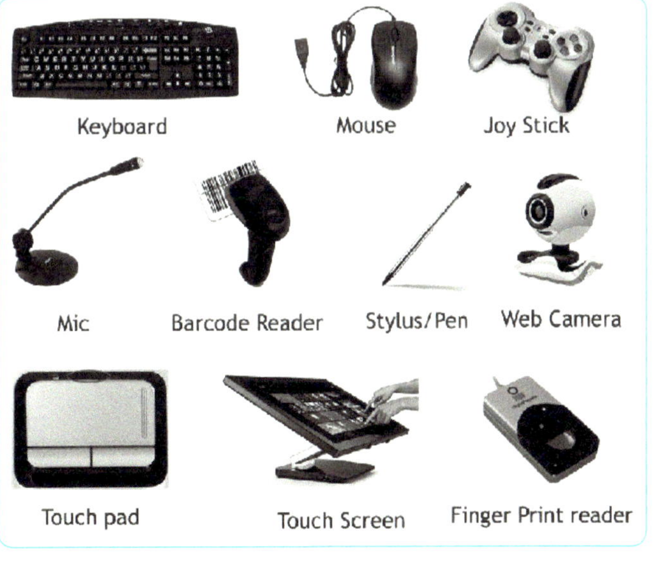

[그림 1.14] 입력장치

⊙ 기억장치(memory unit)

기억장치는 입력장치에서 읽어 들인 데이터와 중앙처리 장치의 데이터 처리 결과를 저장하는 장치로 주기억장치(main memory)와 보조기억 장치(auxiliary momory)로 구분된다[그림 1.15].

주기억 장치는 컴퓨터 내에서 명령어와 데이터들을 기억하는 고속의 저장 장치로서 현재 수행되고 있는 프로그램과 데이터를 저장하는 역할을 담당한다. 전원이 공급되어야 자료 저장이 가능한 휘발성의 특성을 가지는 RAM(Random Access Memory)과 비휘발성 메모리로 전원이 공급되지 않아도 데이터가 보존되는 ROM(Read Only Memory)이 있다.

보조기억 장치는 대용량을 저장할 수 없는 주기억 장치를 보조하기 위한 저속의 외부 기억 장치로서 SSD(Solid State Drive), 하드 디스크, 자기 디스크, 자기 테이프, CD-ROM, DVD 등이 있다.

[그림 1.15] 기억장치

⊙ 출력 장치

출력 장치(output device)는 중앙처리 장치에서 처리된 결과를 출력하는 장치이다[그림 1.16]. 컴퓨터 내부에는 모든 데이터가 비트 형태로 기억되어있기 때문에 외부로 출력할 때에는 사람이 인식 할 수 있는 문자나 기호, 도형, 소리 등으로 나타내게 된다. 출력 장치는 모니터를 비롯하여 스피커, 프린터, 플로터 등이 있다.

[그림 1.16] 출력장치

1.3 정보의 표현

사람이 살고 있는 실세계에는 무수히 많은 데이터가 존재한다. 이러한 데이터는 음성이나 영상과 같이 신호의 변화가 끊어지지 않고 연속적으로 이어지는 아날로그(analog) 신호와 특정한 값을 단위로 불연속적으로 변하는 신호인 디지털(digital) 신호로 구분된다[그림 1.17].

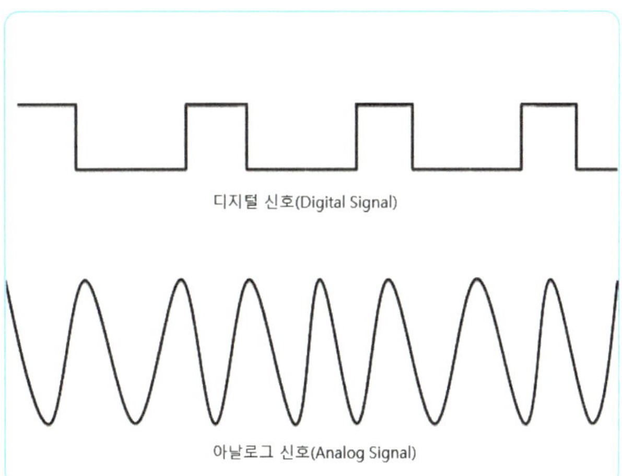

[그림 1.17] 아날로그 신호와 디지털 신호

1.3.1 비트와 바이트

디지털 데이터인 2진수는 컴퓨터에 전류가 흐르는 ON 상태와 전류가 흐르지 않는 OFF 상태를 각각 1과 0으로 표현할 수 있으며 이러한 형태로 컴퓨터에서 자료를 표현하는 최소의 단위를 비트(bit)라고 한다. 한 개의 비트로 2가지의 정보를 표현할 수 있고, 두 개의 비트로는 4가지 상태를 표현하며 일반적으로 n비트는 2^n가지의 서로 다른 상태를 표시할 수 있다. 8개의 비트를 묶어 바이트(byte)라 부르며 바이트는 하나의 문자를 표현하는 기본 단위로 사용된다. 이 n개의 비트 모임을 비트 스트링(bit string)이라 하는데 비트 스트링을 해석하는 방법에 따라 자료의 유형이 수치 자료, 비수치 자료, 논리 자료, 포인터 자료 등으로 구분된다.

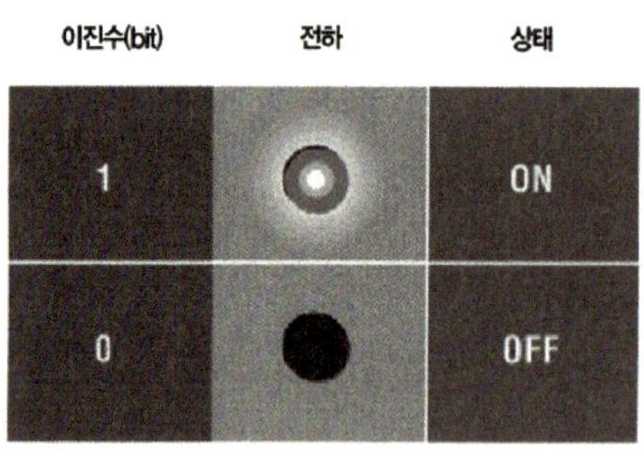

1.3.2 수치 자료의 표현

수치 자료의 표현 방법에는 크게 정수형과 실수형으로 나눌 수 있으며, 정수형에는 10진형의 zoned decimal 표현, packed decimal 표현, 2진형의 고정 소수점 표현(fixed point method) 방법 등이 있고, 실수형에는 부동 소수점 표현(floating point method) 방법이 있다.

1) 정수의 표현

(1) zoned decimal 표현(unpacked 형식)

10진수 1자리를 2진수 8자리로 표현하는 방법으로 연산이 불가능하고 데이터의 입출력에 사용된다. 일반적인 표현 형식은 4개의 zone 비트와 4개의 digit 비트로 구성되며 최하위 바이트의 zone 영역을 부호(sign)로 사용한다. 부호 비트의 값은 코드의 종류에 따라 다르기 때문에 해당 코드에 맞게 사용해야 한다. 예를 들어 EBCDIC 코드인 경우 양수는 C($1100_{(2)}$), 음수는 D($1101_{(2)}$), 부호가 없는 양수는 F($1111_{(2)}$)로 표현한다.

← 1 Byte →		← 1 Byte →		← 1 Byte →		← 1 Byte →	
zone	digit	zone	digit	zone	digit	sign	digit

10진수 +1285와 −1285를 zoned decimal 형식으로 표현하면 다음과 같다.

+1285	1111	0001	1111	0010	1111	1000	1100	0101
		1		2		8	+	5

−1285	1111	0001	1111	0010	1111	1000	1101	0101
		1		2		8	−	5

(2) packed decimal 표현

10진수 1자리를 2진수 4자리로 표현하는 방법으로 연산이 가능하고 데이터의 입출력이 불가능하다. 일반적인 표현 형식은 아래 그림과 같이 1바이트를 4비트씩 나누어 10진수 2개를 표현하며 최하위 바이트의 오른쪽 4개 비트를 부호(sign)로 사용한다. 부호 비트에 대한 코드 값은 zoned decimal 형식과 동일하다.

← 1 Byte →		← 1 Byte →		← 1 Byte →		← 1 Byte →	
digit	digit	digit	digit	digit	digit	digit	sign

예를 들어 10진수 +1285와 −1285를 4바이트 크기의 packed decimal 형식으로 표현하면 다음과 같다.

+1285	0000	0000	0000	0001	0010	1000	0101	1100
	0	0	0	1	2	8	5	+

−1285	0000	0000	0000	0001	0010	1000	0101	1101
	0	0	0	1	2	8	5	−

(3) 고정 소수점 표현(fixed point number)

주어진 10진수를 2진수로 변환한 후 한정된 길이의 n비트로 표현하는 방법으로 표현할 수 있는 수의 범위가 작아 overflow나 underflow가 발생하기도 하지만 연산 속도가 빠르다는 장점이 있다.

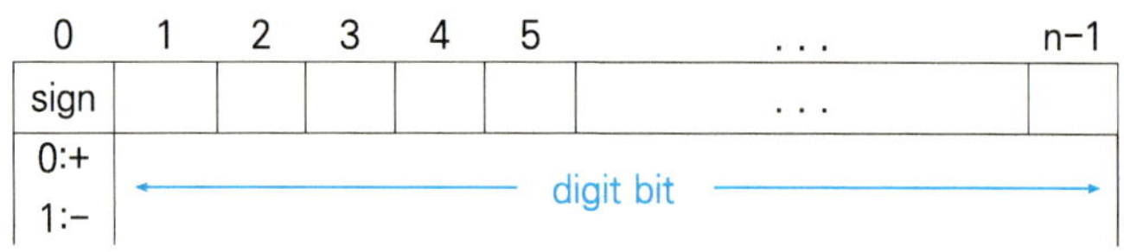

일반적인 표현 형식은 그림과 같이 최상위 비트(MSB: Most Significant Bit)에 부호(+:0, −:1)를 표시하고 나머지 n−1개의 비트에는 2진수를 표시한다. 컴퓨터의 기본 연산 장치인 가산기를 이용하여 뺄셈을 수행할 수 있도록 하기 위해 음수의 경우 부호화 절댓값, 부호화 1의 보수, 부호화 2의 보수 기법을 사용하여 표현한다. 세 가지 방법 중 2의 보수 기법이 가장 많이 사용되고 있으며 양수의 경우는 어떠한 방식으로 표현해도 결과는 동일하다.

ⓐ 부호화 절대값 표현(signed magnitude)

양수인 10진수를 2진수로 변환한 결과에 부호 비트 값만 바꾸어주는 방식으로 n−1개의 비트에는 지정된 수의 절대 값이 2진수로 변환되어 저장되고 최상위 비트에 부호를 표시한다. 일반 형식은 다음과 같다.

0	1	2	3	4	5	. . .	n-1
sign						. . .	
0:+ 1:-	← Magnitude(절대값) →						

[장점] 음수의 변환이 매우 편리하다.

[단점] 0에 대한 표현이 2개 존재한다.(+0 : 000 … 000, −0 : 100…00)

가산기와 감산기가 모두 필요하므로 많은 하드웨어 비용이 요구된다.

[표현 범위] $-(2^{k-1}-1) \sim (2^{k-1}-1)$

ⓑ 1의 보수 표현(1's complement)

양수인 10진수를 2진수로 변환한 후 n−1개의 비트에는 1의 보수를 구하여 저장하고 최상위 비트에 부호를 표시한다. 1의 보수란 동일한 자리에서 가장 큰 수를 만들기 위해 필요로 하는 수를 의미하는 것으로 0과 1로 구성된 2진수의 각 자리에서 가장 큰 수인 1을 만들기 위해 필요한 수가 1의 보수가 된다. 즉, 0에게 1이 되기 위해 필요한 수는 1이고, 1에게 1이 되기 위해 필요한 수는 0이므로, 1의 보수 표현에서 1은 0으로, 0은 1로 변환하면 된다. 일반 형식은 다음과 같다.

0	1	2	3	4	5	. . .	n-1
sign						. . .	
0:+ 1:-	← 1's complement(1의 보수) →						

[장점] 보수를 취하기 쉽다(음수 표현이 용이하다)

[단점] 두 수를 합산할 때 올림수(carry)를 처리하는 과정이 필요하기 때문에

연산 속도가 2의 보수보다 느리다.

0에 대한 표현이 2개 존재한다.(+0 : 000…000, −0 : 111…111)

[표현 범위] $-(2^{k-1}-1) \sim (2^{k-1}-1)$

ⓒ 2의 보수 표현(2's complement)

양수인 10진수를 2진수로 변환한 후 n−1개의 비트에는 1의 보수를 구한 후 1을 더하여 저장하고 최상위 비트에 부호를 표시한다. 2의 보수는 2진수의 각 자리에서 더 이상 수의 증가가 불가능하여 자릿수를 늘이기 위해 필요한 수를 의미하는 것으로 1의 보수에 1을 더한 값이 2의 보수가 된다. 일반 형식은 다음과 같다.

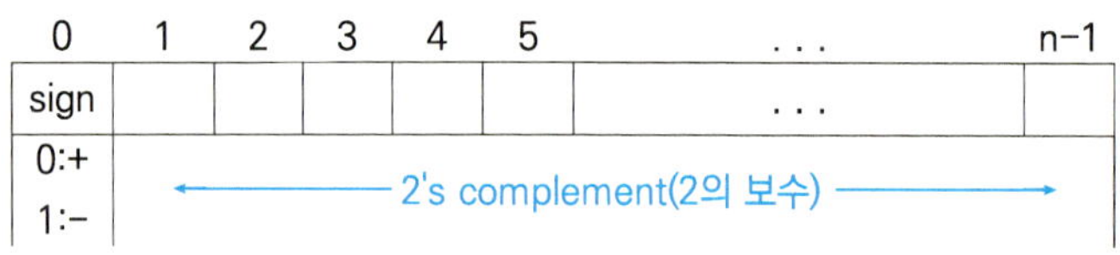

[장점] 덧셈 연산에서 올림수를 무시하므로 1의 보수보다 연산속도가 빠르다.

0에 대한 표현이 1개 존재하므로 표현 가능한 수가 1개 더 많다.

(+0 : 000...000, −0 : 000...000)

[단점] 보수를 취하기 어렵다.

[표현 범위] $-2^{k-1} \sim (2^{k-1}-1)$

예제) +16과 −16을 세 가지 방법으로 표현해보자.(32bit)

+16	0000	0000	0000	0000	0000	0000	0001	0000
−16(magnitude)	1000	0000	0000	0000	0000	0000	0001	0000
−16(1's complement)	1111	1111	1111	1111	1111	1111	1110	1111
−16(2's complement)	1111	1111	1111	1111	1111	1111	1111	0000

2) 실수의 표현 – 부동 소수점 표현(floating point method)

고정 소수점 방식에 비해 아주 큰 수이거나 아주 작은 수와 같이 소수점을 가지는 실수 데이터를 표현하고자 할 때 사용되는 방법으로, 표현하려는 수의 정밀도를 높일 수 있으므로 과학, 공학, 수학적인 응용에서 주로 사용된다. 대부분의 컴퓨터들은 고정 소수점 표현과 부동 소수점 표현을 둘 다 채택하고 있으며, IEEE–754에서는 그림과 같이 32비트의 단정도(single)와 64비트의 배정도(double) 표준 타입을 제공하고 있다.

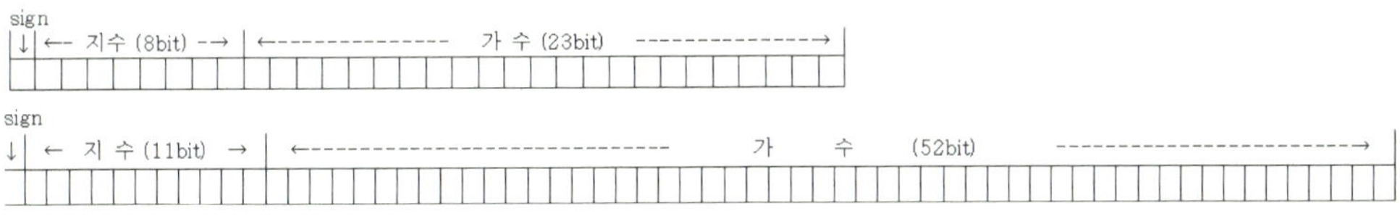

각 부분별 정의

- S(부호 : Sign) : M의 부호비트이며 양수는 0, 음수는 1로 표현
- E(지수 : Exponent) : 127 bias를 적용하여 –127~128까지의 지수를 표현
- M(가수 : Mantisa) : 첫 번째 비트를 항상 1로 정규화하여 표현

예1) 32bit 단정도 실수 –170.625의 IEEE 754 표기법

① –170.625을 2진수로 변환 : –10101010.101

② 정규화 : –1.0101010101 * 2^7

③ 부호는 음수이므로 부호 비트 : 1

④ 지수부 : 7 + 127(bias) = 134 = 10000110

⑤ 가수부 : 0101010101

⇒11000011001010101010000000000000

예2) 64bit 배정도 실수 16.0의 IEEE 754 표기법

① 16.0을 2진수로 변환 : 10000.0

② 정규화 : 1.0000×2^4

③ 부호는 양수이므로 부호 비트 : 0

④ 지수부 : 4 + 1023(bias) = 1027 = 10000000011

⑤ 가수부 : 00...00

⇒ 0100000000110000000000000000000000000000000000000000000000000000

1.3.3 문자 자료의 표현

1) BCD(Binary Coded Decimal, 2진화 10진 코드)

6개의 비트를 할당하여 1개의 문자를 표현하는 코드로 IBM에서 개발하였다. 일반 형식은 그림과 같이 상위 2개의 zone 비트와 하위 4개의 digit 비트로 구성되어있고, 2^6=64개의 자료를 표현할 수 있다. 표현할 수 있는 문자의 수에 제한이 많았으므로 영어 소문자를 표현하지 못한다.

Zone		Digit Bit			

2) ASCII 코드
(American Standard Code for Information Interchange)

미국 표준 협회에 의해 제정된 표준형 코드로, 7비트를 이용하여 1개의 문자를 표현한다. 주로 통신 제어용이나 마이크로컴퓨터의 기본 코드로 사용되었으며 그림과 같이 3개의 zone 비트와 4개의 digit 비트로 구성되어 영문 대소문자, 숫자, 제어문자, 특수문자 등 2^7=128개의 문자 표현할 수 있다. 그러므로 한글을 사용하기 위해서는 도형 문자 중 52개의 영문자에 한글 자모를 대응시킨 7단위 한글 자모용 부호나 8번째 비트를 추가하여 사용하는 8단위 부호계를 만들어 사용한다. 7비트에 1개의 패리티비트(parity bit)를 추가하여 통신을 위한 자료를 처리할 때 오류를 검사한다.

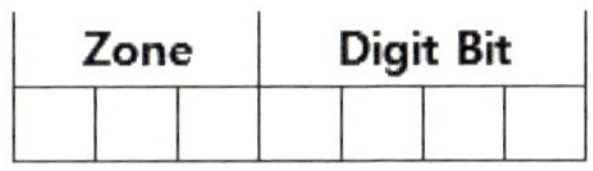

3) EBCDIC 코드 (Extended Binary Coded Decimal Interchange Code)

8비트로 구성되어 있어 2^8=256개의 자료를 표현할 수 있는 코드로서 IBM에서 개발하였다. 그림과 같이 4개의 zone 비트와 4개의 digit 비트로 구성되어 있으며, 미지정 코드가 존재하여 추가되는 정보의 표현이 가능하다. 주로 대형 기종의 컴퓨터에서 사용된다.

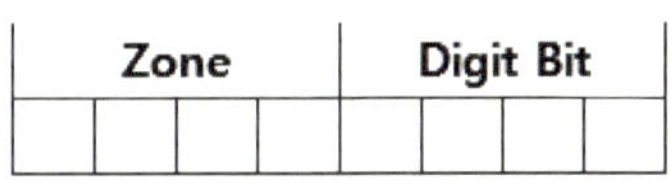

4) 유니 코드(Uni Code)

8비트를 이용하여 문자 데이터를 표현하는 ASCII 코드에서는 영문자/숫자/특수문자/제어문자 등의 문자만 표현 가능하였기 때문에 세계 각국에서는 2바이트를 이용하여 자국의 언어를 표현할 수 있는 자체적인 코드 체계를 사용하였다. 그러나 인터넷과 컴퓨터의 발전으로 공통된 코드로 전 세계의 언어들을 컴퓨터상에 표현하기 위한 노력이 시작되었고, 1991년에 16비트(2바이트)를 이용하여 현존하는 언어들을 표현할 수 있는 유니코드가 개발되었다. 사용 중인 운영체제, 프로그램, 언어에 관계없이 문자마다 고유한 코드 값을 제공하는 새로운 개념의 코드 체계로써 모든 문자를 16비트로 표현하므로 최대 65,536자를 표현할 수 있다. 우리나라의 언어인 한글도 11,172개의 글자들이 유니코드에서 고유의 코드를 가진다.

SW중심사회에서의 **소프트웨어의 이해**

02 Chapter 소프트웨어 개요

2.1 소프트웨어 정의 및 분류
2.2 시스템 소프트웨어
2.3 응용 소프트웨어

2.1 소프트웨어 정의 및 분류

1장에서 컴퓨터 시스템은 눈에 보이는 하드웨어와 이러한 컴퓨터 기기를 동작하게 만드는 소프트웨어로 구성되고, 컴퓨터를 구성하는 기본적인 하드웨어에 대해 간단히 살펴보았다. 컴퓨터가 우리의 일상에서 중요한 역할을 차지하는 데에는 하드웨어의 발전뿐 아니라 소프트웨어의 발전이 훨씬 더 많은 영향을 미쳤다고 할 수 있다. [그림 2.1]에서와 같이 여러 가지 장치들이 서로 유기적으로 연결되어 있는 하드웨어에 사용자들의 다양한 요구를 수용할 수 있는 소프트웨어를 실행시킴으로써 문제를 해결하고 원하는 작업을 수행할 수 있게되었다.

현대 사회는 다양한 분야에서 소프트웨어가 사용되고 있으며, TV, 세탁기, 냉장고 등의 가전제품들이 스마트 기기와 연결되어 사물 인터넷 시대를 주도하고 있고, 2012년 1월 디터 제체 메르세데스-벤츠 회장은 CES 기조연설에서 "자동차는 이제 가솔린이 아니라 소프트웨어로 움직인다."라고 언급할 만큼 하드웨어보다 소프트웨어의 중요성이 강조되고 있는 소프트웨어 중심사회를 살아가고 있다.

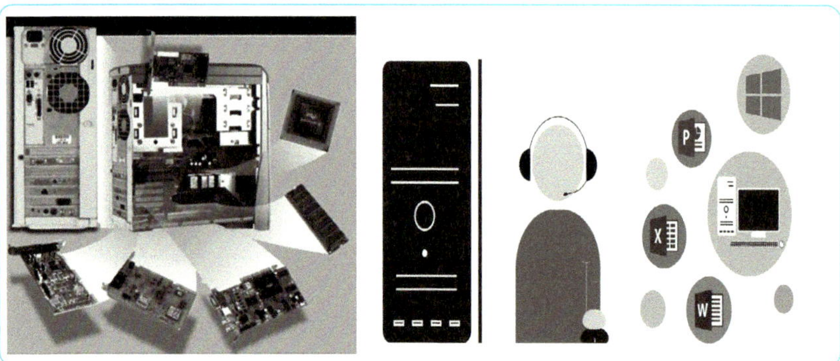

[그림 2.1] 하드웨어와 소프트웨어

이장에서는 소프트웨어의 정의와 분류, 시스템 소프트웨어와 응용 소프트웨어에 대해 살펴보기로 한다.

컴퓨터에서 쓸모 있는 지식이란 다루고 싶은 일 즉, 급여 계산과 같은 데이터 처리, 복잡한 과학 기술 계산, 제품 공장의 제품 공정 제어와 같이 복잡한 일들을 컴퓨터가 어떤 순서에 따라 처리할 것인지를 알려주는 일련의 명령 순서, 즉 프로그램이라고 부르는 것들을 의미한다. 이와 같은 프로그램을 작성하여 미리 기억장치 속에 넣어 주기만 하면 그 후에는 제어 장치가 이것들을 하나씩 꺼내어 해독하면서 사람의 개입 없이 컴퓨터가 자동으로 모든 일을 수행하게 된다. [그림 2.2]와 같이 우리가 일상 생활에서 사용하고 있는 대부분의 기계나 도구들은 제한된 특수 목적을 위해 개발되었다. 예를 들어, 자동차와 기차, 비행기 등은 사람이나 물건을 멀리 이동시키기 위한 이동 수단이고, 전화기는 멀리 떨어져 있는 사람과 통화를 하기 위한 통신 장치이며, 세탁기는 손쉽게 세탁물을 세탁하기 위한 장치이다. 하지만 컴퓨터는 기억장치에 어떤 프로그램을 넣어 주느냐에 따라 다른 기계와는 달리 그 이용 영역이 무한하다고 할 수 있다[그림 2.3].

[그림 2.2] 특수 목적의 기계 장치들

[그림 2.3] 다양한 용도로 사용되는 컴퓨터

이처럼 효과적으로 컴퓨터를 운용하기 위하여 개발된 모든 프로그램의 집합체를 '소프트웨어(Software)'라고 하고, 소프트웨어 산업이란 복잡한 업무를 컴퓨터를 통해 효과적이고 효율적으로 해결하기 위한 프로그램을 작성하기 위한 기술 산업을 의미한다. 일반적으로는 소프트웨어와 프로그램이라는 용어를 혼용해서 사용하는 경우도 많지만 엄밀하게는 소프트웨어가 프로그램보다 더 큰 의미를 가지고 있다. 프로그램(program)이란 컴퓨터를 이용하여 주어진 문제를 해결하기 위하여 나열해놓은 명령어들의 집합을 의미한다. 반면, 소프트웨어란 컴퓨터 하드웨어를 가장 효과적으로 사용하기 위한 모든 기술을 의미한다. 즉, 프로그램과 프로그램을 이용하기 위한 여러 가지 절차, 프로그램 개발에 관계되는 모든 문서들, 그리고 프로그램에 사용되는 데이터와 정보 등을 의미한다.

그런데 컴퓨터는 지시한 명령어 순서대로 신속 정확하게 수행하는 기계로써, 잘못된 명령어를 입력하더라도 컴퓨터는 사용자의 명령에 따라 잘못된 명령어를 그대로 수행하여 올바르지 못한 결과를 출력하게 된다. 따라서 우리가 컴퓨터를 이용하여 현실 세계의 문제를 해결하기 위해서는 정확한 데이터를 바탕으로 올바른 명령어를 입력해야 한다. 이와 같은 프로그램을 작성하는 것을 프로그래밍(programming)이라고 하고, 프로그램을 작성하는 사람을 프로그래머(programmer)라고 한다.

현대 사회는 끊임없이 변화하고 발전하기 때문에 컴퓨터를 이용하는 환경도 함께 변화 발전하고 있다. 이처럼 변화하는 환경에 대처하기 위해서는 새로운 프로그램을 만들어야 하고 운영되고 있는 프로그램도 계속 수정해 나가야 한다. 따라서 좋은 소프트웨어를 생산하기 위한 기술의 개발과 축적이 앞으로 정보 산업 사회의 발전에 큰 영향을 미칠 것이다. 이러한 소프트웨어는 [그림 2.4]와 같이 컴퓨터 하드웨어 자원을 활용하여 시스템을 효율적으로 운영하고 제어하기 위한 시스템 소프트웨어(System Software)와 시스템 소프트웨어를 기반으로 사용자가 특별한 목적을 이루기 위해 필요한 절차를 논리적으로 기술한 응용 소프트웨어(Application Software)로 분류할 수 있다.

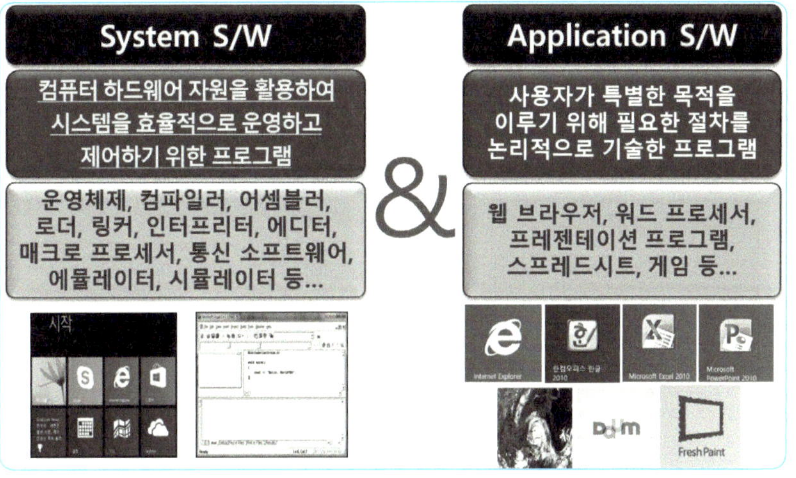

[그림 2.4] 소프트웨어의 분류

2.2 시스템 소프트웨어

시스템 소프트웨어는 컴퓨터 하드웨어 자원을 활용하여 시스템을 효율적으로 운영하고 제어하기 위한 소프트웨어로써 [그림 2.5]와 같이 컴퓨터 시스템을 효율적으로 운영하고 제어하기 위한 운영체제(operating system), 컴퓨터 프로그래머들이 개발한 프로그램을 번역하고 실행하는데 필요한 언어 처리 프로그램, 어셈블러, 응용 소프트웨어를 지원하는 각종 유틸리티 프로그램을 포함한다.

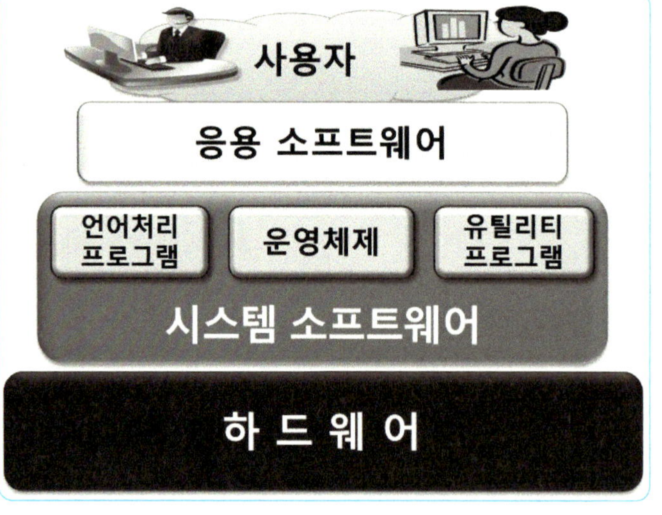

[그림 2.5] 시스템 소프트웨어

대표적인 시스템 소프트웨어를 살펴보면 다음과 같다.

⊙ 운영체제

운영체제는 사용자의 프로그램이 수행되는 동안 그에 필요한 하드웨어와 소프트웨어를 관리해 주는 프로그램이다. 즉, 컴퓨터의 하드웨어와 소프트웨어 자원을 효율적으로 관리하고, 시스템의 전반적인 운영을 담당하여 시스템의 생산성(productivity)을 향상시키며, 사용자들이 컴퓨터 시스템을 좀 더 쉽게 사용할 수 있도록 하드웨어와 프로그램을 연결해주는 특수한 프로그램이다.

대표적인 운영체제에는 [그림 2.6]에와 같이 MS-Windows, Mac OS, UNIX, Linux, Android, ios 등이 있다.

[그림 2.6] 운영체제 종류

⊙ 데이터베이스 관리시스템

데이터베이스 관리 시스템(DBMS: DataBase Management System)은 이용자의 데이터를 디스크 등의 저장장치에 저장하고 유지하여 쉽게 활용할 수 있도록 지원해 주는 소프트웨어이다[그림 2.7]. 다시 말해서 데이터베이스 관리시스템은 데이터베이스의 구성, 접근 방법, 유지 관리 등에 대한 모든 책임을 지고 있는 소프트웨어이다. 기존 파일 시스템의 단점인 데이터 중복성과 데이터 종속성을 극복하여 데이터 중복을 최소화하고 데이터 독립성을 높임으로써 데이터베이스를 종합적으로 도식하고 접근하며, 전체적으로 통제하는 소프트웨어들로 구성되어 있다.

대표적인 데이터베이스 관리시스템은 네트워크 DBMS, 계층 DBMS, 관계 DBMS, 객체 지향 DBMS, 객체 관계 DBMS 등이 있다.

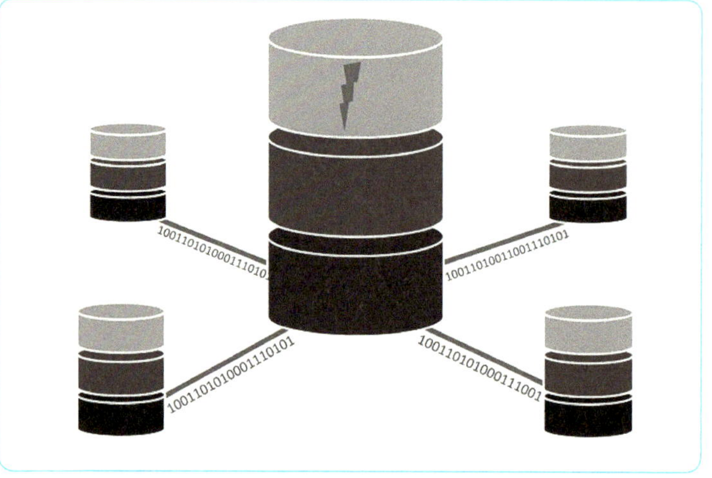

[그림 2.7] 데이터베이스관리시스템(DBMS)

⊙ 통신 모니터(Communication Monitor)

현대는 컴퓨터와 통신이 함께 병합하여 '컴퓨터 네트워크'를 구성하고 있다. 즉, 컴퓨터와 컴퓨터 사이에 전자 통신 선로를 연결하기도 하고 단절하기도 하고, 이를 통해 데이터를 상호 송수신한다. 이 과정에서 송수신 과정의 오류를 검출하고 수정하는 등의 기능을 수행하는 프로그램 집합체를 통신 모니터라고 한다.

⊙ 링커(Linker)

프로그래머에 의해 작성된 프로그램은 [그림 2.8]과 같이 컴퓨터가 실행할 수 있는 상태로 번역하는 과정이 필요하다. 이때 고급 언어로 작성된 프로그램은 컴파일러에 의해 번역되어 목적 모듈(object module)을 생성하게 되는데 목적 모듈은 실행 가능한 상태가 아니다. 링커는 프로그램 실행에 필요한 여러 개의 목적 모듈을 실행 가능한 상태로 연결하여 주기억장치에 적재할 수 있는 적재 모듈로 만드는 역할을 담당한다. 링커에 의해 만들어진 적재 모듈을 주기억장치에 적재시켜 실행함으로써 실행 결과를 얻게 된다.

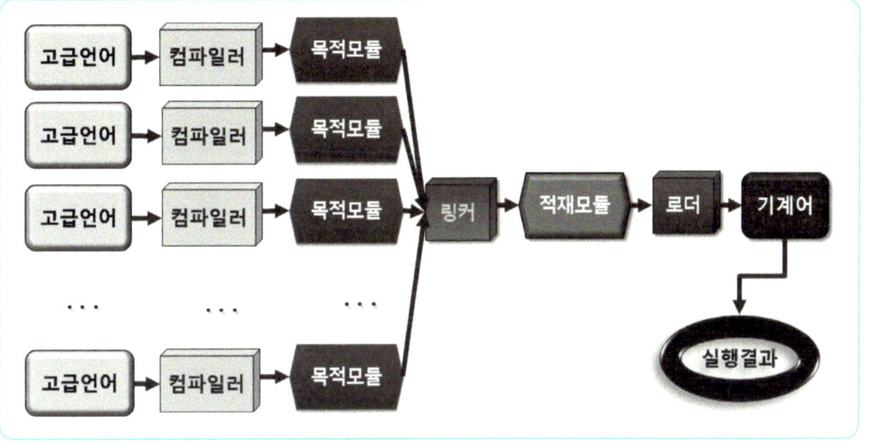

[그림 2.8] 프로그램 번역/실행 과정

⊙ 라이브러리언 프로그램(Librarian Program)

제어 기능 중 운영체제의 한 부분으로 사용되는 라이브러리 프로그램의 보수 관리를 제공하는 프로그램이다. 라이브러리(Library)는 한 보조 기억장치에 기억되거나 여러 장치에 분산될 수 있지만, 어떤 경우이든 필요에 따라 라이브러리에 정보를 추가, 삭제, 수정을 가하여 라이브러리 내용을 항상 최신 것으로 유지한다. 사용자가 작성한 응용 프로그램도 서브루틴, 제어 프로그램, 컴파일러, 정렬 · 병합, 유틸리티 프로그램과 함께 라이브러리 내에 수록할 수 있다.

⊙ 유틸리티 프로그램(Utility Program)

유틸리티 프로그램은 운영체제에서 제공하는 기능 이외에 시스템을 관리하기 위한 다양한 부가적인 기능을 제공하는 크기가 작은 프로그램들을 의미한다. 유틸리티는 운영체제를 공급하는 회사에서 제공해주기도 하지만, 일반 개인들이 제작해 통신망에 올려놓은 유틸리티들도 많이 등장하고 있다. 예를 들면, [그림 2.9]와 같이 디스크 파일의 손상을 검사하고 복구하거나 정리하는 시스템 유틸리티, 윈도즈 탐색기 같이 파일 관리를 도와주는 셸 유틸리티, 바이러스 감염을 예방하거나 검사하고 치료해 주는 백신 유틸리티, 여러 개의 파일을 하나의 파일로 만들어 주거나 파일의 크기를 줄여주는 압축 유틸리티 등 종류는 셀 수 없이 많다.

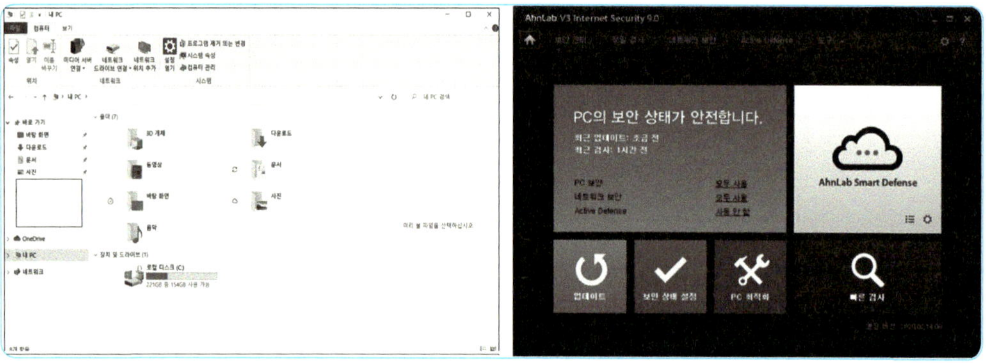

[그림 2.9] 윈도우 탐색기와 보안 프로그램

2.3 응용 소프트웨어

[그림 2.10] 응용 소프트웨어

응용 소프트웨어는 [그림 2.10]에서와 같이 시스템 소프트웨어가 가동된 상태에서 작동하는 것으로 일반 사용자들이 특정한 응용 영역 즉, 사업용이나 과학 계산용과 같이 해결하고자 하는 문제를 컴퓨터를 통해 처리할 수 있도록 만들어진 모든 소프트웨어를 말한다[그림 2.11]. 초기 컴퓨터 시절에는 주로 군사적인 용도로 개발되고 사용되었고, 상용 컴퓨터의 개발 초기에는 사용자가 필요한 모든 업무를 직접 프로그래밍하였다. 이후, 컴퓨터의 보급이 일반화되면서 컴퓨터 개발 업체 및 소프트웨어 개발 업체에서 프로그램을 개발하고 완성된 형태로 상품화하여 판매하기 시작하였다.

이후 일반 사용자들의 소프트웨어에 대한 요구 사항이 점차 복잡해지고 다양해짐에 따라 점점 더 많은 응용 소프트웨어의 개발이 이루어지게 되었고, 궁극적으로는 지금과 같이 소프트웨어가 인간 삶의 중심이 되는 시대에 이르게 되었다.

[그림 2.11] 응용 소프트웨어의 예

대표적으로 인터넷에 접속하기 위해 사용하는 웹 브라우저, 일반 사무 처리용 프로그램, 고객 관리 프로그램, 주식 투자 분석 프로그램, 수많은 유형의 게임 등 그 종류와 영역이 매우 다양하다.

⊙ 웹 브라우저(Web browser)

웹 브라우저는 팀 버너스리(Tim Berners Lee, 1955~)가 제안한 하이퍼 텍스트(Hyper-Text)의 개념을 기반으로 1991년에 만들어진 월드와이드웹(World Wide Web)을 시작으로 인터넷망에서 정보를 검색하고 공유하는데 사용하는 응용 프로그램을 말한다.

1994년 마크 앤더슨(Marc L. Andreesen, 1971~)에 의해 개발된 넷스케이프(Netscape)가 선풍적인 인기를 끌었으나, 1995년 마이크로소프트사에서 인터넷 익스플로러(Internet Explorer)를 출시와 함께 역사 속으로 사라졌다. 그 이외에도 파이어폭스(Firefox), 사파리(Safari), 크롬(Chorme) 등 많은 웹 브라우저들이 있다.

[그림 2.12] 웹 브라우저

⊙ 사무용 응용 프로그램

일반적인 사무 처리용 프로그램으로 워드프로세서, 프레젠테이션 프로그램, 스프레드시트, 그래픽 프로그램 등이 있다.

- 워드프로세서 : 문서의 작성과 편집, 저장, 인쇄 등의 작업을 수행하기 위한 프로그램

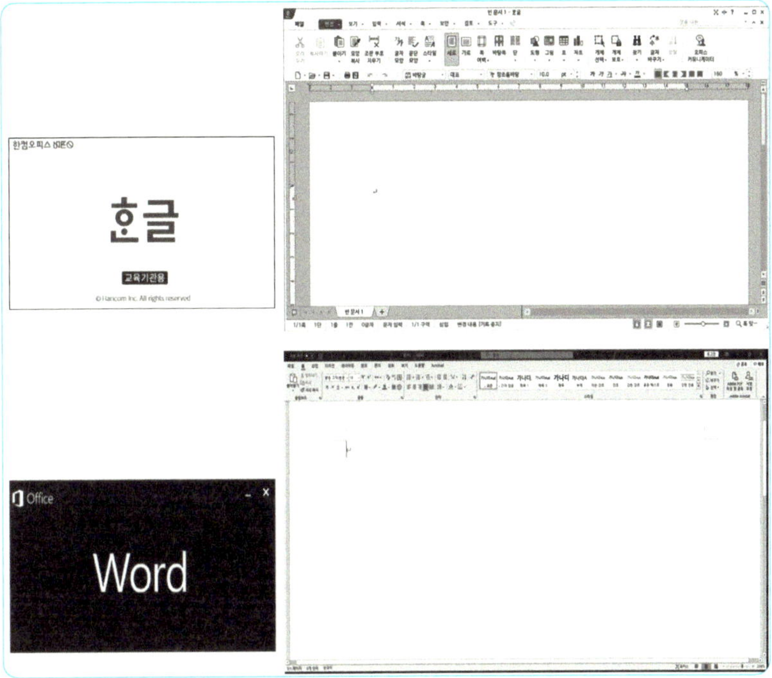

[그림 2.13] 워드프로세서

- 프레젠테이션 프로그램 : 기본 템플릿과 애니메이션 효과를 이용하여 프레젠테이션을 지원하는 프로그램

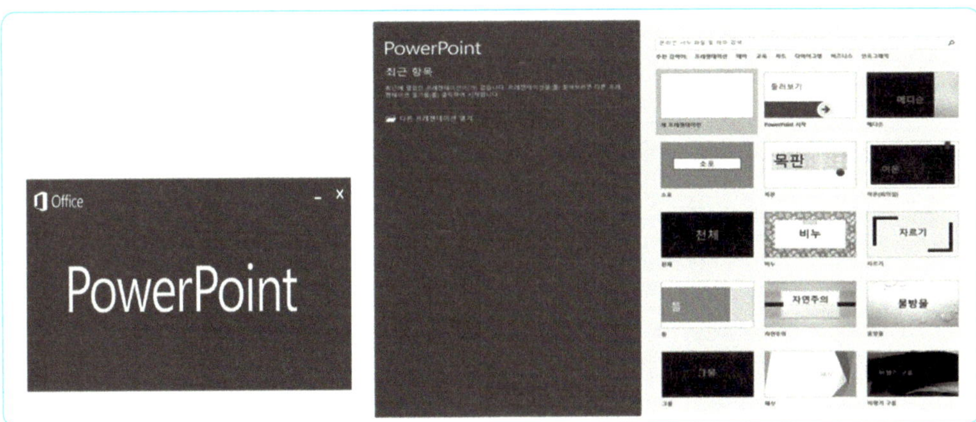

[그림 2.14] 프레젠테이션 프로그램

• 스프레드시트 프로그램 : 문서 작업 및 수식, 함수, 통계 처리 등의 작업을 수행하기 위한 프로그램

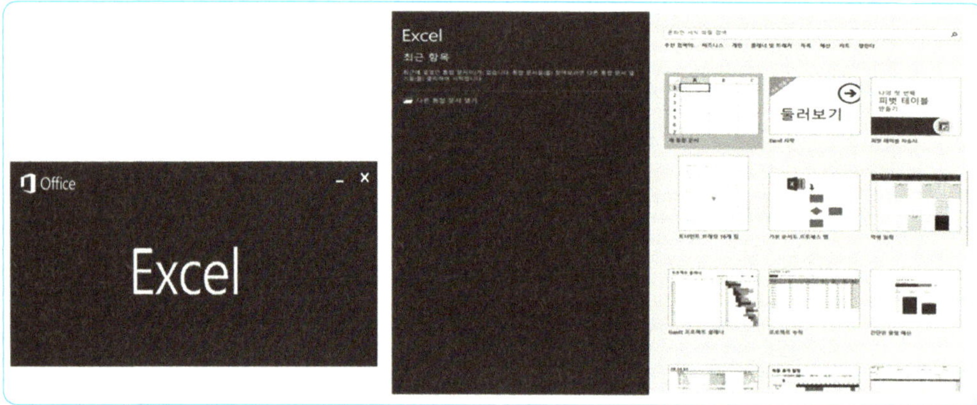

[그림 2.15] 스프레드시트 프로그램

• 그래픽 프로그램 : 그림을 그리거나 사진 영상 등을 편집할 수 있는 프로그램

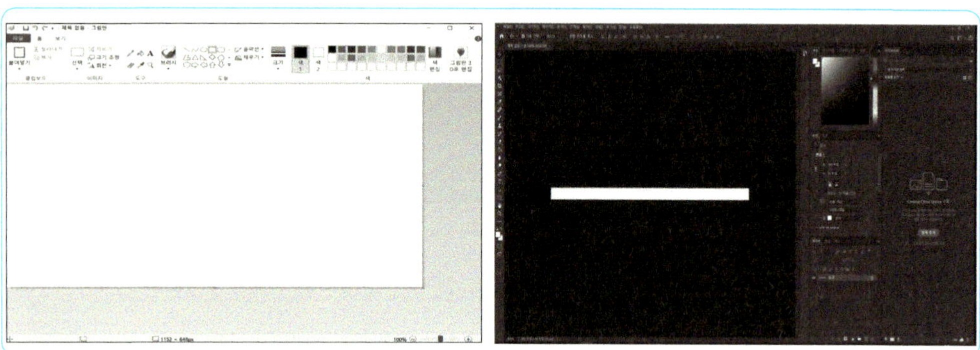

[그림 2.16] 그래픽 프로그램

⊙ **소셜네트워크 서비스(SNS: Social Network Service) 프로그램**

인터넷 상에서 다양한 친구들과 인맥을 쌓고 멀리 떨어져 있는 친구들과 자유롭게 의사 소통을 하기 위한 서비스 프로그램

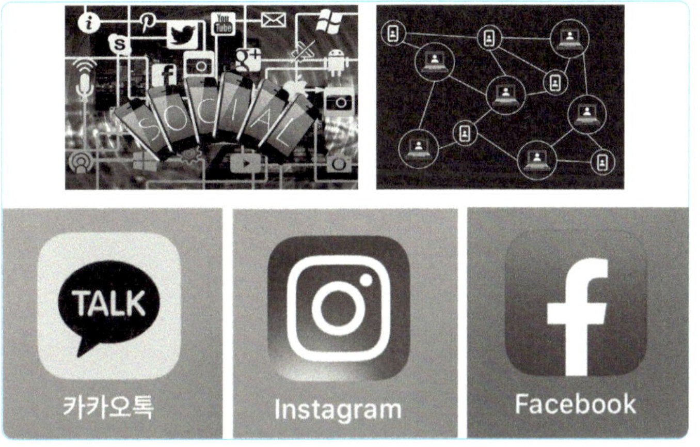

[그림 2.17] SNS 프로그램

⊙ 금융 서비스 프로그램

은행 및 보험 관련 업무를 인터넷 상에서 실행할 수 있도록 도와주는 프로그램

[그림 2.18] 금융 서비스 프로그램

⊙ 학사 업무 지원 시스템

초중고 및 대학에서의 학사 업무를 실시간으로 확인하고 작업할 수 있도록 지원하는 프로그램

[그림 2.19] 대구가톨릭대학교 학사업무지원시스템

⊙ 기타 응용 프로그램

- 인터넷 기반의 게임을 지원하기 위한 플랫폼 또는 게임 프로그램

[그림 2.20] 게임 플랫폼

- 네비게이션 프로그램

실시간 교통 상황 분석을 통한 최단 경로 검색 및 길찾기 등의 기능을 지원하는 프로그램

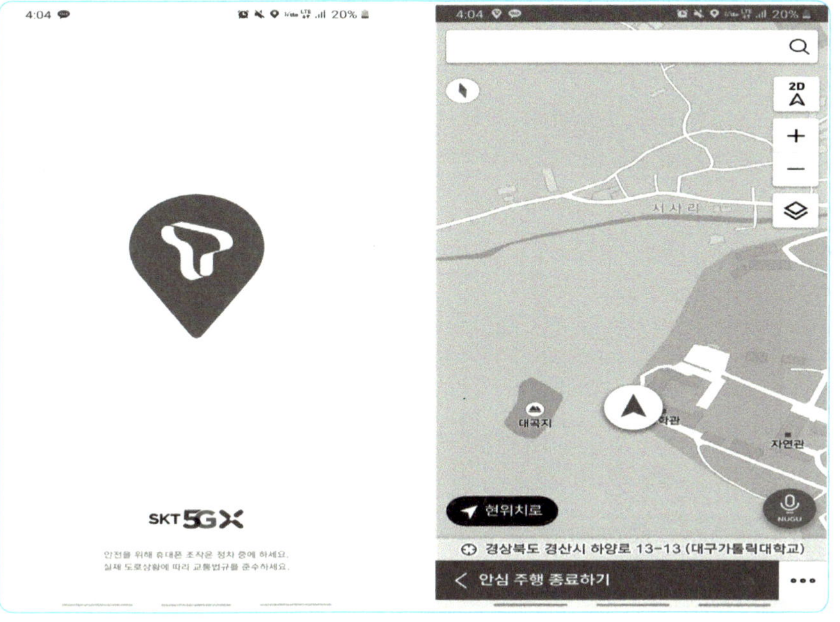

[그림 2.21] 네비게이션 프로그램

기타 많은 응용 프로그램을 통하여 사용자들은 자신이 원하는 문제를 해결하기 위하게 되고 앞으로도 더욱 다양한 유형의 응용 프로그램들이 개발되어 소프트웨어가 중심이 되는 사회의 기반을 이루게 될 것이다.

Understanding of Software in SW-based Society

Chapter 03 운영체제

3.1 운영체제의 개요
3.2 운영체제의 역할 및 구성
3.3 운영체제의 기능
3.4 운영체제 소개

3.1 운영체제의 개요

운영체제(OS: operating system)에 대해서는 쓰는 사람마다 다르게 알고 있으므로, 위의 물음에 대한 답은 여러 가지일 수밖에 없다. 마치 "장님 코끼리 만지기"처럼, 운영체제라는 거대한 소프트웨어의 어디를 얼마만큼 접촉해 보았는지에 따라, 또 어떤 환경에서 어떤 목적으로 컴퓨터를 사용하는가에 따라, 각자의 정의가 달라질 수 있다. 예를 들어

- 인터넷을 서핑(surfing)하여 학교 과제를 하고있는 초등학생은 인터넷 브라우저(browser)를 돌리기 위해 컴퓨터를 쓰고 있고, 운영체제란 브라우저를 실행하는 환경 그 자체, 또는 컴퓨터 그 자체로서 인식된다. 이 경우 운영체제가 하는 일은 아주 단순해 보이지만, 인터넷을 이용하기 위해서는 서로 연결된 수많은 컴퓨터들이 참여하여야 한다. 이런 사용 환경을 분산환경(distributed computing)이라 부르는데, 이 환경을 구성하기 위해서는 바로 운영체제의 네트워킹(networking) 기능이 필요하다.

- 컴퓨터 게임을 개발하고 있는 프로그래머는, 선택한 프로그래밍 언어로 게임 프로그램을 작성한 후에, 컴파일러(compiler)를 돌려서 게임의 실행 파일(file)을 만들고, 다시 이 파일을 실행해보아서 원하던 결과가 나오는지 검사하고 잘못된 것이 있으면 프로그램을 계속 수정해야 한다. 보통 컴파일러 패키지에는 이 모든 일을 할 수 있는 편집기, 컴파일러, 디버거(debugger) 등이 포함되어 있고, 운영체제는 이 패키지를 시작할 수 있는 환경만 만들어주면 된다. 이렇게 사용자가 자신의 프로그램을

컴퓨터에 추가하여 실행시킬 수 있는 시스템을 범용(general purpose) 시스템이라고 부른다. 이때 다른 컴퓨터의 도움은 필요 없고 하나의 컴퓨터만을 쓰면 되는데, 이런 사용 환경은 독립환경(stand-alone computing)이 된다.

- 전용 게임기 게임기 (예를 들면 Sega나 Nintendo)로 게임을 즐기는 사람에게 운영체제란 거의 존재를 느낄 수 없는 투명한 것이다. 컴퓨터에서 쓰일 모든 프로그램이 미리 하드웨어와 같이 준비되어 있는 이런 시스템을 전용(special purpose) 또는 내장형(embedded) 시스템이라고 부른다.

위의 세 가지 예에서 모두, 운영체제란 사용자와 컴퓨터 사이에서 (안내 창구에 앉아 있는) 접객 도우미 역할을 하는 아주 특별한 소프트웨어인 것을 알 수 있다. [그림 3.1]이 운영체제, 사용자, 응용 프로그램, 하드웨어 사이의 관계를 좀 더 자세히 보이고 있는데, 일반 사용자는 운영체제와 컴퓨터 하드웨어를 한 덩어리로 보고 있고, 보통 컴퓨터 시스템이라면 이 결합체에 응용 프로그램들까지 더한 모든 것을 의미한다.

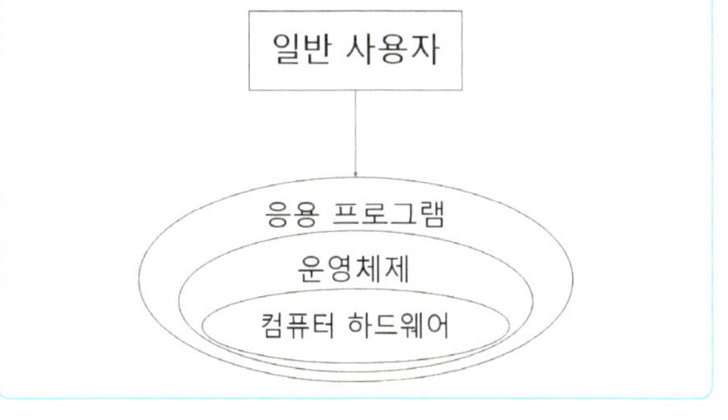

[그림 3.1] 컴퓨터 시스템의 계층

컴퓨터 하드웨어가 어떻게 이루어져 있는지를 간단하게 보인 것이 [그림 3.2]이다. 응용 프로그램을 실행하는 여러 단계를 순서대로 살펴보면

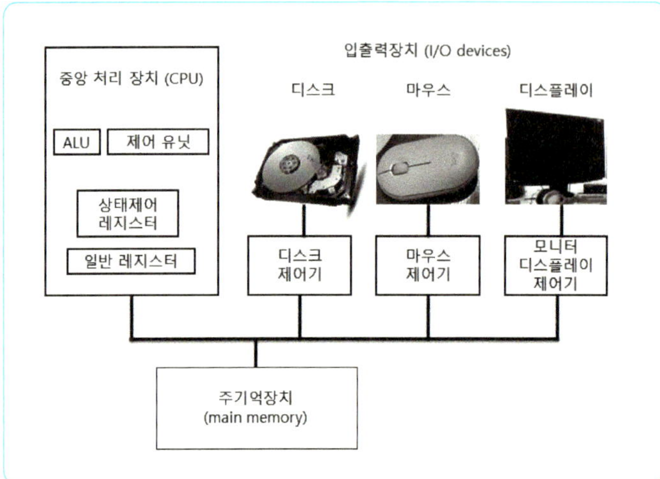

[그림3.2] 컴퓨터의 기본 하드웨어

- 하드 디스크(hard disk)에 쓰여있는 (실행이 가능한 기계어) 프로그램을 읽어서 그것과 똑같이 주기억장치(main memory)에 복사하는 것이다. 이 과정을 적재(loading)라고 하는데, 로더(loader)라는 운영체제 프로그램이 주기억장치에 적당한 위치를 결정한 다음에 디스크 제어기(disk controller)를 통하여 수행 한다.

- 주 기억장치에 있는 프로그램 명령어를 하나씩 읽어 중앙처리장치(CPU: central-processing unit) 안에 있는 명령어 레지스터(instruction register)에 쓰는 것인데 이것을 명령어 인출(instruction fetch)이라 한다. CPU를 간단히 처리기(processor)라고도 부르는 데 이 책에서는 앞으로 이 용어를 주로 사용하려 한다.

- 처리기는 자신의 제어 유닛(control unit) 안에 있는 디코더(decoder) 회로를 써서 어떤 명령어인지를 식별한다.

- 처리기는 제어 유닛이 정해주는 순서에 따라, 명령어가 요구하는 동작들을 수행한다. 이 때 레지스터와 "산술논리 연산장치"(ALU: arithmetic and logic unit)가 사용

되며 또한 주기억장치나 입출력장치 등 처리기 외부의 자원도 같이 쓰일 수 있다. 즉 "실행 중"(runtime) 입력 데이터가 필요하면 키보드 같은 입력 장치에서 값을 입력할 수도 있고, 처리 결과 값은 모니터 디스플레이 같은 출력 장치를 통해 사용자에게 전달한다.

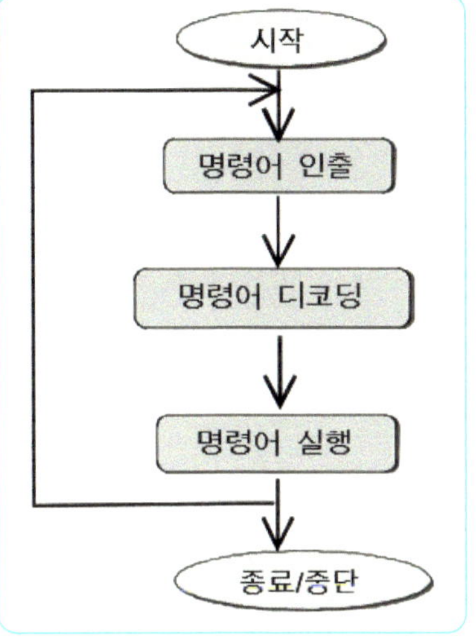

[그림 3.3] 기본 명령어 사이클

적재가 끝나고 프로그램 실행이 시작되면 이런 단계들이 프로그램이 끝날 때까지 반복 수행 된다. [그림 3.3]에서 명령어 사이클(instruction cycle)이라고 부르는 이 반복과정을 간단하게 보였는데, 실제로는 단계들도 더 세분할 수 있고, 추가적으로 인터럽트 처리단계가 첨가되어야 한다.

처리기가 직접 처리할 수 있는 "2진 코드"(binary code)를 기계어(machine language)라고 하는데, 기계어로 이루어진 프로그램을 목적 프로그램(object program)이라고도 부른다.

• 컴퓨터가 처음 만들어졌을 때는 기계어 밖에 없었으나 프로그래밍의 어려움을 줄

이기 위해서 곧 어셈블리 언어(assembly language)가 등장하였다. 이것은 기계어의 2진 코드를 영어 단어나 문자로 대체한 것으로, 기계어 명령어 하 나가 정확히 어셈블리 언어 명령어 하나로 대응한다. 그렇지만 컴퓨터마다 하드웨어 구조가 다르고 그에 따라 자신의 고유한 기계어(또는 어셈블리 언어)를 가지고 있게 된다. 따라서 어셈블리 언어로 프로그램을 작성하려해도 하드웨어 구조에 대한 자세한 지식이 필요하고, 프로그램이 복잡하고 길어져 프로그래밍 작업이 어렵고 오류가 생기기 쉬웠다. (어셈블리 언어를 기계어로 번역하는 일은 어셈블러(assembler)가 담당한다.)

모든 컴퓨터에 통용되는 고급 언어가 출현하고서야 프로그래밍 언어의 습득이나 사용이 쉬워졌다. 기계 독립성으로 인하여 하드웨어에 대한 지식이 필요 없을 뿐 아니라, 여러개의 기계어 명령어들이 하나의 고급 언어 명령어로 대치되기 때문에 프로그램의 크기가 훨씬 줄어들게 된다. 또한 고급 언어의 명령어는 수학 등식이나 일반 언어(영어)의 문장과 비슷하기 때문에 쉽게 기억하고 사용할 수 있다. 고급 언어로 쓰여진 프로그램을 원천(source) 프로그램이라고 부른다.

또 고급 언어 프로그램을 기계어 프로그램으로 바꿔주는 번역 소프트웨어가 필요하게 되었는데, 이에는 프로그램 전체를 한꺼번에 번역하는 컴파일러(compiler)와 명령어 하나하나를 번역하여 즉시 실행시키는 인터프리터(interpreter)가 있다.

링커(linker) 또는 링키지 에디터(linkage editor)로 불리는 유틸리티 소프트웨어는 여러개의 기계어 프로그램을 하나의 실행 파일로 만들어 준다. 예를 들면 별도로 컴파일한 라이브러리를 메인 프로그램에 첨부하여 완전한 실행 파일로 만들어 준다.

기억해야 할 다른 하나는 주기억장치에는 처리기에서 실행할 프로그램과 데이터만을 임시로 보관한다는 사실이다. 실행이 끝나면 그 내용이 다른 프로그램과 데이터로 계속 해서 바뀐다. 반면에 디스크나 CD-ROM 같은 보조 기억장치에는 데이터를 (사용자가 원하는 만큼) 영구적으로 보관할 수 있다. 이는 주기억장치가 디스크에 비해 읽고 쓰는 속도는 훨씬 빠르지만 값이 비싸서 작은 용량밖에 가질 수 없기 때문이다.

3.2 운영체제의 역할 및 구성

3.2.1 운영체제의 목표

일반 사용자에게 있어 '좋은'운영체제란 단순하고 쓰기 쉬어야 하며(편의성), 또한 빠르게 사용자에게 응답하여야 한다(응답속도). 이와는 완전히 대조되는 입장에 운영 체제를 직접 만드는 설계자가 있다고 할 수 있는데 (시스템을 유지하고 운영하는 책임자(sysop)도 비슷한 입장임), 그에게 좋은 운영체제란 시스템의 운영효율(throughput)을 최대한 높여 주어야하며 외부로부터의 침해(해킹이나 바이러스)를 완전히 막아 주어야 한다.

이러한 두 가지 입장을 대변하는 편의성과 효율성을 운영체제의 양대 목표라고 할 수 있는데, 문제는 두 목표를 동시에 만족시킬 수 없다는데 있다.

- 개인용 컴퓨터의 경우 사용자의 편의에만 초점을 맞출 수도 있지만, 여러 명의 사

용자가 여러 개의 프로그램을 돌리는 대형 컴퓨터의 경우에는 어느 한 명의 사용자를 만족시키려면 다른 사용자를 희생시키거나 시스템 전체의 효율을 떨어뜨려야 하는 경우가 발생한다. 예를 들어 한 프로그램에 대해 빨리 응답하려면 시스템의 모든 자원을 총동원하여 빨리 계산을 해주어야 한다. 이렇게 자원을 독점시킬 경우, 막상 필요한 다른 프로그램들은 이용하지 못하는데도 그 자원을 차지만 하고 있지 쓰지 않고 놀리는 경우도 있을 수 있다. 물론 전체 시스템의 생산 효율은 모든 자원이 놀지 않고 계속 쓰일 때에 최대가 된다.

- 또한, 모든 사용자들에게 비교적 빠른 응답을 보장하기 위해서는 상당한 추가 비용을 감수하고서라도 여러 프로그램을 자주 바꾸어가며 번갈아 수행해야 하는데, 이는 시스템 전체로 보아서는 프로그램 교체에 드는 추가비용으로 인하여 성능과 자원 이용률을 떨어뜨리는 결과를 낳는다.

- 따라서 효율성을 높이기 위해서 가장 중요한 일이 시스템의 자원을 적절하게 관리하는 것임을 알 수 있는데, "어떤 프로그램에, 어떤 자원을, 언제, 얼마나 오래 배분하느냐?"하는 식의 문제가 될 것이다. 컴퓨터 시스템 내의 모든 소프트웨어와 하드웨어를 자원이라고 볼 수 있는데, 중요한 자원인 CPU, 메모리, 하드 디스크, 파일 등에 대한 관리가 운영체제가 하는 일 중 아주 큰 부분을 차지한다.

이렇듯 두 가지 목표를 동시에 만족시키기는 어려우므로 어느 한쪽을 우선해야 하는데, 어느 한쪽을 선택할지는 보통 시스템 사용 환경에 따라서 결정된다. 즉 일반적인 범용 시스템의 경우 효율성이 우선되는 반면에, 특별한 응용 소프트웨어만을 돌리기 위한 전용 시스템의 경우는 편의성이 먼저 고려되어야 한다. 또한 컴퓨터 하드웨어값이 상대적으로 아주 비쌌던 초기 운영체제에서는 자원의 효율적 이용을 최우선할 수밖에 없었지만, 하드웨어의 가격 대비 성능이 비약적으로 향상된 오늘날의 운영체제는 사용자의 편의성을 좀 더 중요시할 수 있게 되었다.

또 한 가지 기억해야 할 사실은 운영체제도 하나의 프로그램으로서 다른 프로그램들과의 자원 경쟁에 참여한다는 사실이다. 물론 운영체제가 먼저 돌아가면서 준비를 해주어야만 다른 응용프로그램들을 실행할 수 있고, 응용 프로그램을 돌리던 중 문제가 생기면 운영체제가 나서서 처리해 주어야 하는 등, 운영체제는 가장 중요하고, 또 가장 자주 실행되는 프로그램이다. 그렇지만 운영체제 자체가 시스템 자원을 과도하게 차지하는 경우에 시스템의 효율성이 오히려 떨어질 수 있다. 이는 제품 원가에서 순수한 생산비용이 아닌 부가적인 관리 비용이 불필요하게 더 들어가는 것과 같음으로, 운영체제가 차지하는 자원은 꼭 필요한 정도로만 제한되어야 한다.

3.2.2 운영체제의 구성방법

이러한 목표를 이루기 위해 어떤 방식으로 운영체제를 구성할 것인가? 가장 많이 사용되는 방식이 여러 계층으로 나누어서 구성하는 계층구조(layered structure)이다. [그림 3.4]에서 그것의 한 (이론상의) 예를 보이고 있는데, 세 개의 계층이 운영체제를 이루고 있는 아주 단순한 구조이다. 계층 구조의 가장 큰 장점은 운영 체제 프로그램 작성 시 오류의 발견이 쉽고, 이미 개발된 시스템의 경우에 그것의 수정 보완이 용이하다는 점 SW중심사회에서의 소프트웨어의 이해이다. 즉 운영체제 설계자나 작성자 의 입장에서 보았을 때 "좋은"구조이다.

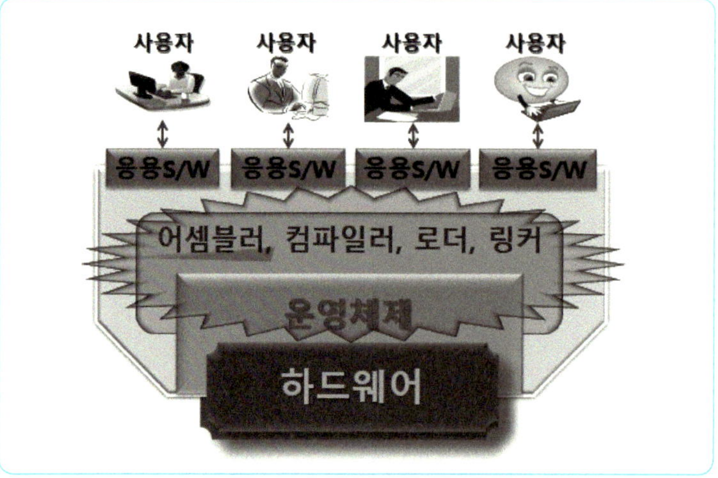

[그림 3.4] 계층 구조로 된 운영체제

제일 아래 있는 커널(kernel) 계층은 컴퓨터 하드웨어를 직접 이용하여 운영체제의 기본이 되는 ("커널"의 사전적 의미대로) 핵심기능들을 구현하며, 보통 "메모리에 항상 거주"(memory-resident)한다. 가운데 계층을 이루는 프로그램들은 보통 때는 디스크에 있다가 필요할 때만 메모리로 불려져서 실행되며, 커널이 제공하는 기능들을 사용하여 보다 확장된 새로운 기능들을 구현한다. 마찬가지로 사용자 인터페이스(UI: user interface) 계층은 "커널이 아닌"(non-kernel) 프로그램들만 사용하지, 직접 커널 프로그램들을 사용하지는 않는다. 즉 어느 한 계층은 바로 위 계층에 대해서 추상적인 기계(abstract machine) 역할을 하게 되는데, 이렇게 함으로써 운영 체제의 기능을 변경하거나 확장하기가 훨씬 쉬워진다.

UI 계층은 사용자와 직접 접촉하여, 사용자로부터의 요구나 명령을 처리하여준다. 운영체제마다 미리 정해 놓은 명령(command)을 내리는 어휘들과 형식이 있어서, 사용자가 이 규약을 따라야만 UI 프로그램과 의사소통을 할 수 있다. 예를 들어 DOS나 UNIX 같은 텍스트 입력형 (command-line) 운영체제라면 "type"나 "ls"같은 명령들의 이름과 첨가할 수 있는 인수 (argument)를 알아야 하고, 윈도우즈(windows) 같은 GUI(-

Graphical User Interface) 환경이라면 마우스를 움직이는 방법과 마우스 버튼 사용방법을 알아야한다. 운영체제로서는 이 명령들을 해석하여 적절한 조치를 취해줘야 하는데, 명령처리 프로그램(command processor)이 그 일을 담당한다.

3.3 운영체제의 기능

지금까지 운영체제는 사용자를 도와주는 동시에 자원을 효율적으로 관리하는 가장 기본적인 프로그램인 것을 알았는데, 좀더 구체적으로 운영체제가 해야 될 일들을 정리해보면 [그림 3.5]와 같다.

- 등록된 사용자들의 명단을 만들어 관리한다.
- 모든 자원들의 명단을 만들어 관리한다.
- "현재 활동 중인"(active) 사용자들의 상태를 기록한다.
- 사용자들이 원하는 프로그램들이 중앙처리장치에서 처리되게 하고, 그들의 현재 진행 상태를 기록한다.
- 자원들을 실행 중인 프로그램들에게 배분해주고, 그들의 현재상태를 기록한다.
- 사용자와 프로그램으로부터 오는 그 밖의 요구 사항들을 처리한다.

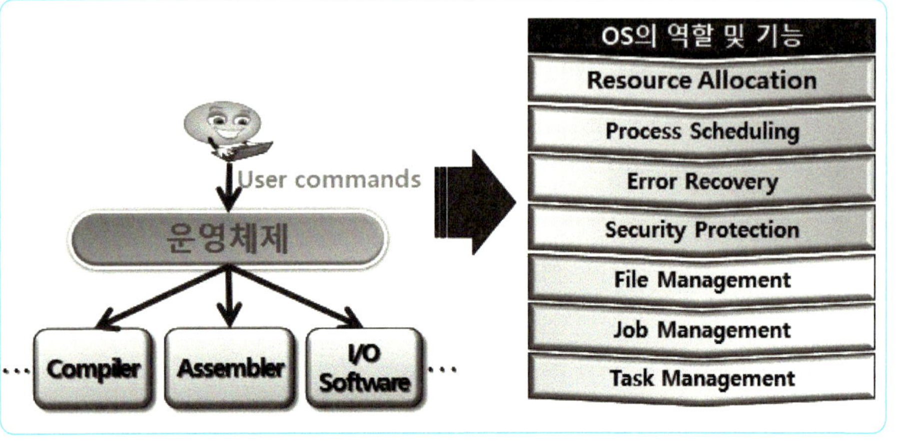

[그림 3.5] OS의 역할과 기능

3.4 운영체제 소개

3.4.1 UNIX

UNIX 시스템은 컴퓨터시스템을 효율적으로 사용하기 위한 시스템관리 프로그램인 운영체제(Operating System)를 말한다. 운영체제를 정확히 정의하기는 애매하나 컴퓨터 하드웨어와 사용자 사이에 위치하여 컴퓨터시스템이 제공하는 모든 하드웨어와 소프트웨어의기능을 모두 사용할 수 있도록 조정해주는 가장 중요한 소프트웨어라 할 수 있다. UNIX 시스템은 1925년 설립된 통신과학연구기관인 Bell 연구소가 개발한 운영체제로서 처음에는 연구용 도구로 시작되어 차츰 교육용 및 상업용으로 개발되어왔다.

UNIX는 1969년 미국 AT&T사의 Bell연구소가 다양한 하드웨어 플랫폼에서 여러 종류의 소프트웨어를 사용할 수 있도록 개발되었다. 일반적으로 운영체제는 하드웨어의 성능에 맞도록 하드웨어에 종속적으로 개발되기 때문에 사용자들은 운영체제를 개발한 개발업체에 따를 수밖에 없지만, UNIX는 다양한 하드웨어 상에서 독립적으로 운영될 수 있도록 개발되었기 때문에 이식성이 높다. 또한 UNIX는 대부분이 고급언어인 C로 작성되어있고 공개되어있기 때문에 다른 기종의 하드웨어로의 이식이 훨씬 자유롭다.

따라서 개인용컴퓨터에서부터 중대형컴퓨터에 이르기까지 다양한 기종에서 운영체제로 UNIX를 사용하고 있다. 또한 UNIX 운영체제는 네트워크 기반 위에 개발된 시스템이며 통신유틸리티와 전자우편기능을 가지고 있으므로 여러 유형의 컴퓨터들과 쉽게 연결될 수 있는 장점을 가진다.

UNIX의 내부 네트워크의 기본인 TCP/IP 프로토콜은 전 세계적으로 사용되고 있는 통신프로토콜이다. UNIX에서는 파일전송, 전자우편 등과 같은 통신 서비스를 기본으로 제공하여 업무를 효과적으로 수행할 수 있게 해준다.

1) UNIX 시스템의 특징

- 이식성이 우수한 운영체제이므로 광범위하고 다양한 기종에서 사용할 수 있다
- 동시에 여러 사용자가 컴퓨터 시스템을 이용할 수 있다.
- 프로그램, 프로세스, 파일의 생성, 수정, 삭제를 제공한다.
- 효과적인 방법으로 프로세서, 메모리, 디스크 공간을 관리한다.
- 많은 응용 프로그램을 가진다.

2) UNIX 운영체제의 특징

- 광범위하고 다양한 작업들을 수행하는 범용의 운영체제이다.
- 사용자와 컴퓨터 사이를 직접적으로 연결하는 상호작용적인 대화형 운영체제이다.
- 여러 명의 사용자가 동시에 시스템을 사용하도록 해주는 다중사용자 시스템이다.
- 사용자가 동시에 여러 작업을 수행할 수 있도록 허용되는 다중작업 시스템이다.
- 파일 시스템이 계층적 구조이므로 디렉토리 및 파일접근이 쉽다.
- 통신 유틸리티와 전자메일기능이 내장된 네트워킹 시스템이다.
- 높은 이식성, 확장성, 개방성을 갖는다.

3) 소프트웨어적인 특징

- 파일구조가 사용하기 쉽고, 다중사용자 환경을 지원하며 많은 명령어 체계를 사용하여 프로그램 사용을 위한 도구로써 이용하는데 편리하다.
- 다중사용자와 다중작업에 의한 개발 및 교육, 연구용으로 적합한 시스템이다.
- AT&T사의 제품인 시스템 V와 버클리대학에서 개발한 4X BSD 간의 독자적 개발에서 다양한 명령어 구조를 통합함으로 기능의 향상을 기할 수 있게 되었다.
- UNIX 시스템은 운영체제와 쉘로 구성되어 있고, 운영체제 안에는 시스템을 관장하는 커널이 존재한다.
- **대화형 시스템(Interactive System)** : 사용자가 명령을 주면 시스템은 그 명령을 수행하고 그 결과를 사용자에게 알려주는 시스템이다.
- **이식성이 좋다** : UNIX 시스템의 90%는 C 언어로 구성되어 있어 다른 기종에 이식성이 풍부하다.
- **다중사용자 시스템(multi-user system)** : 동시에 여러 명의 사용이 가능하다.
- **다중작업 시스템(multi-tasking system)** : 시스템은 동시에 여러 작업을 수행 할 수

있다.

- **쉘 프로그래밍** : 반복적이고 복잡한 명령어를 대화식으로 간단하게 처리할 수 있다.
- **계층적 파일 시스템** : 계층구조의 파일 형태로 사용자나 그룹 간에 파일을 효율적으로 사용할 수 있다.

3.4.2 윈도우

윈도우는 윈도우 1.0을 시작으로 한 1985년 미국의 마이크로소프트가 개발한 운영체제로 경쟁 회사인 애플의 개인용 컴퓨터(PC)에 처음으로 도입한 그래픽 사용자 인터페이스(GUI) 운영체제인 애플사의 Mac OS에 대항하는 운영체제로 출시하였다. 윈도우는 MS-DOS에서 멀티태스킹과 GUI 환경을 제공하기 위한 응용 프로그램으로 현재 전 세계의 90% PC에서 윈도우 운영체제를 사용하고 있다.

윈도우 운영체제의 경우에는 그래픽 사용자 인터페이스(GUI) 운영체제이므로, 처음 접하는 사용자들이라도 쉽게 접할 수 있는 운영체제이다. 1990년 윈도우 3.0 이후부터 대중적으로 사용하며 그래픽 환경 운영체제로 자리매김하게 된 것은 1995년 윈도우 95부터 그래픽 환경 운영체제로 발전하게 되었다. 윈도우 운영체제는 1980년대부터 2000년대에 이르기까지 PC 시장을 거의 독점하면서 전 세계의 많은 사용자들이 사용하는 운영체제로 자리를 차지한다.

[그림 3.6] 윈도우10 운영체제

1) 윈도우 운영체제의 특징

- 그래픽 사용자 인터페이스(GUI) 운영체제로 마우스를 통한 아이콘을 선택하여 작업이 수행 가능하다.
- 네트워크 구축 및 통신에 연관된 네트워크 연결을 수행하도록 다양한 프로토콜 및 기능을 지원한다.
- 단일 사용자(Single – User) 시스템으로, 컴퓨터를 한 사람만이 독점하여 사용이 가능하다.
- 사운드 등 멀티미디어를 쉽게 사용할 수 있다.
- 다수의 사용자가 윈도우 운영체제를 사용함으로써, 다양한 프로그램이 많다.

3.4.3 맥(Mac)

매킨토시(영어: Macintosh, 문화어: 마킨토쉬) 혹은 줄여서 맥(영어: Mac)은 애플이 디자인, 개발, 판매하는 개인용 컴퓨터의 제품 이름이다. 1984년 1월 24일 처음 출시된 매킨토시는 당시 유행하던 명령 줄 인터페이스 대신 그래픽 사용자 인터페이스(GUI)와 마우스를 채용해 상업적으로 성공한 최초의 개인용 컴퓨터였다. 하지만 현재 전 세계 대부분의 사람들은 IBM PC 호환기종(Microsoft사의 'Windows' 소프트웨어가 설치된 PC)을 쓰고 있다. 매킨토시는 값이 비쌌으며 내부를 공개 하지 않았기 때문이다.

1980년대 후반을 지나면서 애플은 1980년대의 MS-DOS와 마이크로소프트 윈도를 사용하던 IBM 호환 PC 시장 점유율을 서서히 걷어내기 시작했다. 애플은 1998년 성공적인 판매와 더불어 매킨토시 상표의 부활을 보여준 아이맥 데스크톱 모델로 다양한 수준의 소비자들을 끌어들였다. 지금의 맥 시스템은 주로 가정과 교육, 전문직 종사자들을 대상으로 하는 시장을 공략하고 있다. 그것들이 바로 앞서 설명한 일반 사용자용 모델인 아이맥과 맥 미니, 맥북 레티나와 맥북 에어 모델, 전문가용 워크스테이션인 맥 프로, 맥북 프로 등이 있다.

맥 제품들은 하드웨어와 맥에 설치되는 모든 운영 체제를 함께 생산함으로써 사용이 쉽고 용이하게 수직적으로 통합되어있다. 이것은 다양한 제조사가 하드웨어를 만들고 또 각기 다른 제조사의 소프트웨어를 사용하는 IBM 호환 PC와의 큰 차이점이다. 애플은 자사가 모두 맥 하드웨어를 생산하며 내부 시스템과 디자인, 가격을 모두 자체적으로 결정한다.

[그림 3.7] 맥 OS

3.4.4 리눅스(Linux)

리누스 토르발스가 커뮤니티 주체로 개발한 컴퓨터 운영체제다. 혹은 커널을 뜻하기도 한다. 자유 소프트웨어와 오픈 소스 개발의 가장 유명한 표본으로 들 수 있다. 다중 사용자, 다중작업(멀티 태스킹), 다중 스레드를 지원하는 네트워크 운영체제(NOS)다.

엄밀하게 따지면 이 '리눅스'라는 용어는 리눅스 커널만을 뜻하지만, 리눅스 커널과 GNU 프로젝트의 라이브러리와 도구들이 포함된, 전체 운영체제(GNU/리눅스라고도 알려진)를 나타내는 말로 흔히 쓰인다. 리눅스 배포판은 핵심 시스템 외에 대다수 소프트웨어를 포함한다. 현재 200여 종류가 넘는 배포판이 존재한다.

초기 리눅스는 개개인의 애호자들이 광범위하게 개발하였다. 이후 IBM, HP와 같은 거대 IT 기업의 후원을 받으며, 서버 분야에서 유닉스와 마이크로소프트 윈도 운영체제의 대안으로 자리를 잡았다.

리눅스는 처음에 인텔 386 마이크로프로세서를 위해 개발되었으나 현재는 다양한 컴퓨터 아키텍처를 지원한다. 개인용 컴퓨터에서부터 슈퍼컴퓨터는 물론 휴대전화, 스마트 TV, 개인용 비디오 레코더와 같은 임베디드 시스템까지 광범위하게 이용되고 있다. 리눅스 재단에 따르면 퍼블릭 클라우드 워크로드의 90%, 세계 스마트폰의 82%, 임베디드 기기의 62%, 슈퍼 컴퓨터 시장의 99%가 리눅스로 작동한다.

[그림 3.8] 리눅스 펭귄

3.4.5 안드로이드

안드로이드는 미국의 구글에서 만든 스마트폰 전용 운영체제다. 운영체제(OS) 와 미들웨어, 사용자 인터페이스(User Interface), 어플리케이션(Application) 등을 단일화를 하여 서비스를 제공한다. 안드로이드 운영체제는 다양한 어플리케이션을 만들어 어플리케이션을 설치하면 앱이 실행될 수 있도록 구성된 어플리케이션 플랫폼이다.

구글의 안드로이드 운영체제는 애플의 스마트폰 운영체제인 IOS에 견주는 운영체제이며, 전 세계의 수많은 사용자들이 안드로이드 운영체제 기반의 스마트폰과 태블릿으로 안드로이드 운영체제를 사용하면서, 안드로이드 운영체제는 전 세계 모바일 시장에서 높은 평가를 받고 있다. 안드로이드 운영체제는 리눅스(Linux)를 기반으로 제작되었고 프로그래밍 언어는 자바(Java)를 사용한다.

[그림 3.9] 안드로이드 운영체제

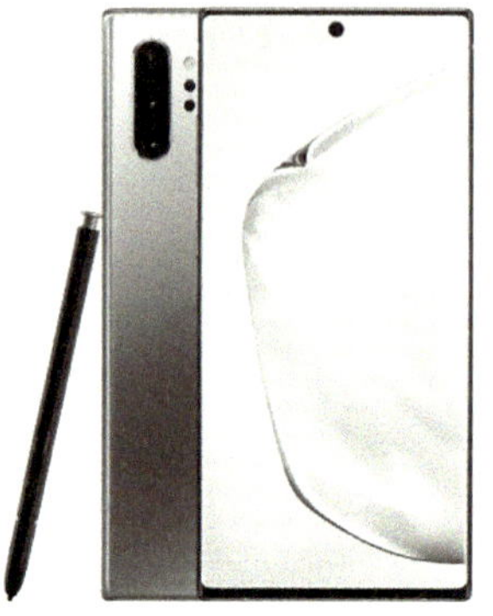

[그림 3.10] 안드로이드 운영체제 갤럭시노트10+ 5G

1) 안드로이드 운영체제의 특징

- 프로그래밍 언어가 자바(Java) 기반으로 전 세계의 수많은 자바 개발자들이 앱 개발을 도전 할 수 있다.
- 오픈 소스(Open Source) 기반으로 아파치 2.0 라이센스를 사용한다.
- 단일 사용자(Single – User) 시스템으로, 컴퓨터를 한 사람만이 독점하여 사용이 가능하다.
- 쉬운 연동으로 안드로이드에서 만든 앱은 다른 앱에서 제공하는 기능을 쉽게 사용하도록 만들어졌다.

2) 안드로이드 운영체제의 계층 구조

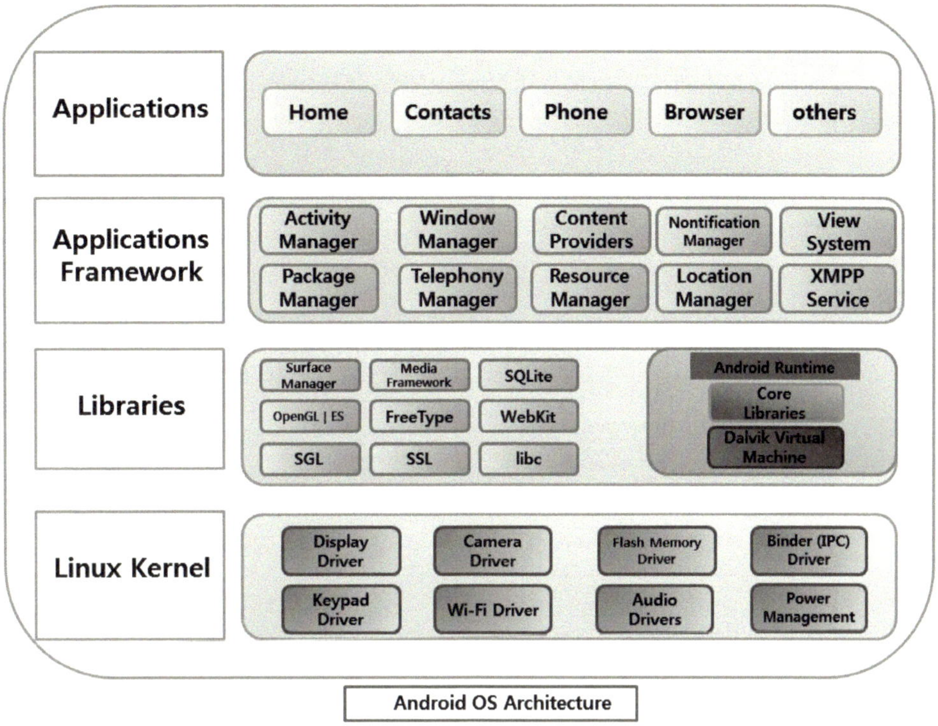

[그림 3.11] 안드로이드 운영체제 계층 구조

안드로이드 운영체제 구조는 크게 네 개 계층의 구조로 나눈다.

가장 최하단에 위치한 리눅스 커널 계층, 라이브러리 계층과 해당 계층에 포함된 안드로이드 런타임, 어플리케이션 프레임워크 계층 그리고 최상단에 위치한 어플리케이션 계층으로 4가지의 큰 계층을 가진다.

- 1계층의 리눅스 커널 계층은 보안, 메모리관리, 프로세스관리, 네트워크 관리를 담당한다.
- 2계층의 라이브러리 계층은 C/C++ 로 작성이 되어있으며, 웹브라우징, 그래픽, 오디오 등이 포함되며 하드웨어적인 부분을 사용하기 위한 기능을 제공한다.

- 안드로이드 런타임(Android Runtime)이 해당 계층에 포함되어 있으며, 달빅 가상머신(Dalvik Virtual Machine)과 자바 가상머신(Java Virtual Machine)을 구현한다.
  (1) 달빅 가상머신(Dalvik Virtual Machine)을 통해서 어플이 실행이 된다.
  (2) 자바 가상머신(Java Virtual Machine) 은 자바(Java)로 개발된 프로그램들은 타 운영체제들(윈도우, Mac 등)을 가리지 않고 실행이 가능하다.
- 3계층의 어플리케이션 프레임워크 계층은 어플리케이션을 개발에 필요한 기능을 제공한다.
  어플을 구성하는 Activity, Content Proviers, View 등의 기능을 관리한다.
- 마지막 4계층 어플리케이션 계층은 어플을 위치하는 곳이다.
- 1계층부터 3계층까지는 OS에 관련된 계층이며, 최상단 계층인 4계층은 어플 개발자들이 연관된 계층이다.

3.4.4 iOS

iOS는 2007년 미국 애플에서 아이폰, 아이패드 등을 위한 모바일 운영체제로 공개되었다. iOS는 OS X을 기반으로 만들어져 있으며, OS X과 마찬가지로, 다윈 파운데이션을 기반으로 한다.

OS의 사용자 인터페이스는 멀티 터치 제스처에 의한 직접 조작 개념에 기반하고 있다. 인터페이스 컨트롤들은 슬라이더, 스위치, 버튼 등의 요소를 이루고 있다.

사용자 입력에 대한 반응은 멀티 터치 제스처를 응용한 다이렉트 매니퓰레이션(direct manipulation) 개념에 기반하고 있다. 사용자에 입력에 대한 반응은 비교적 즉각적인데 이는 부드러운 인터페이스를 제공하기 위한 것이다. iOS과 사용자 간의 상호 작용(Interaction) 동작 종류에는 스와이핑, 태핑, 핀칭, 리버스 핀칭 등이 있다. 또한, 일부 응용 소프트웨어들은 내장된 가속도계를 이용, 기기를 가로로 돌리거나 세로로 돌리면 사용자의 움직임에 따라 화면이 회전하는 기능을 제공하고 있다.

[그림 3.12] iOS 운영체제

[그림 3.13] iOS 운영체제 아이폰 11 Pro

1) iOS 운영체제의 특징

- iOS는 애플에서 만든 스마트 기기 제품에만 탑재되는 운영체제로 폐쇄형 OS이다.
- iOS에 대한 모든 권리는 애플에서 소유하고 있으므로 소스 코드는 비공개가 되어 있다.
- 폐쇄형 플랫폼, 클로즈 소스로 보안성이 강하기 때문에 다른 기기와 호환이 불가능하지만 iCloud 시스템으로 같은 애플 제품과 사진, 문서, 어플리케이션 등을 공유할 수 있다.

2) iOS 운영체제의 계층 구조

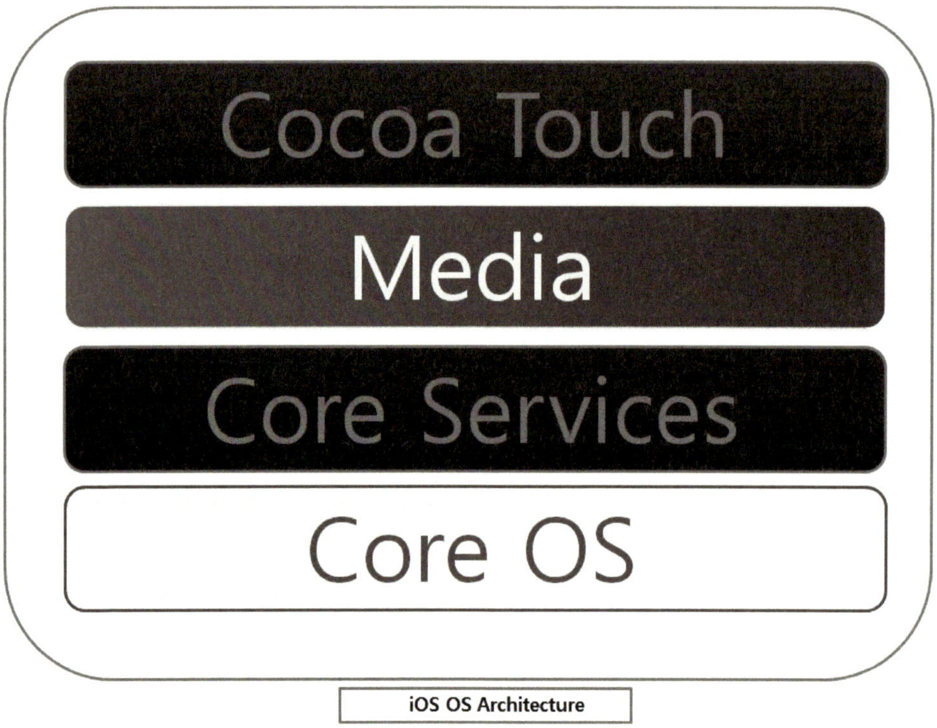

[그림 3.14] iOS 운영체제 계층 구조

iOS 운영체제 구조는 크게 네 개 계층의 구조로 나눈다.

가장 최하단에 위치한 코어 계층, 코어 서비스 계층, 미디어 계층 그리고 최상단에 위치한 코코아 터치 계층으로 4가지의 큰 계층을 가진다.

- 1계층의 코어 OS 계층(Core OS) 은 C기반의 저수준의 API이며, 데이터 처리, 네트워크, 파일 접근 등 시스템의 기본으로 구성된 핵심기능을 포함한다.
- 2계층의 코어 서비스 계층(Core Service) 은 1계층인 코어 OS 계층에 제공되지 않는 기능을 포함한다.

  Coremotion, Eventkit, StoreKit, MoblieCoreServices 등을 이용하여 어플을 개발한다.

기기자체의 움직임, 기울임인 자이로스코프, 중력가속도센서 등의 프로세스를 담당한다.

- 3계층의 미디어(Media) 계층은 그래픽이나 멀티미디어를 제공한다. C와 Objective – C가 혼합된 형태이며, QuartzCore, MediaPlayer, CoreText, CoreAudio 등이 있다.

(1) QuartzCore 는 기본적인 애니메이션 그래픽 구현을 담당한다.

(2) MediaPlayer 는 음악, 팟 캐스트, 비디오 등을 탐색 및 재생을 담당한다.

- 마지막 4계층 코코아 터치(Cocoa Touch) 계층은 GameKit, EventKitUI, MapKit, MessageUI, Twitter, UIKit 이 포함된 계층이다. 주로 화면의 그래픽 UI를 구현한다.

(1) UIKit 은 사용자 인터페이스(User Interface)를 구현한다.

(2) MapKit 은 지도를 사용하도록 구현한다.

(3) GameKit 은 네트워크 기능이 포함되어 멀티플레이 게임이 가능하도록 기능이 포함된다.

Understanding of Software in SW-based Society

SW중심사회에서의 **소프트웨어의 이해**

04 Chapter 프로그래밍 언어

4.1 프로그래밍 언어의 개요
4.2 프로그래밍 언어의 분류
4.3 해석 기법에 따른 프로그래밍 언어
4.4 주요 프로그래밍 언어로 작성된 프로그램 예

4.1 프로그래밍 언어의 개요

컴퓨터를 효율적으로 활용하기 위해서는 성능이 우수하고 안정성이 있으며, 신속 정확하게 처리할 수 있는 기능을 가지고 있는 기계 자체를 말하는 하드웨어가 있어야 한다. 그러나 아무리 우수한 하드웨어가 갖추어져 있을지라도, 이것을 유용하게 이용 할 수 있는가를 개발, 제조하는 것도 중요하지만, 이에 못지않게 컴퓨터를 적절하게 활용할 수 있는 기술의 개발이 따르지 않으면 컴퓨터도 하나의 쇳덩어리에 불과하다.

따라서, 성능이 우수한 컴퓨터기술로서 소프트웨어의 개발이 오히려 더 중요한 문제로 제기된다. 특히 컴퓨터로 업무처리를 행하기 위한 시스템의 분석과 설계, 처리절차와 방법을 지시하는 프로그램의 작성 등에 관한 기술 등은 컴퓨터의 이용효과와 밀접한 관계가 있는 것이다. 그림은 실세계 문제를 인식하여 컴퓨터 프로그래밍을 작성하는 체계를 나타낸다.

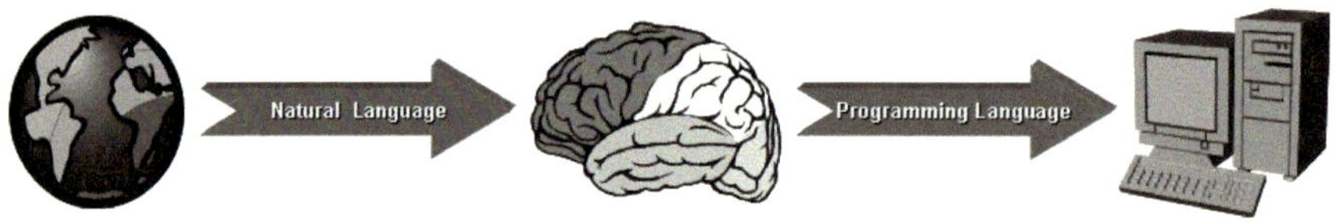

[그림 4.1] 프로그램 작성 체계

우리가 컴퓨터에 의하여 원하는 결과를 신속 정확하게 얻기 위해서는 첫째, 정확한 프로그램이 준비되어야 하고, 둘째, 정확한 자료가 작성되어야 하며, 셋째, 정확한 기계 조작이 따라야 한다. 여기서 가장 중요한 것이 프로그램이며, 이것에 의하여 컴퓨터는 자동성이 발휘되고 정확한 처리가 가능해지는데, 프로그램이란 컴퓨터가 이해할 수 있는 언어를 사용하여 일정한 문법에 따라 업무 처리의 절차와 방법을 지시하는 명령문의 집단을 말한다. 또, 이 프로그램을 작성하는 사람을 프로그래머라(programmer) 하고, 프로그램을 작성하는 일 자체를 프로그래밍(programming)이라고 한다.

우리들이 똑같은 계산문제를 풀 때에 사람에 따라 그 방법과 순서가 다르듯이 프로그램을 작성함에 있어서도 각기 달라질 수 있다. 어떻게 프로그램을 작성하든 간에 원하는 결과만 얻으면 그만이겠지만, 프로그램에 따라 처리 시간이나 효율적인 컴퓨터의 운영에 차이가 생기므로 보다 우수한 프로그램의 작성이 되도록 끊임없는 연구와 노력이 있어야 한다.

컴퓨터에 의한 업무처리를 위해서는 프로그래머(programmer)에 프로그램(program)을 작성하여야 하며 이 프로그램은 컴퓨터가 이해 가능한 언어(computer programming language)로 작성되어야 한다. 프로그래밍 언어는 말 그대로 프로그램을 작성하는데 쓰이는 언어로서, 우리가 컴퓨터가 하기를 원하는 작업을 언어로써 체계적으로 표기하는 것이다. 예를 들어, 키보드로 입력한 숫자나 문자를 읽어 들이거나 사칙연산을 하거나, 혹은 프로그램의 결과물을 모니터나 프린터로 출력하는 등의 작업을 프로그래밍 언어를 사용하여 컴퓨터에게 명령할 수 있다. 다양한 프로그래밍 언어들이 제공하는 일반적인 특성 또는 고유의 구조나 특징들을 이해함으로써 특정 프로그램을 짜기 위해 필요한 적절한 언어를 선택할 수 있다. 또한 프로그래밍 언어들이 갖고 있는 공통적인 특성을 파악하여 새로운 프로그래밍 언어를 쉽게 배울 수 있다.

우리가 쓰고 있는 한글이나 다른 모든 나라의 언어들은 고급 언어다. 사람의 생각과 감정을 자유자재로 표현할 수 있기 때문이다. 그러나 컴퓨터는 매우 지능이 낮은 기계로 우리들이 일상적으로 사용하는 언어들을 알아듣는다는 것은 매우 사치스러운 일이다. 실제로 컴퓨터가 알아들을 수 있는 언어는 사실 언어가 아닌 0과 1이라는 숫자로 조합된 하나의 기호체계 인데 이것을 기계어라고 한다. 이러한 기계어를 일일이 조합하는 일은 매우 어려울 뿐더러, 기계어를 가지고 요즘 같은 복잡한 프로그램을 짠다는 것은 불가능한 일이다. 그래서 사용자가 보다 친숙한 언어, 즉 일상적으로 사용하는 언어와 비슷한 언어를 가지고 프로그램을 짤 수 있게 한 것이 프로그래밍 언어이다.

4.2 프로그래밍 언어의 분류

4.2.1 수준에 의한 분류

기계어는 0과 1만으로 구성된 언어로 하나의 명령어를 기술할 때에는 이들 숫자들을 나열하여 표시한다. 예를 들면 "더하라"라는 명령은 10010110, "옮겨라"라는 명령은 10101101 등으로 기술하는 것이다.

따라서 기계어로 프로그램을 작성할 때에는 컴퓨터의 동작 하나하나에 대하여 명령을 주어야 하므로 컴퓨터의 구성이나 동작 원리 등에 대한 전문적인 지식이 없으면 이 언어로 프로그램을 작성한다는 것은 불가능하다. 또, 명령 자체가 단순한 숫자의 나열로만 기술되므로 이들을 하나하나 기억하며 프로그램을 작성하고, 그 프로그램을 수정, 보완해 나가기가 불편할 뿐만 아니라, 기종마다 그 기계의 언어가 다르므로 컴퓨터 상호간에 호환성이 전혀 없어 경제적인 언어가 될 수 없다.

다만 기계어는 컴퓨터의 입장에서 효율적인 언어이므로 컴퓨터의 특성을 최대한으로 살릴 수 있고, 컴퓨터가 직접 이해할 수 있는 언어이기 때문에 능률적이라는 장점은 있다. 그러나 요즈음은 기계어로 프로그램을 작성하는 일은 거의 없다.

고급언어(Compile Language)는 프로그램을 작성하여 업무 처리를 하는 이용자의 입장에서 보면 이에 사용되는 언어는 가능한 한 일상 사용자는 자연어에 가깝고, 컴퓨터에 대한 전문적인 지식이 없어도 그 언어를 익힐 수 있으며, 어느 컴퓨터에나 기종에 관계 없이 공통적으로 활용할 수 있는 언어가 가장 바람직하다.

이용자들의 이러한 욕구를 충족시키기 위하여 개발된 언어가 컴파일 언어로서, 역시 어셈블리 언어와 같이 컴퓨터가 직접 이해할 수 없으므로 번역관인 컴파일러(Compiler)가 있어서 기계어로 변화시켜 준다.

이 언어는 기계 상호간에 호환성이 있고, 자연어에 가까운 표현으로 기술되므로 배우기 쉽고 한때 거의 대부분이 컴파일 언어로 프로그래밍을 한다.

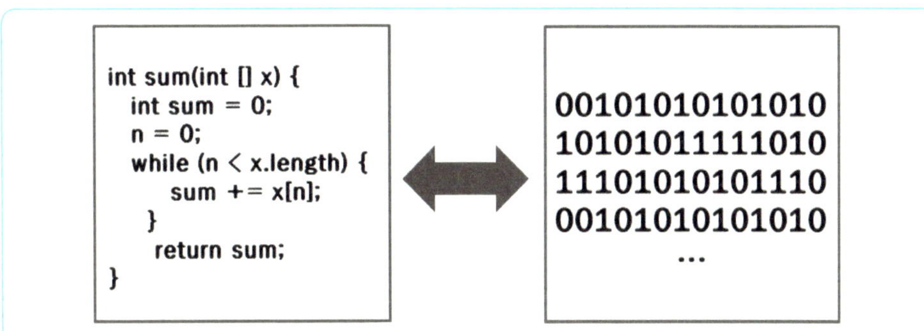

[그림 4.2] 고급 언어와 기계어

4.2.2 계산 모델에 의한 분류

어떠한 계산 모델에 기초하여 만들어진 언어인가에 따라 명령형 언어, 함수 언어, 논리 언어 등으로 나눌 수 있다.

1) 명령형 언어는 C, Pascal, Fortran, COBOL, BASIC 등의 것으로서 이들 명령형 언어는 현재까지 사용되어온 폰 노이만 기계 구조를 추상화한 것이라고 볼 수 있다. 폰 노이만 구조라고 하는 것은 아래의 [그림 4.3]과 같이 CPU, 메모리, I/O로 구성되며 메모

리에는 데이터와 명령어가 함께 저장된다. 메모리와 CPU가 떨어져 있기 때문에 CPU가 명령어를 실행시키려면 메모리로부터 명령어를 인출해야 한다. 인출된 명령어의 실행시에도 데이터는 메모리로부터 인출하게 되며, 실행한 후에는 그 결과를 다시 메모리에 저장해야 하는 것이 보통이다. 이러한 명령어의 실행은 분기가 일어나지 않는 한 다음 위치의 것에 대하여 이루어진다. 즉 폰 노이만 컴퓨터는 메모리에 저장되어 있는 상태를 바꾸어 나가는 과정을 반복하는 것으로 볼 수 있다.

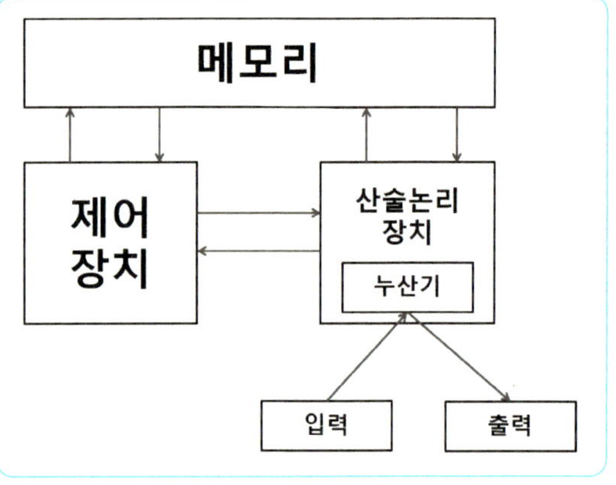

[그림 4.3] 폰 노이만 구조

폰 노이만 구조를 반영한 명령형 언어의 변수가 바로 메모리 셀을 추상화한 것이고, 변수에 대한 지정문도 메모리 구조를 반영한 것이며, 명령문의 나열 또는 루프 구조 역시 실행이 다음 위치에 대하여 반복되는 구조를 추상화한 것이다. 실제로 사용되는 명령형 언어에는 이러한 기본적인 추상에다가 프로그래밍의 편의를 위해 보다 고수준의 추상, 예를 들면 프로시저, 함수, 자료 형, 병렬 구조 등이 추가되었다. 이러한 명령형 언어는 폰 노이만 기계 구조를 반영한 언어이기 때문에 저수준의 기계 특성이 언어의 여러 부분에서 나타나며 프로그램의 정확성을 증명하기가 어렵다는 단점을 갖는다.

이상이 명령형 언어이고 다음에 살펴볼 함수 언어와 논리 언어는 기계 구조가 아니라 수학 이론에 기초하여 만들어진 언어 전형이다. 먼저 함수 언어를 간단히 알아보자.

2) 함수 언어(functional language)는 순환 함수(recursive function)에 기초하여 만들어진 것으로서 적용적(applicative) 언어라고도 하는데, 계산을 행하는 주된 방법이 매개변수에 함수를 적용하는 것이다. 순수한 함수 언어에서는 명령형 언어와 같은 형태의 변수는 없어도 되며 또한 지정문, 반복문도 필요하지 않다.

순환 함수 이론의 연구 결과에 따르면 '정수값', '정수 값에 대한 산술 함수', '함수 · 순환 · 선택을 써서 새로운 함수를 정의하는 방법'이 있으면 프로그래밍이 가능한 것으로 알려졌다. 함수 언어는 이러한 연구 결과를 따른 것이다. 명령형 언어의 루프에 의한 반복 계산의 효과는 함수의 순환 호출(recursive call)에 의하여 이루어진다.

함수 언어에는 명령형 언어에 사용되는 형태의 변수 및 이들에 대한 값 지정이라는 개념이 없기 때문에 프로그램에 부작용이 나타날 수 없어서 프로그램이 보다 간단해지고 안정적으로 된다. 이와 같이 명령형 언어의 결점을 없앨 수 있는 대안으로서 함수 언어가 강조되어 왔지만 함수 언어를 현재의 폰 노이만 구조에서는 효율적으로 수행시킬 수 없기 때문에 널리 사용되지는 못 하고 있다. 함수 전형의 언어로는 LISP가 처음 제안되었으며 이후 Scheme, Common LISP, ML, Haskell 등의 후속 언어가 출현하였다. 순수 LISP 이후의 함수 언어에는 실행효율을 높이기 위하여 명령형 언어의 기능도 일부 포함되었다. 다음으로 논리 언어를 알아보자.

3) 논리 언어(logic language)는 함수 언어와도 사뭇 다르다. 논리 프로그래밍은 서술논리(predicate logic)에 기초하고 있는데, 술어 논리는 공리(axiom)와 규칙(rule)으로 구성되며 이를 이용하여 알려진 사실로부터 새 사실을 추론하게 된다.

논리 프로그램은 공리, 사실, 추론 규칙, 증명할 정리나 질의로 구성된다. 어떠한 질의가 있게 되면 주어진 공리와 사실로부터 추론 규칙에 따라 그 질의가 참인지 거짓인지를 결정하여 그 값을 출력하게 된다.

순수 논리 프로그램에는 지정 문이나 제어문은 나타나지 않으며, 대신에 선언문만으로 프로그램이 구성된다. 즉 논리 프로그램에는 어떠한 사실이나 사실들 간의 관계를 나타내주는 선언문만이 나타나게 된다. 이와 같이 실행 순서는 필요 없이 사실이나 관계만을 선언하면 되므로 논리 프로그래밍을 선언형 프로그래밍(declarative programming)이라고 한다. 선언형 프로그래밍에서는 각 문의 의미가 그 자체로 결정될 뿐 명령형 프로그램처럼 문들의 실행순서에 따라 바뀌지는 않는다.

명령형 언어는 명령문의 순서를 따라 결과가 계산되기 때문에 명령형 언어는 절차적(procedural) 언어이고 논리 언어는 명령문의 순서와는 무관하기 때문에 비절차적 언어이다.

여러 종류의 논리 프로그래밍 언어가 개발되었으나 현재 쓰이고 있는 것은 Prolog뿐이다. 논리 프로그래밍은 80년대 일본의 '5세대 컴퓨팅 시스템'이라는 프로젝트에 의하여 한때 높은 관심을 끌었으나 효율 등의 여러 문제점 때문에 크게 확산되지는 못한 상태이다.

이상의 명령형 언어, 함수 언어, 논리 언어는 계산 모형 자체가 다르기 때문에 다른 전형으로 구분되는 것들이지만 여전히 폰 노이만 구조를 계산 모형으로 하고 있으면서도 소프트웨어 설계 방법론이 다르기 때문에 다른 전형으로 구분되어야 하는 것도 있다. 그 대표적인 것이 요즈음 가장 주목을 받고 있는 객체 지향(object-oriented) 프로그래밍 기법이다.

4) 객체 지향 프로그래밍에서는 객체들이 모여서 하나의 프로그램이 되며 객체의 상호작용에 의하여 계산이 진행되어 나간다. 객체마다 고유의 자료와 연산이 정의되어 있고 프로그램의 진행은 객체에 정의된 연산을 호출하여 이루어진다. 객체 지향 언어는 소프트웨어도 하드웨어처럼 부품화가 가능하도록 하여 기존에 개발된 모듈을 재사용할 수 있도록 한다. 이렇게 소프트웨어 부품을 재사용할 수 있으면 대규모 프로그램을 쉽게 작성할 수 있는 것이다. 이를 위해 객체지향 언어는 자료추상(data abstraction), 계승(inheritance), 동적 형 바인딩을 지원한다. 순수한 객체 지향 언어에 가장 가까운 것은 Smalltalk이지만 현재 가장 많이 쓰이는 것은 Java, C++, Eiffel 등이다. 사실 C++는 명령형 언어인 C에 객체지향 개념을 확장한 언어로 볼 수 있다.

한편 객체지향 전형은 다른 전형에도 도입되는 경우를 자주 볼 수 있다. 예를 들면 함수 전형에 객체지향 개념이 도입된 CLOS, 논리 전형에 도입된 Prolog++ 등이 있으며 스크립트 언어인 Perl에도 객체지향 개념이 도입되었다. 이와 같이 복합 전형을 가진 언어도 있다.

이밖에도 병렬/분산 프로그래밍 전형, 제약(constraint) 프로그래밍 전형, 시각(visual) 프로그래밍 전형 등이 있는데 앞에 설명한 4가지 전형에 비하여 아직 성숙되지 못한 상태이다.

4.2.3 역사 이정표에 의한 분류

프로그래밍 언어는 컴퓨터 하드웨어와 운영체제의 발전에 따라 새로운 언어를 요구하게 되었고 프로그래밍 작성방법과 환경의 변화에 의해 프로그래밍 언어가 발전하였다. 구현 방법의 발전 및 컴파일러의 발전에 따라 불가능한 구현 방법이 새 언어에서는 구현이 가능해졌고 이론적 연구를 바탕으로 새 언어가 탄생 되면서 표준화–호환성 등 표준 언어로의 개발이 필요하다

우리는 살아가면서 좋은 사람이 되는 것이 참 어렵다는 것을 종종 깨닫는다. 많은 프로그래머들이 좋은 프로그래밍언어를 정의하는데 어려워하고 있다. 대부분의 프로그래머들은 평가 없이 언어를 접하고 있고 좋은 언어와 나쁜 언어를 적절하게 구분하지 못한다. 극소수의 프로그래머가 좋은 프로그래밍 언어를 이용하여 좋은 소프트웨어들을 작성하고 있으며, 그들의 영향력은 다른 모든 프로그래머들이 그들이 쓰는 언어를 그대로 따라 쓰게 되는 영향이 있다. 어떤 프로그래밍 언어든 대략 그 가치에 맞는 인기를 얻게 될 것이다. 그리고 인기는 좋은 언어와 나쁜 언어를 더욱 갈라놓는다. 실제 사용자들의 의견은 항상 기능 개선으로 이어지기 때문이다. 인기 있는 언어들이 그 동안 얼마나 변화해 왔는지 살펴볼 필요가 있다. 프로그래밍 언어의 인기에 영향을 미치는 외부 요인

하나를 인정하면 인기를 얻기 위해 프로그래밍 언어는 인기 있는 시스템의 스크립트 언어(scripting language)가 되어야 한다. 프로그래밍 언어는 고립하여 존재하지 않는다.

아래의 그림 [그림 4.4]는 프로그래밍 언어의 계보를 도식화 한 것이다.

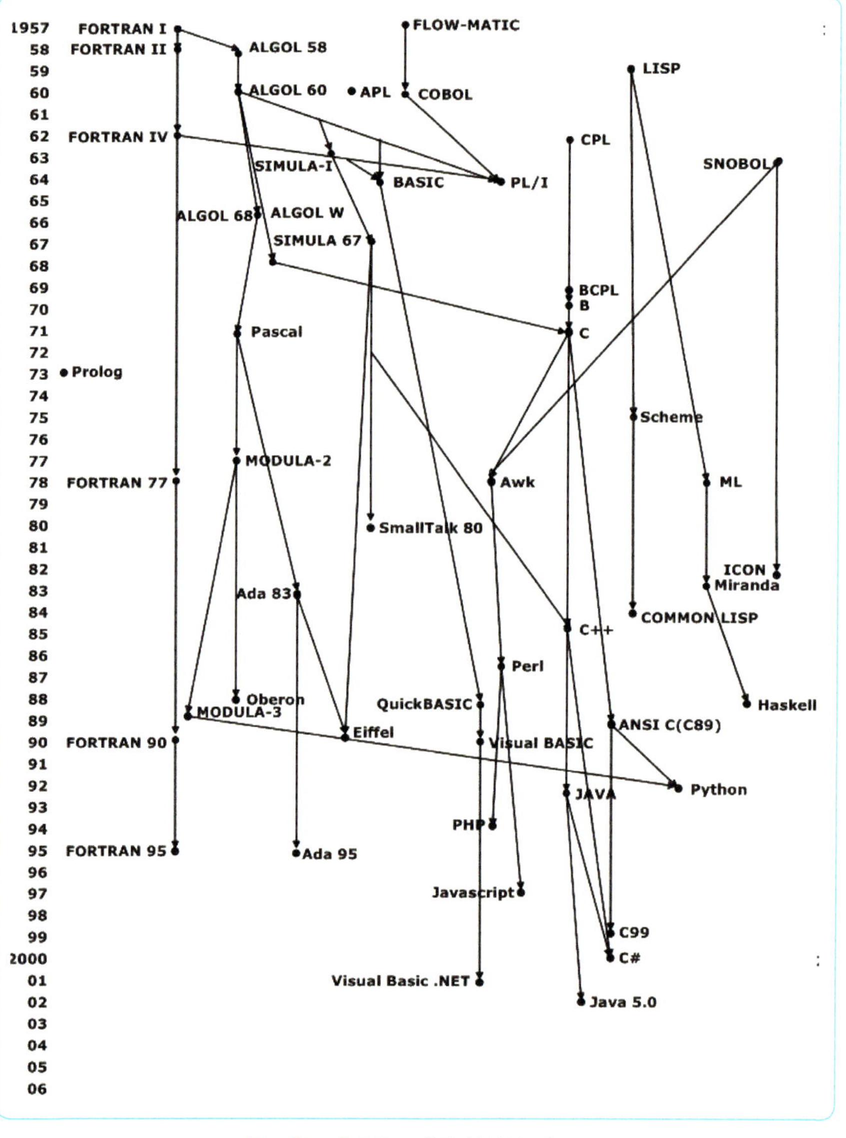

[그림 4.4] 프로그래밍 언어의 계보

좋은 프로그래머들은 종종 위험스럽고 냄새나는 일들을 하고 싶어 한다. 냄새나는 일이란, 그 언어가 제공하려는 의미구조(semantics)의 겉모양 뒤에 숨어있는 것을 말한다. 예를 들어, 어떤 상위 수준의 추상화에 대한 내부의 데이터 표현 방식(representation)을 파악하는 것을 말한다. 살아가면서 좋은 사람의 기준이 달라지는 것과 같이 소프트웨어의 다양한 변화에 따라 좋은 프로그래밍 언어의 기준이 변하고 있다.

프로그래밍 언어 초창기에는 주요 설계 기준중의 하나가 실행효율성(efficiency)이였다. 초창기 기계들은 매우 느렸고 프로그램 실행 속도는 필수적이었다. 또한 언어 번역기는 효율적인 실행 코드를 내지 못할 것이라는 일반적인 믿음이 있었다. 예를 들어, FORTRAN에서는 실행코드의 간결함과 속도가 중요한 설계목표였고 실제로 FORTRAN코드는 생성될 기계어 코드와 가능한 한 많이 닮게 설계되었다. 물론 작성용이성(writability)은 프로그래머로 하여금 계산과정을 깨끗하고, 정확하고, 간결하고, 빠르게 표현할 수 있게 하는 언어의 성질로서 프로그램을 기계뿐만 아니라 사람도 쉽게 읽을 수 있어야 한다는 사실은 거의 인식되지 않았다. 이는 그 당시 프로그램들이 대체로 짧았으며, 한 사람 혹은 소수의 사람들에 의해서 작성되었고, 작성자 외의 다른 사람에 의해 개정되는 일이 거의 없었기 때문이었다.

이후, COBOL과 Algol60은 생성된 코드의 효율보다 더 일반적인 기준을 향해 가는 단계로 볼 수 있다. Algol 60은 블록구조와 순환(recursion)의 사용으로 알고리즘을 보다 명확하고 간결하게 표현 할 수 있도록 함으로써 작성용이성을 한층 더 향상시켰다. 그러나 Algol60은 기계에서의 실행이 목적이 아니라 사람들 사이에서 알고리즘을 교환해 보기 위한 언어로 설계되었다. 따라서 판독성(readability)은 프로그래머로 하여금 계산의 본질을 쉽고 정확하게 이해할 수 있게 하는 언어의 성질로서 역시 중요한 설계목표였다. COBOL은 프로그램을 보통 영어 문장처럼 보이게 함으로써 프로그램을 읽기 쉽도록 만들려고 하였다. 어떤 의미에서 이 시도는 성공하지 못했다. 왜냐하면 이러한 시도는 프로그램을 읽는 사람의 프로그램 논리나 동작을 이해하는 능력은 개선하지 못하면서, 사실상 프로그램을 길고 장황하게 함으로써 오히려 프로그램을 쓰기 어렵게 만들었기 때문이었다. 그러나 아마도 COBOL에서 처음으로 인간 판독성이 명확한 설계목표가 되었다.

1960년대에는 언어의 복잡성이 증가함에 따라 추상화(abstraction)메커니즘과 프로그래머가 배워야 할 규칙과 제약을 줄이는 것이 더욱 필요함을 알게 되었다. 이 두 가지는 복잡성 제어가 필요하다는 것의 표현이었다. 한편으로 추상화는 프로그래머가 프로그래밍 작업의 복잡성을 제어할 수 있도록 해준다. 다른 한편으로는 언어의 규칙과 제약을 줄이면 언어를 보다 간단하게 정의할 수 있으며, 그 언어가 실제로 과제를 해결하는데 보다 쉽게 사용될 수 있도록 한다. Simula67의 클래스(class)개념은 1970년대와 1980년대의 많은 언어가 제공하는 추상화 메커니즘에 영향을 준 하나의 혁명이었다. 그렇지만 Algol68의 일반성(generality)과 직교성(orthogonality)은 덜 성공적이었다. 일반성은 특별한 규칙들은 줄일 수 있지만 사실상 복잡성을 높일 수 있다는 점이다. 왜냐하면 극히 일반적인 구조는 보다 이해하기 힘들고 그 효과를 예측하기 힘들 수 있으며, 기반이 되는 계산모델이 개념적으로 더 어렵기 때문이다. 또한 Algol68과 Simula67에서 추구한 개념적 통일성과 우아함은 구현을 비효율적으로 만들었으며, 이는 그 언어들을 어떤 환경에서는 사용할 수 없도록 하였다.

1970년대와 1980년대 초에는 Pascal, C, Euclid, CLU, Modula−2, Ada 등에서 보인 것처럼 단순성과 추상화를 강조하게 되었다. 또한 구문의 수학적 의미를 도입하고 번역기가 번역 도중에 프로그램의 정확성을 증명할 수 있는 방법을 제공함으로써 프로그램의 신뢰성을 높이려는 시도들도 있었다. 하지만 이러한 프로그램 증명 시스템은 제한적인 성공밖에 거둘 수 없었는데 이는 언어 설계와 프로그래밍 작업뿐만 아니라 번역기에 추가된 복잡성 때문이었다. 이러한 노력 중의 하나인 엄격 타입 결정(strong typing)은 대부분 언어의 표준화된 부분이 되었으며, 사실 정도의 차이는 있지만 위에서 언급한 다섯 언어들의 일부가 되었다.

1980년대와 1990년대 에는 논리를 프로그래밍 언어 자체로 만들려는 시도뿐만 아니라, 언어의 논리적 혹은 수학적 엄밀성을 높이려는 노력이 계속되었다. 함수형 언어

(functional language)에 관한 관심은 ML, Haskell의 개발과 LISP/Scheme 의 증가하는 인기로 인해 재조명되었다.

그러나 지난 15년 동안의 가장 중요한 발전은 Smalltalk, C++, Java등과 같은 객체-지향 언어(object-oriented language)의 성공과 이 언어들을 통한 추상화에 대한 객체-지향 방법의 경험적 검증이었다. 여기서 가장 성공적이었던 설계목표들은 실세계 프로그래밍 문제와 대응되는 추상화 메커니즘, 특정 문제 해결을 위한 라이브러리를 통한 언어의 확장, 기존 코드의 재사용 및 유연성을 증진시키기 위한 객체-지향 기법의 사용 등이었다. 따라서 시대가 변함에 따라 다른 설계 목표들이 강조되는 것을 보았는데 이는 과거 언어설계를 통한 경험 혹은 컴퓨터 과학에서 다루는 문제들의 성격이 변함에 따른 것이다. 아직도 판독성, 추상화, 복잡성 제어 등은 거의 모든 설계에 관련된 문제들이다.

4.3 해석 기법에 따른 프로그래밍 언어

인간은 다양한 언어와 상호 규약 즉, 프로토콜을 정하여 통신한다. 상호 통신이 불가능한 경우는 중간에 통역자(translator)를 두고 편안한 대화를 유도한다. 인간과 컴퓨터 간의 통신을 위해서는 직접적인 대화를 할 수 있는 적절한 언어가 없기 때문에 당연히 통역이 필요하게 된다. 이를 번역이라는 용어로 정의를 하지만 실제 원어에서는 다소 다른 의미들을 가진다. 번역기법은 고급언어로 작성된 프로그램을 기계어로 번역하여 기계어 프로그램을 만들어 실행시키는 방법을 말하는데 컴파일러, 어셈블러, 링키지 에

디터, 로더가 있다.

컴파일러는 고급언어로 만들어진 프로그램 언어(source code)를 기계어에 가까운 저급언어인 목적 언어로 변환시키는 역할을 하며 어셈블러는 어셈블리어로 된 원시언어를 준 기계어인 목적 언어로 바꾸어 주는 역할을 한다. 링키지 에디터(linkage editor)는 재배치 형태의 기계어로 된 여러 개의 프로그램 (컴파일 된 목적코드, 라이브러리)을 묶어 로드모듈이라는 어느 정도 실행 가능한 하나의 기계어 (exe 파일) 로 번역하며 로더는 라이브러리가 확장된 실행 가능한 코드(예: exe 코드)를 주 기억 장치에 적재해 (실행 가능한 절대 주소)로 번역한다. 한편 프리프로세서는 원시 언어와 목적 언어가 모두 고급 언어인 번역기인데, 프리프로세서 기법은 한 고급 언어로 작성된 프로그램을 그에 대응되는 다른 고급언어(주어진 컴퓨터에 구현되어 있는 언어)로 번역해서, 그 출력된 고급언어를 이미 구현된 방법으로 실행시킬 때 사용한다. 일반적으로 주어진 고급 언어를 확장한 언어를 설계했을 때, 이 언어를 기존의 표준 언어로 번역해서 실행하고자 프리프로세서 기법을 사용한다. 일례를 들면 Fortran언어의 확장형인 RATFOR와 Fortran 77 또는 C 언어의 확장 언어인 C++와 Object C언어 등의 구현에 사용될 수 있는데 번역과정을 한 번 더 수행하는 결점이 따른다.

4.3.1 컴파일 기법

컴파일이란, 한 언어를 동등한 의미를 갖는 다른 언어로 바꾸는 것을 의미하며 컴파일러에 의해 고급 언어를 저급 언어인 기계어로 번역하여 객체 모듈(Object Module)을 만들고, 이 모듈을 링크, 로드하여 실행시킨다. 컴파일러 언어에는 FORTRAN, PASCAL, C/C++등이 있다. 아래의 [그림 4.5] 와 [그림 4.6]은 프로그램 번역기의 컴파일 과정 과 컴파일러 구조를 나타낸다.

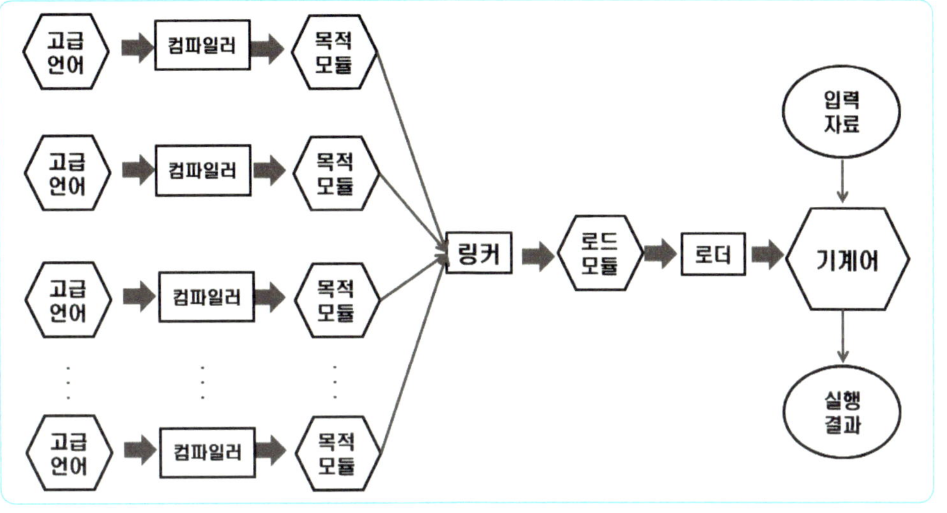

[그림 4.5] 프로그램 번역기

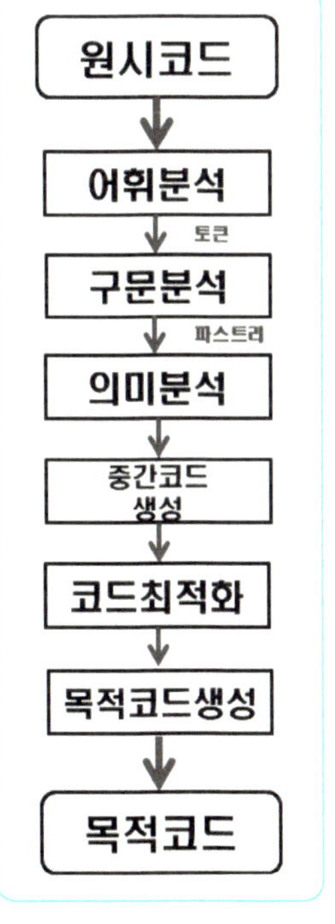

[그림 4.6] 컴파일러 구조

대표적인 컴파일러로는 포트란 컴파일러(FORTRAN Compiler), 코볼컴파일러 (COBOL Compiler), 파스칼 컴파일러 (PASCAL Compiler), C와 C++컴파일러(C & C++), 에이다 컴파일러(ADA Compiler) 프롤로그 컴파일러(PROLOG Compiler) 그리고 클리퍼 컴파일러 (CLIPPER Compiler) 등이 있다.

4.3.2 인터프리터 기법

인터프리터는 컴파일과는 다르게 중간과정 없이 원시 프로그램을 직접 저급 언어로 바꾸면서 동시에 실행하는 것이다. 번역 과정에 있어, 고급 언어를 중간 코드까지만 번역해 그것을 소프트웨어 인터프리터로 실행한다. 이 때, 기계어 프로그램이 만들어지는 것이 아니라, 각 중간 코드의 기능에 해당되는 서브루틴을 호출하면서 수행이 이루어지는 것입니다. 인터프리터 언어에는 LISP, PROLOG등이 있다. 아래의 [그림 4.7]은 인터프리터의 구조를 나타낸다.

대표적인 인터프리터 중심언어는 LISP (List Processing), SNOBOL, APL(A Programming Language) 그리고 BASIC 대화용언어로서 PC에서 많이 이용된다.

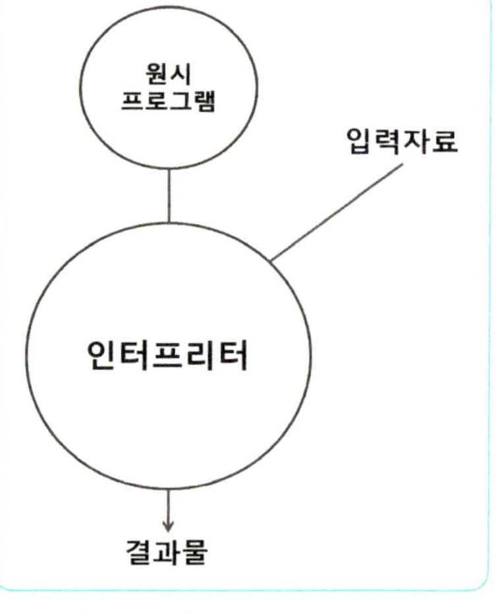

[그림 4.7] 인터프리터 구조

4.3.3 하이브리드 기법

인터프리터와 번역기는 고급 언어로 된 프로그램을 입력 자료로 읽어 들이지만, 번역기는 단지 그 입력 프로그램과 동일한 목적 언어로 된 프로그램(후에 하드웨어 인터프리터에 의해 실행되어야 함)을 출력만 하는데, 인터프리터는 직접 그 입력 프로그램을 실행시키는 것이다. 실제 입력 프로그램을 처리하는 과정을 살펴보면 번역기는 입력 프로그램의 매 문장을 입력 된 순서대로 정확하게 한 번씩 처리하지만, 인터프리터는 그 입력 프로그램의 논리적 순서에 따라 문장들을 처리하기 때문에 순환 부분 등은 계속 반복 처리해야 된다. 순수 번역 기법은 입력(원시)언어가 어셈블리 언어처럼 기계어에 가까운 언어일 때 주로 사용하고, 순수 시뮬레이션 기법은 운영체제의 작업 제어 언어나 APL과 같은 대화용 언어를 제외하면 거의 사용되지 않는다. 순수 시뮬레이션 기법이나 순수 번역기법은 일반적으로 사용되지 않고 있지만, 고급 언어를 번역하여 목적 모듈(object module)을 출력시켜서 그 목적 모듈을 링크, 로드하여 실행시키는 방법으로 구현하는 언어를 컴파일러 언어라 부른다. 즉, 번역 기법을 택한 컴파일러 언어는 한번 번역한 코드를 다시 실행시키고자 할 때 다시 번역할 필요가 없는 것을 의미한다. 고급 언어를 적당한 중간 코드까지만 번역해서 곧바로 실행시키는 방법을 택하는 언어를 인터프리터 언어라 부른다. 컴파일러 언어와 인터프리터 언어의 구별은 언어 자체에 있는 것이 아니라 그 언어를 구현시키는 방법에 따라서 구분된다. 고급 언어를 설계할 때 구현방법을 고려하기는 하지만 컴파일러 언어로서 가장 전형적인 언어인 Fortran조차 인터프리터로 구현할 수 있으며, 반대로 인터프리터의 전형적인 언어인 Snobol4도 컴파일러로 구현시킬 수 있다.

한편 Basic 언어는 언어자체가 간결하므로 일반적으로 단말기에서 대화용 언어로도 많이 사용되는데, 이 경우에는 인터프리터로 프로그램을 실행시키고, 테스트가 완료된 Basic 프로그램을 후에 여러 번 실행시킬 목적이면 번역을 해서 목적 모듈 또는 로드 모듈로 만들어 놓았다가 실행시킬 수 있다. 따라서 한 컴퓨터에 인터프리터와 컴파일러

두 가지 기법으로 Basic언어가 구현되기도 한다.

많은 경우 프로그래밍 언어는 번역 기법과 시뮬레이션 기법을 함께 사용하여 컴퓨터에 구현된다. 다시 말하여 프로그램을 좀 더 실행시키기 쉬운 형태로 번역 한 후, 그 번역된 형태의 프로그램을 디코드 해서 시뮬레이션으로 실행한다. 이러한 구현 기법은 주로 인터프리터 기법에 속하지만 이 기법을 하이브리드 구현 기법이라고도 하며 아래의 [그림 4.8]과 같다.

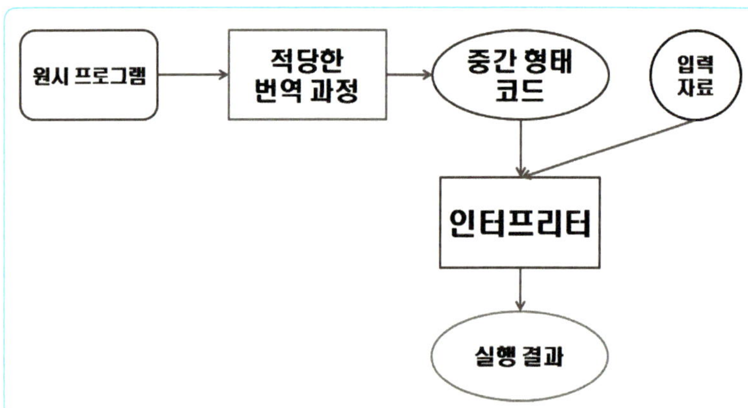

[그림 4.8] 하이브리드 구현기법

이제 번역기법과 시뮬레이션기법의 장단점을 논하여 보자. 실제 프로그램에서 일부 프로그램 구조는 번역이 되면 매우 간결하고 효율적으로 될 수 있으나, 어떤 프로그램 구조는 원래의 형태를 유지하였다가 실행하는 동안에 처리하는 것이 보다 효율적으로 될 수도 있다. 반복문이나 계속 호출되는 부 프로그램처럼 많은 횟수로 반복 처리되는 프로그램을 실행할 때 번역기법이 가장 큰 장점을 갖는다. 즉, 이 경우 인터프리터 기법 같으면 매번 처리할 때 마다 형 검사 등 많은 작업을 수행하면서 시뮬레이션 해야 된다. 반면에 번역기법은 한 번 디코딩 하는 정도의 시간으로 번역을 하고나면, 그 다음부터는 매우 빠른 시간으로 실행할 수 있기 때문에 전체 실행시간에서 매우 효율적이다.

번역 기법의 단점은 한 줄의 원시 프로그램이 때로는 몇 백 개의 기계의 기계어 명령으로 번역되기 때문에 때로는 번역된 프로그램이 매우 큰 기억장치를 요구한다.

특히 입출력 명령문들은 입출력 FORMAT을 위한 코드 외에 기계 상태 파악 코드와 버퍼 등으로 인하여 더욱 큰 기억장치를 요구한다. 이런 경우 라이브러리 루틴 등을 이용하여 시뮬레이션 기법으로 처리하면 효율적이다. 시뮬레이션 기법은 번역 기법의 장단점과 거의 반대의 경우가 된다. 프로그램이 실행될 때까지 원시언어의 형태를 유지하기 때문에 기억장소는 추가로 필요하지 않으나 실행되는 동안에 디코딩 하는 시간을 매우 많이 요구할 경우가 발생된다. 시뮬레이션 기법은 매 실행마다 형 검사 등을 수행하기 때문에 실행 중에 자료의 동적변화나 사용자와의 대화가 쉬워 유연성(flexibility)을 중시하는 언어에서는 주로 시뮬레이션 기법을 적용하게 된다.

Fortran, Algol, PL/I Pascal Cobol, C, 그리고 Ada 등은 컴파일러 언어개념으로 설계되었다. 이 표현은 상기 언어들로 작성된 프로그램의 대부분이 실제 기계의 기계어로 번역되고, 입출력 등 기계 언어와 유리된 일부 연산만이 실행시간 보조루틴 등을 사용하여 시뮬레이션으로 처리된다는 것을 의미한다. 즉 컴파일러 방법의 가장 큰 장점인 효율성을 최대한 추구하면서 자료 관리나 기억장소 운영 등 일부 연산을 소프트웨어 시뮬레이션 방법으로 구현한다. 일반적으로 번역기는 크고 복잡한 프로그램으로 되어있으며, 가능한 한 효율적인 목적 기계어가 출력되도록 강요받는다.

LISP, Snobol4, APL 그리고 Prolog 언어 등은 일반적으로 소프트웨어 인터프리터로 구현된다. 이러한 언어들의 구현 방법은 번역기가 목적 언어로 기계어를 택하는 것이 아니라 적당한 중간언어(원시 언어로 된 프로그램보다 실행시키기는 편리하지만 기계어는 아님)를 택하고, 이 중간언어(intermediate language)로 번역된 프로그램을 소프트웨어 인터프리터로 실행시키는 방법인 하이브리드 구현 기법을 택한다. 인터프리터에서 사용하는 번역기는 매우 단순하며, 언어 구현 과정에서 복잡한 부분은 소프트웨어 인터프리터로 해결한다.

최근에 개발되어 각광을 받고 있는 Java언어는 바이트코드라 부르는 중간언어가 거의 기계어 수준이며, 한번 바이트코드로 번역된 것을 다시 번역하지 않고 계속 사용하기에

Java컴파일러라 부르지만 , 호환성을 갖게 하려고 중간 언어의 실행을 하드웨어 인터프리터가 아닌 소프트웨어 인터프리터가 행하므로 하이브리드 구현 기법을 택한 것으로 볼 수 있다. 최근 들어서는 번역기법을 사용하는 언어들은 구현에 소프트웨어 시뮬레이션을 많이 행함으로써 효율성을 약간 상실하는 대신에 유연성을 높여 사용자의 편리성을 추구한다. 한편 인터프리터 기법을 사용하는 언어들의 구현은 중간언어를 저급언어 수준으로 하여 효율성을 높이는 경향이 있다.

4.4 주요 프로그래밍 언어로 작성된 프로그램 예

4.4.1 C언어

C언어는 1972년 벨 연구의 데니스 리치(Dennis Ritchie)가 만든 프로그래밍 언어로 현재 전 세계에서 가장 많이 사용되는 프로그래밍 언어 중 하나이다. C언어는 절차지향 프로그래밍 언어로 C언어는 운영 체제나 언어 처리계 등 시스템 기술에 적합한 언어이다. 기본적인 프로그램 구조가 기술 가능하고 비트 조작 등 정밀하고 세심한 기술도 사용이 가능하다.

[그림 4.9] C언어의 최초의 개발자 데니스 리치

C언어는 Visual Studio를 통하여 C프로그래밍 기반의 프로그램들을 만들 수 있다.

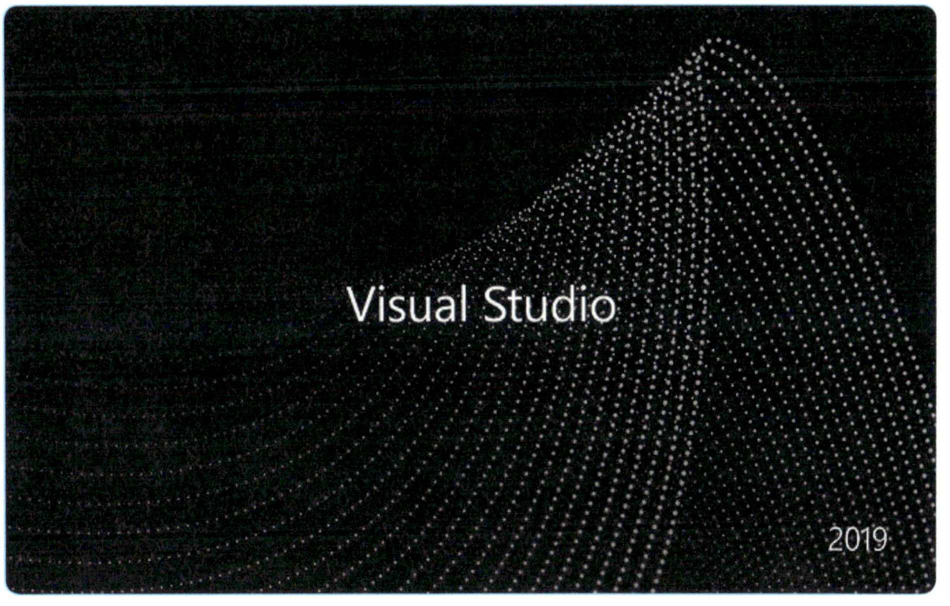

[그림 4.10] C언어 통합개발환경(IDE)인 Visual Studio 프로그램

아래는 C언어를 응용한 2가지 예제의 소스코드와 실행 과 결과이다.

[#1. C언어로 작성한 Hello world 예제]

```
#include<stdio.h>

int main() {
     printf("Hello World! \n");
     return 0;
}
```

[그림 4.11] C언어로 작성한 Hello world 예제 소스코드

#1의 소스코드를 기반으로 Visual Studio에 입력을 하면 다음과 같은 실행과 결과가 출력된다.

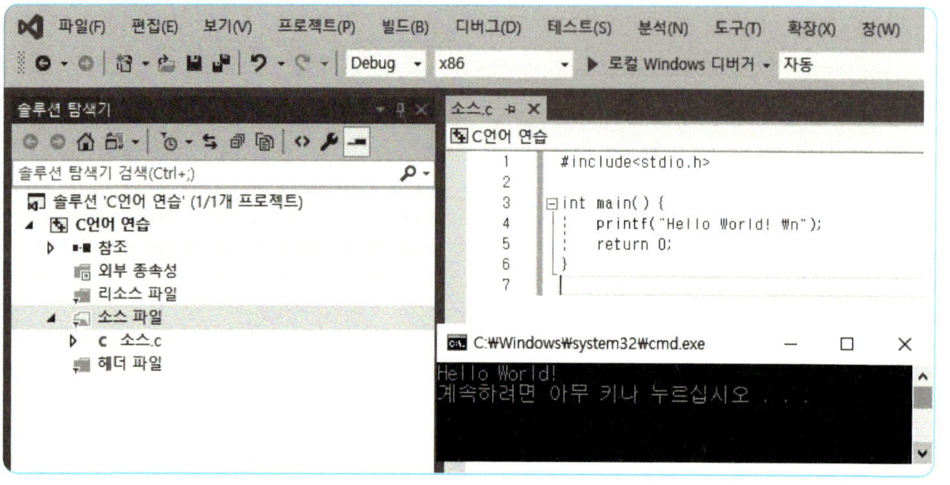

[그림 4.12] C언어로 작성한 Hello world 예제의 실행 과 결과

[#2. C언어로 작성한 1부터 10까지의 합 예제]

```
#include <stdio.h>

int main() {
     int i, sum;
     i = 1;
     sum = 0;
     for (i = 1; i <= 10; i++)
          sum = sum + i;
     printf("1부터 10까지의 합은 = %d \n", sum);
     return 0;
}
```

[그림 4.13] C언어로 작성한 1부터 10까지의 합 예제 소스코드

#2의 소스코드를 기반으로 Visual Studio에 입력을 하면 다음과 같은 실행과 결과가 출력된다.

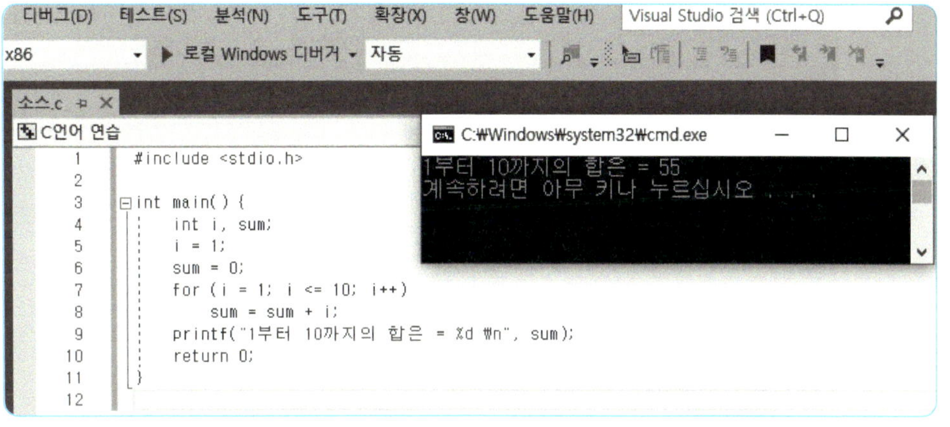

[그림 4.14] C언어로 작성한 1부터 10까지의 합 예제의 실행 과 결과

4.4.2 Java

자바(Java)는 1991년에 제임스 고슬링(James Arthur Gosling)이 최초로 개발한 소프트웨어이다. 자바는 현재 전 세계에서 가장 많이 사용하는 프로그래밍 언어중 하나이다. 자바의 개발역사는 1995년 Sun Microsystems에서 개발을 하였고 2010년에 오라클(Oracle)이 인수하여 오라클에서 자바의 저작권의 소유한다.

[그림 4.15] Java의 최초의 개발자 제임스 고슬링

자바의 특징은 객체지향 프로그래밍 언어이며 자바의 통합개발환경(IDE)는 이클립스(eclipse) 라는 프로그램을 통하여 프로그래밍이 가능하다.

[그림 4.16] Java의 통합개발환경(IDE)인 eclipse 프로그램

아래는 Java를 응용한 2가지 예제의 소스코드와 실행 과 결과이다.

[#1. Java로 작성한 Hello world 예제]

```
public class Hello_World {

public static void main(String[] args) {
    System.out.println("Hello  World");

    }

}
```

[그림 4.17] Java로 작성한 Hello World 예제 소스코드

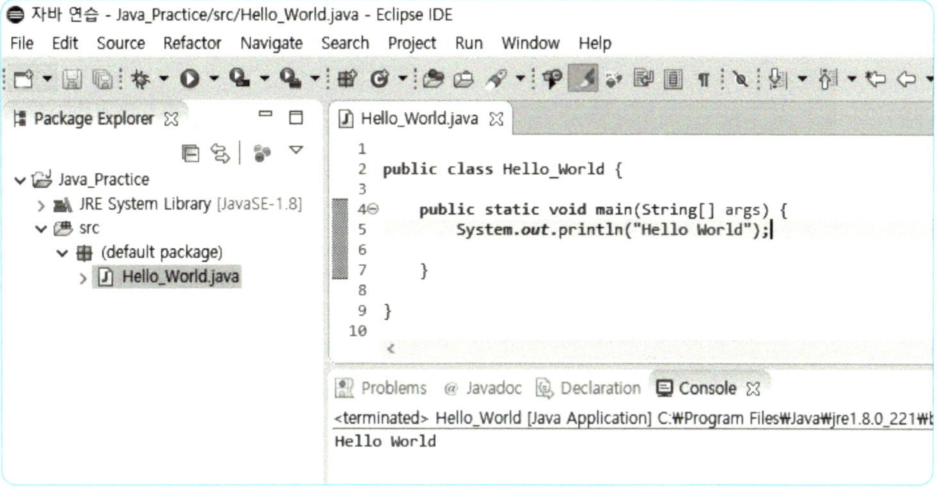

[그림 4.18] Java로 작성한 Hello World 예제의 실행 과 결과

[#2. Java로 작성한 1부터 100까지의 합 예제]

```
public class Sum_1to10{

    public static void main(String[] args) {
        int i, sum = 0;
        for(i = 1; i <= 10; i = i + 1) {
            sum = sum + i;
        }
        System.out.println("1부터 10까지의 합은 = " + sum);
    }

}
```

[그림 4.19] Java로 작성한 1부터 10까지의 합 예제 소스코드

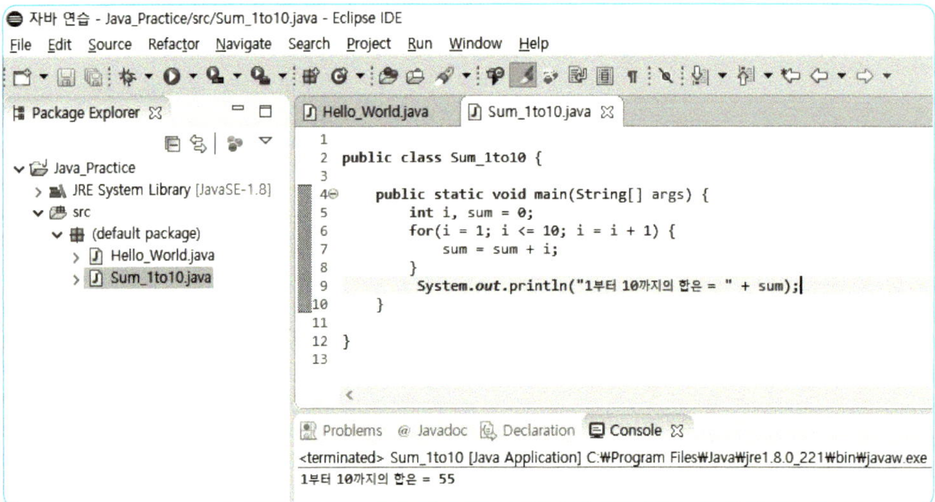

[그림 4.20] Java로 작성한 1부터 10까지의 합 예제의 실행 과 결과

4.4.3 Python

Python는 1991년에 발표된 인터프리터 방식의 프로그래밍 언어이다. 네덜란드의 귀도 반 로섬(Guido van Rossum)이 최초로 개발한 프로그래밍 언어로 파이썬의 특징은 간결하고 효율적인 프로그램을 빠르게 작성이 가능하다. 다른 프로그래밍 언어들에 비해서 적은 문장으로도 프로그램이 구현이 되며 이러한 장점은 프로그래밍을 배우는 입문자들에게 가장 많이 선호되는 언어로 평가받는다.

[그림 4.21] Python의 로고

[그림 4.22] Python의 최초 개발자 귀도 반 로섬

파이썬 프로그램은 파이썬 쉘(Python shell)을 통하여 프로그램을 작성할 수 있다.

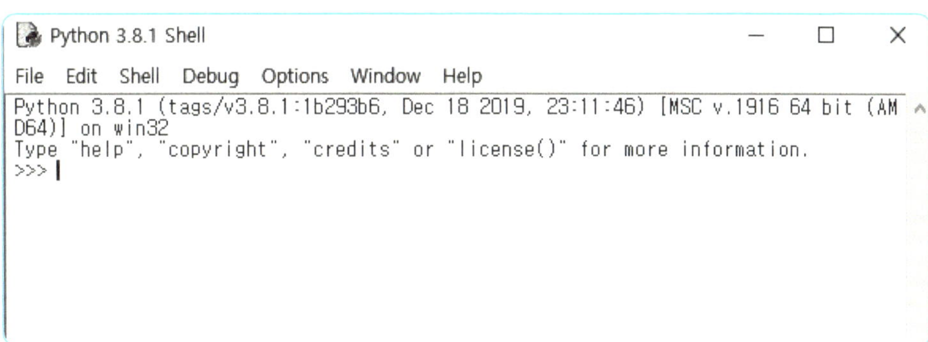

[그림 4.23] Python의 인터프리터인 파이썬 쉘(python shell)

아래는 Python을 응용한 2가지 예제의 소스코드와 실행과 결과이다.

[#1. Python로 작성한 Hello world 예제]

```
print("Hello World")
```

[그림 4.24] Python으로 작성한 Hello World 예제 소스코드

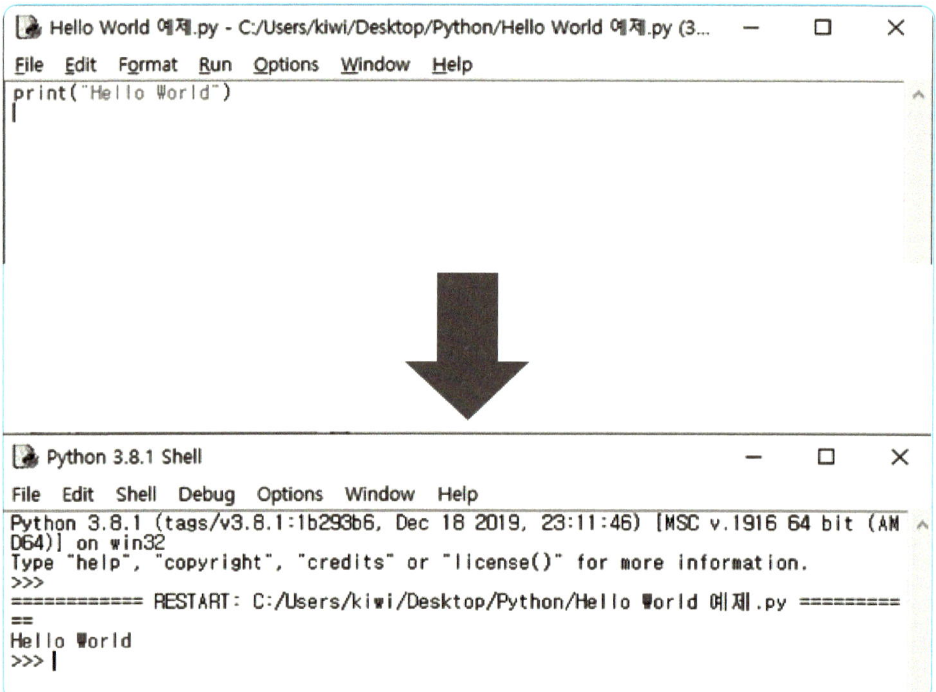

[그림 4.25] Python으로 작성한 Hello World 예제의 실행 과 결과

[#2. Python로 작성한 1부터 10까지의 합 예제]

```
x = 1
sum = 0

while x < 11:
   sum = sum + x
   x = x + 1

print("1부터 10까지의 합 = " , sum)
```

[그림 4.26] Python으로 작성한 Hello World 예제 소스코드

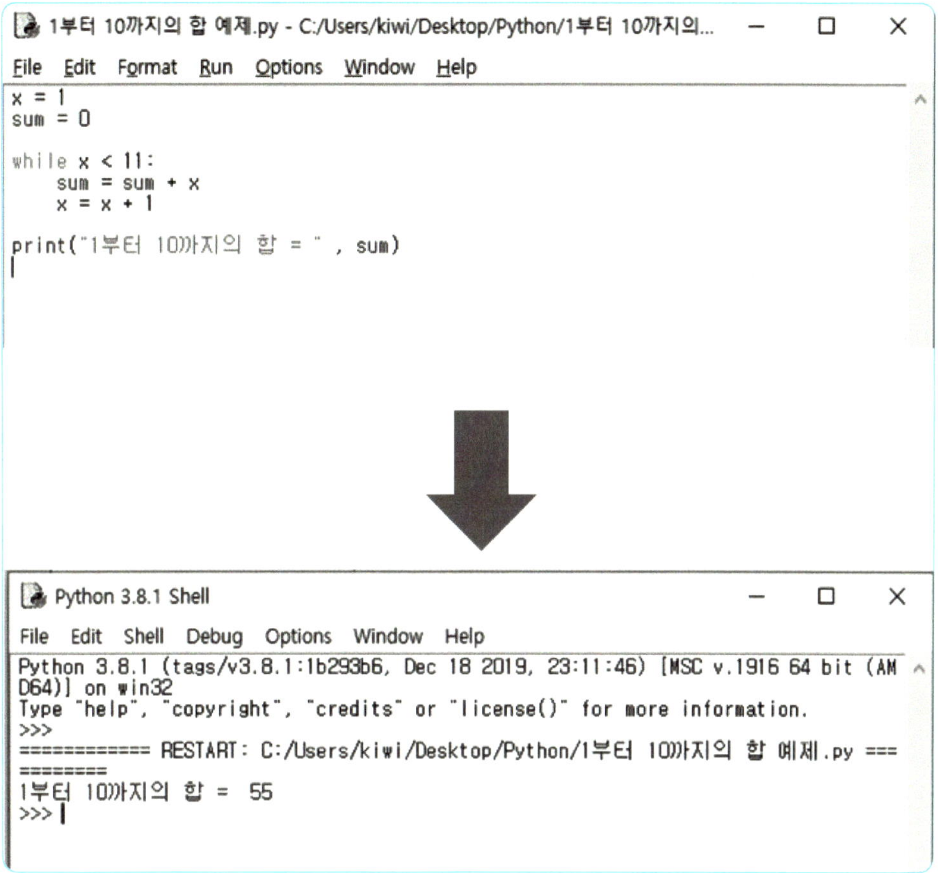

[그림 4.27] Python으로 작성한 1부터 10까지의 합 예제의 실행 과 결과

4.4.4 스크래치(Scratch)

스크래치(Scratch)는 2007년 1월 MIT 미디어랩(메사추세츠 공과대학 미디어 융합 기술 연구소) 연구자들이 개발한 무료 교육용 프로그래밍 언어로서, 누구나 쉽게 프로그램을 만들 수 있게 하려고 만든 언어이다. 스크래치는 레고처럼 블록을 마우스로 끌어다 연결해 가면서 프로그램을 만들기 때문에 프로그래밍을 처음 접하는 사람들도 쉽게 만들 수 있다.

스크래치를 이용하여 애니메이션, 스토리, 게임 등 다양하게 상호작용하는 미디어 창작물을 만들고 온라인 커뮤니티에서 공유할 수 있다. 2007년 봄에 처음 개발된 이후로, 전 세계 사람들이 600만 개 이상의 창작물을 만들어 공유하고 있으며, 2013년 5월에는 인터넷 기반의 2.0 버전을 발표했는데 이 후 별도 소프트웨어 설치 없이 스크래치 웹사이트인 https://scratch.mit.edu 를 방문하면 프로그램을 작성할 수 있다.

[그림 4.28] 블록코딩 프로그램인 스크래치

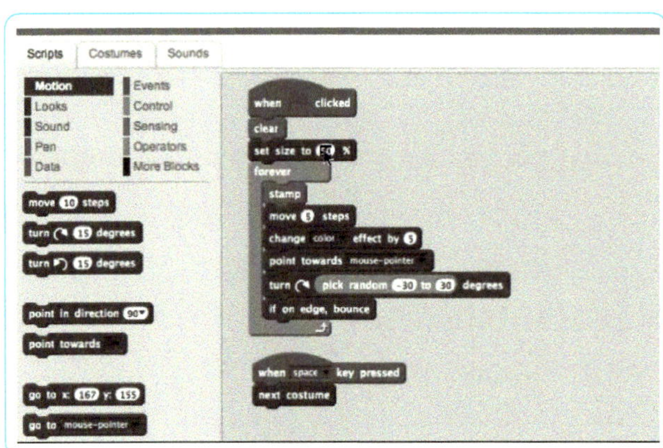

[그림 4.29] 스크래치 실행 모습

05

SW중심사회에서의 **소프트웨어의 이해**

Chapter

프로그래밍 패러다임

5.1 절차 지향 프로그래밍

컴퓨터로 문제를 해결하기 위해서는 해결하려는 문제를 컴퓨터가 인식할 수 있는 절차로 변환시키는 것이 필요하다. 일반적으로 컴퓨터를 통해 문제를 해결하기 위해서는 3가지의 논리가 필요하며, 이 논리를 이용하여 해결하려는 문제를 컴퓨터가 인식할 수 있는 절차로 표현할 수 있다. 1970년대에 개발된 구조적 프로그래밍은 3가지의 기본 논리에 바탕을 두고 있는 프로그래밍 기법이다. 3가지의 기본 논리는 순차, 선택, 반복의 논리이다. 즉 프로그램을 작성한다는 의미는 순차, 선택, 반복의 논리를 이용하여 문제를 해결한다는 의미이다.

순차, 선택, 반복 논리를 이용하여 문제를 해결하는 것이 더 좋은 이유는 다음과 같다.

- 명확성 : 프로그램이 구조화되지 않으면 프로그램이 커질수록 혼란스러워진다.
- 효율성 : 대부분의 컴퓨터 언어들은 구조적인 언어로서 순차, 선택, 반복 논리를 효율적으로 사용할 수 있는 구문을 갖추고 있다.

어셈블리 언어, COBOL 등의 오래된 언어들은 구조적인 프로그래밍 원칙이 제안되기 전에 개발되었다. 그러나 이처럼 오래된 언어를 사용하는 프로그램들도 구조적인 형태를 갖도록 할 수 있다. C#, C++, Java 등과 같이 새로운 언어들은 구문에서 강제로 순차, 선택, 반복 논리를 사용하도록 한다.

- 유지보수 : 미래에 요구사항이 바뀌어 프로그램을 변경하여야 할 때 구조적 프로그

램은 보다 쉽게 수정하고 관리할 수 있다.

- 모듈성 : 구조적 프로그램은 쉽게 루틴들로 나누어 여러 프로그래머들에게 맡길 수 있다. 1개의 모듈이 여러 프로그램에서 사용되는 경우가 흔하므로 새로운 프로젝트의 개발 시간을 단축할 수 있다.

5.1.1 순차 구조

우리들의 생활속에서도 순차의 논리를 찾아볼 수 있다. 아래의 [그림 5.1]과 같이 하루의 생활을 생각해 보면 "아침에 일어난다"라는 사실은 반드시 "아침을 먹는다"보다 먼저 실행되어야 한다. 일어나지도 않고 아침을 먹을 수가 없기 때문이다. 프로그램에서 순차 논리는 컴퓨터가 프로그램을 실행할 때 순차적인 실행을 한다는 의미이다. 즉 프로그램은 사용자가 작성한 의도대로 순차적으로 실행되어야 한다는 의미이다. 일반적으로 프로그래밍 언어들은 순차 논리를 문장의 작성 순서로 제공하고 있다. 즉 프로그램의 작성 순서대로 프로그램이 순차적으로 실행됨을 의미한다.

순차 논리에서는 각 동작이 차례대로 수행된다. 한 순서에는 여러 가지 동작들이 포함될 수 있지만 중간 동작부터 시작하거나 일부 동작을 생략할 수 는 없다. 일단 한 순서를 시작하게 되면 첫 번째 동작부터 마지막 동작까지 차례대로 따라가야 한다.

순차 논리에 대한 간단한 예를 들어보자. "어떤 수에 2를 곱하여 그 결과를 출력하는 문제"를 순차 논리에 근거하여 표현하면 아래의 순서도와 같다. 아래 프로그램에서 각 단계는 반드시 순서대로 실행되어야 한다. 만일 'get 어떤 수'보다 '어떤 수에 2를 곱하여 결과 값에 넣어라'가 먼저 실행된다면 어떤 수에 2를 곱한 결과를 예측할 수 없게 된다. 즉 어떤 수를 얻은 후, 그 값을 이용하여 2를 곱해야 정확한 결과를 얻을 수 있다. 이와 같이 순서에 따라 순차적으로 처리하는 것이 순차 논리이다.

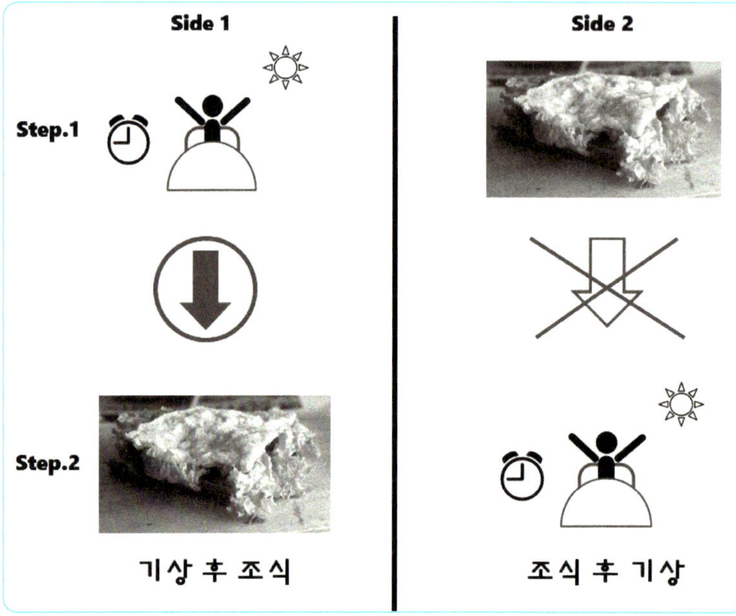

[그림 5.1] 순차 논리

5.1.2 선택 구조

우리가 컴퓨터를 통해서 해결하려고 하는 문제들은 순서 논리만 가지고는 해결할 수 없는 문제들이 대부분이다. 실행활의 문제들은 조건에 따라 서로 다른 처리를 해야 되는 문제들이 많다. 프로그램에서는 이러한 논리를 선택 논리라 하며 대부분의 프로그래밍 언어에서 선택 논리 기능을 제공하고 있다.

우리 생활에서 선택 논리의 예를 들어보자. 예를 들어 "아침에 일어났을 때 일요일이면 늦잠을 자고 평일이면 학교에 간다"라는 문제를 프로그램으로 해결해 보자. 문제를 해결하기 위해서는 "오늘이 일요일인가?"라는 조건이 제시되어야 한다. 이 조검의 결과에 따라서 "늦잠을 잔다"또는 "학교에 간다"는 것이 선택될 수 있다. 즉 조건의 결과에 따라 해야 하는 일이 다르게 된다. 이와 같은 논리가 선택 논리이다.

선택 논리는 반드시 조건이 수반되어야 하고, 조건의 결과는 반드시 참 또는 거짓이 되는 논리이다. 즉 "오늘이 일요일인가?"라는 조건의 결과는 반드시 참 또는 거짓이 되는 논리이다. 조건의 결과가 "잘 모르겠다", "애매모호하다"가 되면 선택 논리가 성립되지 않는다.

프로그램에서의 선택 논리는 주어진 조건의 결과에 따라 실행되는 문장이 다르다는 의미이다. 즉 사용자가 조건을 지정하고, 조건의 결과에 따라 처리하여야 할 문장들을 별도로 기술한다.

⊙선택 구조의 종류

단순 if문

조건에 따라 단순히 한 단위의 특정 작업을 수행해야 하는 경우 사용하는 if문이다. 단순 if문은 아래의 [그림 5.2]를 통하여 알 수 있듯이 조건식의 결과가 참인 경우에만 특정 문장들을 수행하고, 거짓일 경우에는 아무 일도 수행하지 않는다.

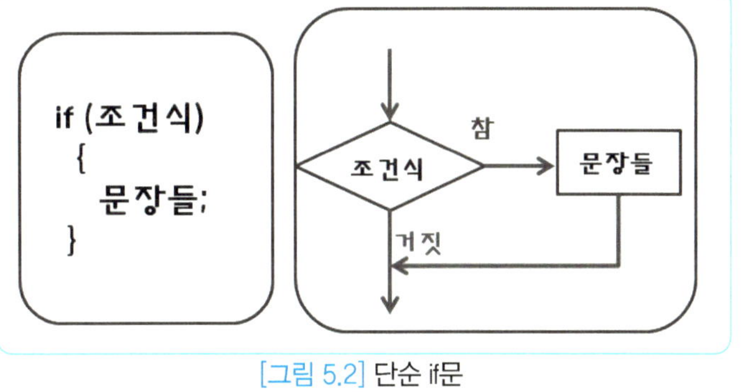

[그림 5.2] 단순 if문

단순 if문의 제어 구조는 다음과 같다.

선택문에서 사용되는 조건식은 다양한 형태로 나타낼 수 있다. 조건식에서는 여러 종류의 산술 연산자, 관계 연산자, 논리 연산자들을 사용할 수 잇지만, 그 결과는 조건식의 복잡함과 상관없이 항상 참(true) 또는 거짓(false)으로 나온다. 즉 조건식의 결과가 "잘 모르겠다", "참인지 거짓인지 판별할 수 없다", "애매모호하다"등으로 나타날 수 없다.

if-else문

if-else문은 조건식의 결과가 참 또는 거짓에 따라 특정 작업을 수행해야 하는 경우 사용하는 선택문이다. if-else문은 이중 선택문이라고도 하며, 조건의 결과에 따라 다른 문장들을 수행한다.

if-else문의 제어 구조는 다음과 같다. 아래의 [그림5.3]에서 보듯이 조건식의 결과에 따라 수행해야 할 부분이 다르게 된다는 것을 알 수 있다.

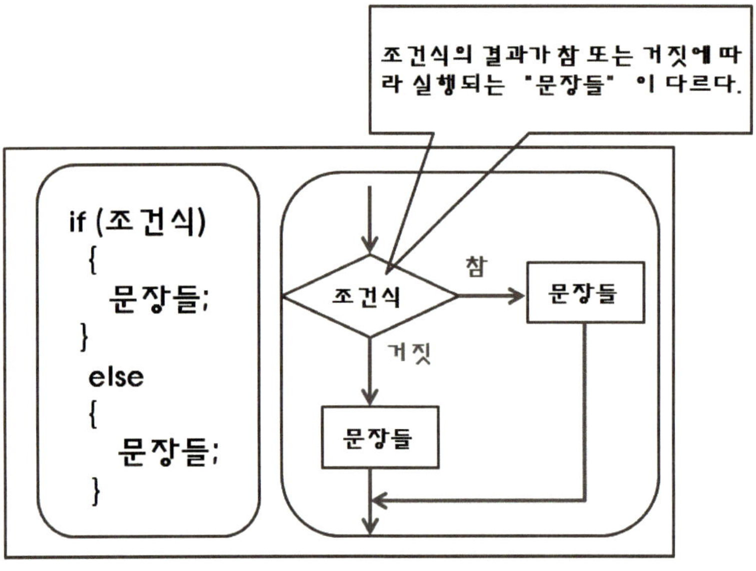

[그림 5.3] if – else문

중첩 if문

if문 안에 다른 if문을 포함하고 있을 때, 이를 중첩 if문이라고 한다. 선택할 수행 경로가 2개를 초과할 때 사용한다. 중첩 if문은 switch-case문으로 나타낼 수 있으며, switch-case문을 사용하는 것이 보다 이해하기 쉽다.

아래의 [그림 5.4]는 중첩 if문의 제어 구조를 나타낸다.

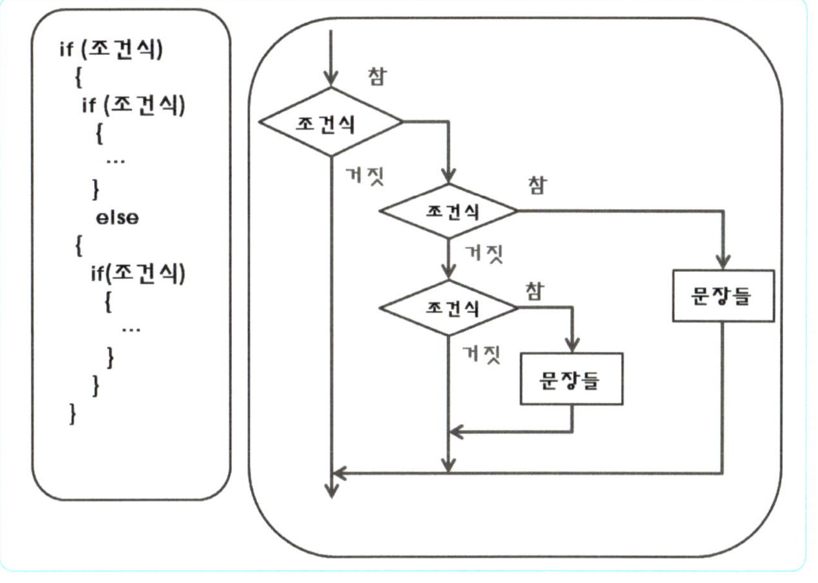

[그림 5.4] 중첩 if문

다중 if문

다중 if문은 조건식을 여러 개 제시하여 조건의 결과에 따라 처리하는 명령이 다른 경우에 사용하는 선택문이다.

다중 if문의 제어 구조는 다음의 [그림 5.5]와 같다.

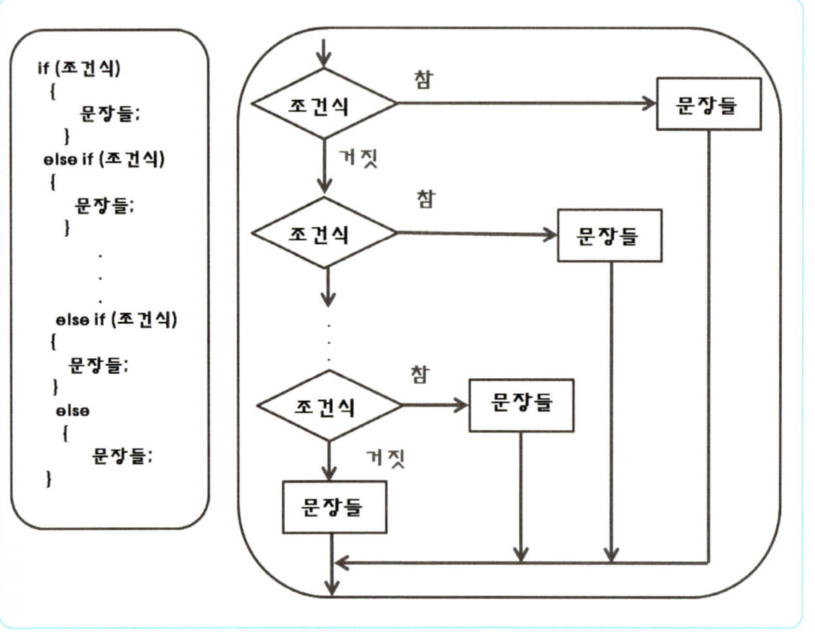

[그림 5.5] 다중 if문

switch-case문

다중 if문이나 중첩 if문 대신 사용할 수 있는 조건문으로서, 조건에 맞는 실행문만 수행하기 위해서는 각 case문 안에 break문을 두고, break문을 만나면 switch문을 빠져 나올 수 있도록 한다.
다음의 [그림 5.6]은 중첩 if문의 제어 구조를 나타낸다.

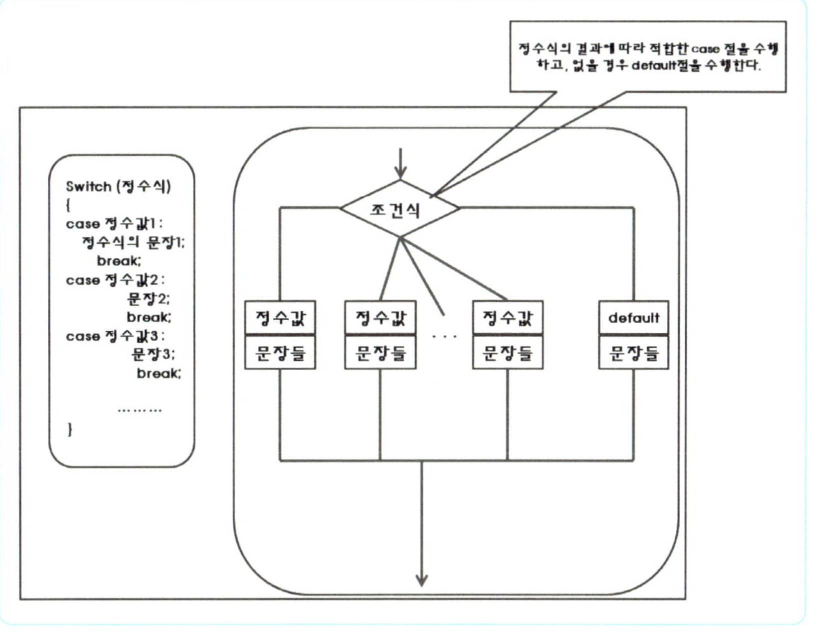

[그림 5.6] switch-case문

5.1.3 반복 구조

우리들의 실생활 문제들을 살펴보면, 같은 내용을 반복해서 처리해야 하는 경우가 많이 있게 된다. 예를 들면 20층으로 구성된 아파트를 건축할 때 대부분의 건축에서 각 층의 설계는 동일하며, 이러한 설계가 반복 적용되어 빌딩을 신축하게 된다. 한 층을 짓기 위해 사용된 시설과 거푸집 등의 기자재가 상위 층을 짓는 데 같이 사용되는데 프로그램에서도 마찬가지이다. 같은 내용으로 반복되는 내용은 프로그램에서 제공하는 반복 논리를 이용하여 표현할 수 있다. 반복의 논리에는 반드시 수반되는 것이 있다. 반복의 논리에는 조건이 반드시 따라오게 된다. 만약 조건이 존재하지 않는 반복이 있다면, 그 반복은 무한정 반복되는 무한 반복이 되어 프로그램이 영원히 끝나지 않을 것이다.

결정을 내릴 수 있다는 것이 컴퓨터가 지능적인 것처럼 보이게 한다면 컴퓨터 프로그래밍을 가치 있게 만드는 것은 반복 논리이다. 컴퓨터 프로그램 내에서 반복 논리를 사용하여 다수의 데이터에 대하여 동작하는 명령들의 집합을 작성할 수 있다. 예를 들어 컴퓨터에서 반복 논리를 이용하여 급여 계산을 수행하는 프로그램을 작성할 때의 장점은 급여 계산 명령들을 한 번만 작성하고, 반복 논리를 사용하여 모든 직원에 대하여 급여 계산을 반복할 수 있다는 것이고, 이런 작업들은 수백, 수천, 수백만 직원(레코드)들에 대해서 반복될 수 있다.

반복 논리의 개념은 기계어 단계부터 고급 언어에 이르기까지 필수적인 요소이다. 반복문은 하나의 입구(Entry)를 가지며 하나 또는 그 이상의 출구(Exit)를 가진다. 출구 지점에서 조건식을 평가하여 반복문의 수행을 종료할 수 있다. 조건식 평가 결과에 따라 반복 루프 안을 계속 수행할 것인지 종료할 것인지를 결정한다.

⊙ 반복 구조의 종류

for문

반복문 중에서 가장 오래된 역사를 가지고 있고 가장 많이 사용되고 있는 것이 바로 for문이다. for문은 지정된 횟수만큼 일정한 실행문을 반복 수행하는 것으로서, 특징은 반복 횟수를 기억하는 정수형 변수 counter를 가지고 있다는 점이다.
for문은 아래의 [그림 5.7]과 같은 제어 구조를 가지고 있다.

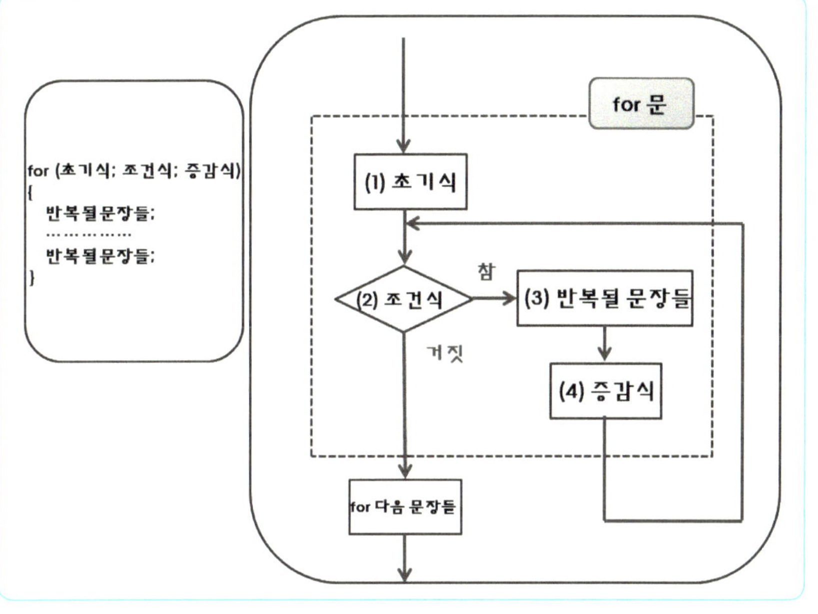

[그림 5.7] for문

위의 [그림 5.7] 에서 보듯이 for문은 초기식과 조건식, 증감식, 반복될 문장들로 구성된다. 초기식은 주로 반복 변수의 초기화를 위해 사용되고 처음에 한 번만 수행되고, 조건식은 조건을 나타내며 조건식이 참일 동안 반복될 문장을 수행한다. 그리고 증감식은 반복 후에 반드시 수행되는 문장으로 주로 조건식에 변화를 주는 수식으로 구성된다.

while문

while문은 특정 조건이 만족되는 동안 지정된 문장들을 반복할 수 있는 기능이다.
while문의 동작은 우선 조건식을 검사하여 그 결과가 참이면 반복될 문장들을 수행하고, 거짓이면 while문을 빠져나오게 된다. 조건식이 참일 동안 반복 부분을 계속해서 수행하기 때문에, 대부분의 while문의 사용에서는 반복 부분 내에 조건식의 조건을 거짓으로 만들 수 있는 부분이 포함되는 것이 일반적이다.

while문은 아래의 [그림 5.8]과 같은 제어 구조를 가지고 있다.

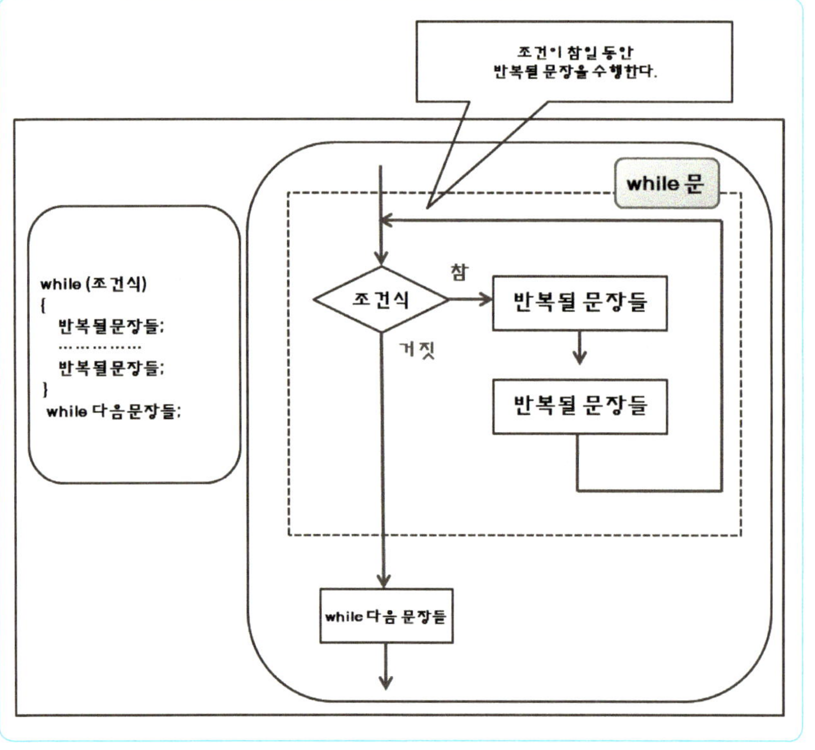

[그림 5.8] while문

do-while문

do-while문은 while문과 유사하지만 다른 구조를 제공하는 반복문이다. do-while문은 조건을 먼저 검사하는 while문과는 달리 조건을 나중에 검사하는 특징을 가지고 있다.

do-while문은 [그림 5.9]와 같은 제어 구조를 가지고 있다.

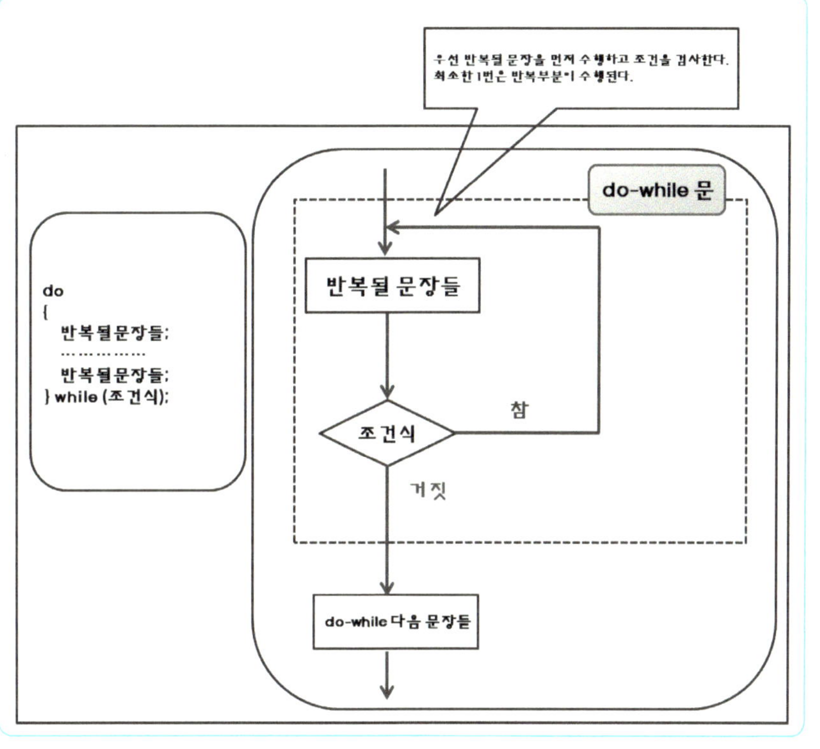

[그림 5.9] do-while문

do-while문은 반복될 문장이 먼저 실행되고 조건이 검사되는 반복문이다. 즉 이 반복문은 조건을 나중에 검사함으로써 반복될 문장이 최소 한 번은 실행된다. while문과 같이 조건식이 참일 동안 반복 부분을 계속해서 수행하기 때문에, 반복 내에 조건식의 조건을 거짓으로 만들 수 있는 부분이 포함되는 것이 일반적이다.

5.1.4 함수 구조

컴퓨터 프로그램은 우리 일상생활의 문제를 컴퓨터로 해결하는 과정을 기술한 절차라고 할 수 있다. 이러한 프로그램은 비교적 단순한 것부터 매우 복잡한 논리와 구조를 가지는 것까지 매우 다양한 형태의 규모와 복잡성을 가지고 있다.

프로그램이 비교적 단순하고 간단하면 하나의 프로그램 내에서 기술하는 것이 일반적이지만, 프로그램의 논리가 복잡하고 대규모 프로그램인 경우에 프로그램을 하나로 작성한다는 것은 많은 문제점을 가지게 된다. 복잡하고 거대한 프로그램을 하나로 작성하는 경우, 프로그램을 이해하기가 어렵고, 유지 보수 또한 매우 어렵게 된다. 이와 같이 프로그램의 규모가 커질 경우에는 프로그램을 작은 단위로 나누어 여러 프로그램으로 작성하는 것이 원칙이며, 이러한 작은 단위의 프로그램을 모듈, 부 프로그램(sub program), 함수(function) 또는 프로시저(procedure)라고 부른다. COBOL, Basic에서는 서브루틴(sub routine)이라는 용어를 사용하고, Pascal과 Visual Basic에서는 프로시저 또는 서브프로시저(sub procedure)라는 용어를 사용하며, C와 C++에서는 함수, C#과 Java에서는 메소드(method)라고 부른다.

1) 함수 구조의 장점

프로그램을 반드시 모듈로 분해해야 하는 것은 아니지만 모듈화를 하면 다음과 같은 장점이 있다.

- 모듈화는 추상화를 제공한다.
- 모듈화는 여러 프로그래머가 같은 문제를 함께 해결할 수 있게 한다.
- 모듈화는 재사용을 가능하게 한다.
- 모듈화는 구조를 쉽게 인식할 수 있게 한다.

2) 부 프로그램 작성 규칙

모듈이나 서브루틴을 작성할 때 이름을 부여한다. 프로그래밍 언어마다 모듈의 이름을 정하는 규칙은 다르지만 변수 이름을 정하는 규칙과 비슷하다. 하지만 모듈 이름의 끝부분에 ()를 표시하여 변수와 모듈을 구분한다. 이런 형식은 Java, C++, C#, Pascal 등의 프로그래밍 언어에서 모듈 이름을 정하는 방식과 비슷하다. 모듈의 이름을 정하는 규칙으로 다음과 같은 변수 이름에 사용되는 2개의 규칙을 그대로 적용한다.

- 모듈의 이름은 한 단어이다.
- 모듈의 이름은 의미를 가져야 한다.

3) 부 프로그램(sub program)의 처리 과정

부 프로그램은 특정 처리를 실행하여 결과를 반환하는 프로그램으로 정의할 수 있다. 부 프로그램은 이를 위해 부 프로그램에 입력되는 입력값과 처리 절차 그리고 결과를 반환하는 부분으로 구성될 수 있다. 이러한 부 프로그램은 일종의 부품(part)이라고 볼 수 있다. 자동차의 부품을 생각해 보자. 하나의 자동차 부품은 여러 종류의 자동차를 만들 때 사용될 수 있다. 부 프로그램은 이러한 개념의 부품으로 생각해 볼 수 있다. 즉 하나의 부 프로그램을 만들어 놓고, 다양한 형태의 프로그램에서 부품처럼 호출하여 사용할 수 있는 형태를 의미한다.

프로그램이 모듈을 사용할 때 메인 프로그램을 호출프로그램(calling program)이라고 한다. 왜냐하면 어떤 모듈을 사용하기 위해서 이 모듈의 이름을 호출하기 때문이다.

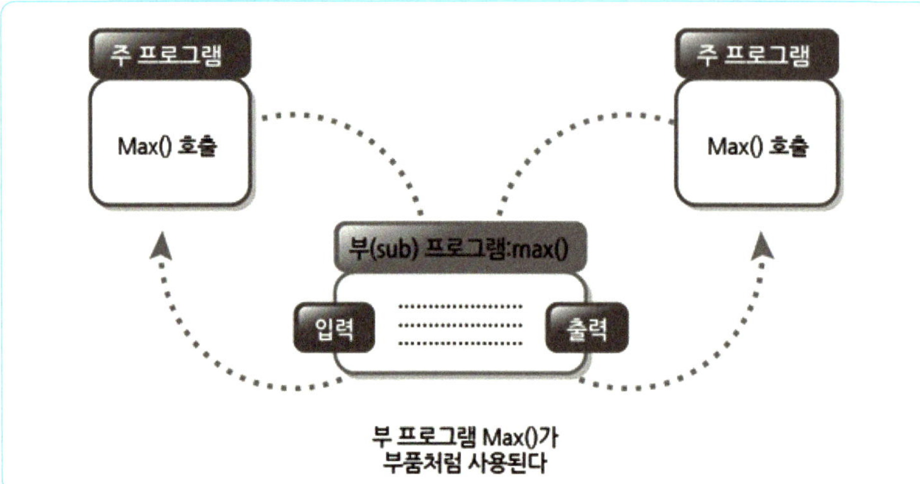

[그림 5.10] 부 프로그램의 처리과정

다음 [그림 5.11]은 하나의 메인 프로그램에서 부 프로그램을 호출하는 과정을 나타낸 것으로 프로그램의 논리는 다음과 같이 진행된다.

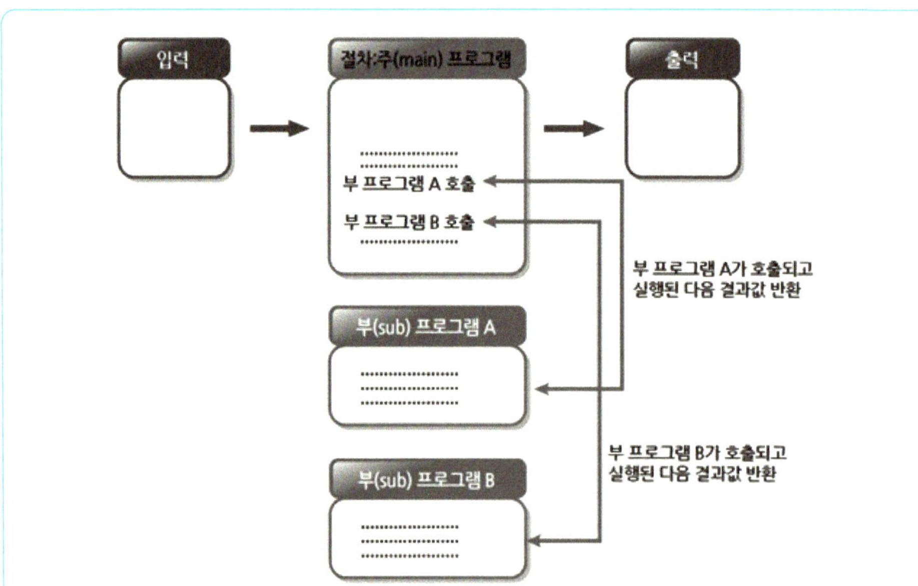

[그림 5.11] 부 프로그램의 호출과정

– 메인 프로그램이 시작된다.

– 메인 프로그램이 부 프로그램 A를 호출한다.

– 부 프로그램 A가 실행된 다음 결과값을 메인 프로그램에 반환한다.

– 메인 프로그램이 부 프로그램 B를 호출한다.

– 부 프로그램 B가 실행된 다음 결과값을 메인 프로그램에 반환한다.

– 메인 프로그램이 종료된다.

5.2 객체지향 프로그래밍

5.2.1 객체지향의 기본 개념들

객체지향은 분석/설계 방법, 프로그래밍 언어, 개발 도구, 데이터베이스, 운영체제, 코드의 라이브러리/프레임워크 등의 기술적 문제를 해결하는 방법으로만 제한하지 않고, 실세계의 비즈니스를 모델링하고 시스템 문제를 해결하는 데 더 많이 적용되고 있다.

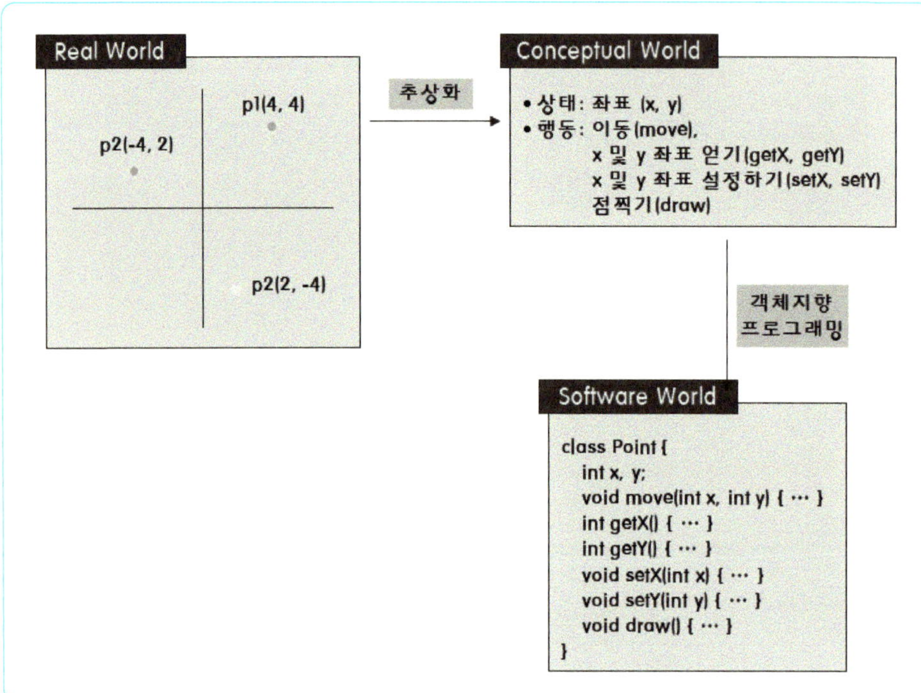

[그림 5.12] 실 세계와 개념 세계 그리고 소프트웨어 세계

[그림 5.12]를 참고하여 실세계의 객체들을 통해서 비즈니스와 소프트웨어 모델들을 시스템화 한다고 볼 수 있다. 그러면 객체 지향적 접근방법을 통해서 기본적으로 사용되는 용어 및 개념을 알아보기로 하겠다.

객체 지향적 접근법은 문제 영역에서 시스템들을 기능 위주로 보지 않고 각 시스템에 포함되어 있는 객체들을 분석하여 행위와 데이터를 찾아내는 방법을 취한다.

예를 들어, 판매 시스템에서는 기본적으로 "제품", "주문"등의 클래스를 가지고 있다(객체, 클래스에 대한 정의는 뒤에서 설명하고 있다.)

"제품"객체는 "제품 이름", "제품 단가"등의 데이터(속성)를 가지고 있으며, "제품을 등록한다.", "제품 내역을 작성한다."등의 행동(행위)을 취한다. "주문"객체는 "주문 수량", "주문 일자"등의 데이터와 "주문을 등록한다.", "주문 수량을 작성한다."등의 행동을 취한다.

"제품"객체가 주문된 제품의 수량을 알고 싶다면 "주문"객체에게 "주문 수량을 알려 줌"이라는 메시지를 보내면 "주문"객체는 주문 수량을 "제품"객체에게 알려주게 된다.

이와 같이 문제 영역에 포함된 비즈니스 객체들을 찾아내어 데이터와 행위를 정의하고, 객체들 사이의 필요한 정보들을 메시지를 통해 서로 요구하고, 제공하게 함으로써 시스템을 만들어 가는 것이다. 이러한 객체지향 시스템의 큰 장점은 모델과 코드를 재사용할 수 있다는 것이다.

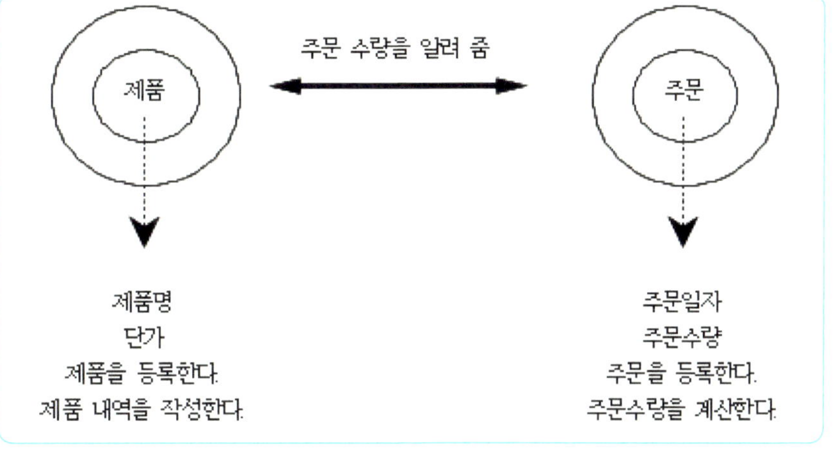

[그림 5.13] 판매관리 시스템

만일 A사의 판매 시스템은 자사에서 생산된 제품 외에 타사의제품도 판매한다고 했을 때 "타사 제품"이라는 또 하나의 클래스가 필요하게 된다. 이때 "제품"이라는 클래스(상위 클래스)의 데이터와 행위를 "타사 제품"이라는 클래스(하위 클래스)에 그대로 상속시켜 재사용하게 하고, "타사 제품"클래스의 특징이 되는 데이터와 행위만 새롭게 정의하면 "제품"클래스의 모든 것(데이터, 행위)을 그대로 사용한 확장된 개념의 새로운 클래스를 만들 수 있다.

다음 절에서는 지금까지 설명한 예를 들어, 판매 시스템에서 사용된 용어, 즉 객체(Object), 클래스(Class), 메시지(Message), 계승(Inheritance), 상위 클래스 / 하위 클래스 등을 중심으로 객체지향 기술의 기본 개념과 구성요소를 설명하겠다.

5.2.2 클래스(Class)

클래스란 동일한 데이터 구조(속성)와 공통의 행위(behavior), 공통의 관계들, 그리고 같은 의미를 가지는 객체들의 모음을 추상적으로 표현한 형태(Type)를 말한다.

객체는 클래스로부터 생성이 되어 지는데, 이러한 클래스 형판에 의해 생성되는 객체들을 다른 말로 클래스의 인스턴스(instance)라고 불리어진다. 그래서 보통 클래스를 객체를 생성하는 형판(Template)이라고 말하며, 아래의 [그림 5.14]와 같이 객체와 같이 속성과 행위들을 갖는다.

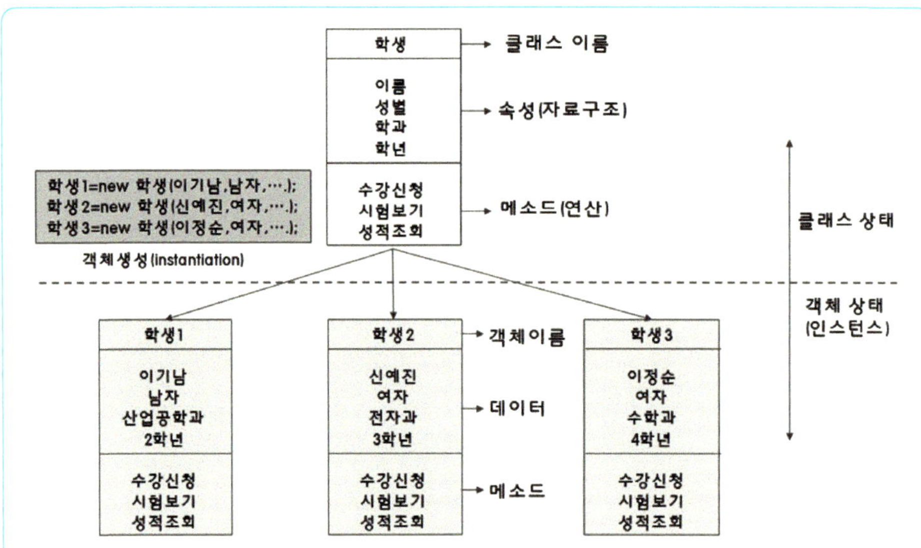

[그림 5.14] 클래스의 개념도

각각의 클래스 안에 있는 객체는 같은 속성들과 행동 양식을 가지고 있다. 대부분 객체들은 그들의 속성들에 대해 서로 다른 값들을 가지나, 일부 객체들은 동일한 속성값들과 공통의 행위를 허용하기도 한다.

객체들간의 유일한 통신 수단인 메시지를 이해하는 것이 객체지향의 기본 원리를 공부하는데 많은 도움이 되듯이, 객체와 클래스를 이해하고, 그들의 관계를 파악하는 것은, 객체지향 기술을 통해 시스템을 모델링하고, 구현하는 전반적인 과정에서 매우 중요한 역할을 하게 된다. 클래스는 동일 부류의 객체들을 추상화했다고 말할 수 있다.

5.2.3 객체(Object)

객체는 객체지향에서 기본적인 사고의 단위이며, 실세계 어떤 것들(things)을 실체화하여 표현한 것을 말한다.

객체는 데이터(속성) 값과 객체가 하는 일을 나타내는 행위들(behavior)로 구성되어 있고, 이들은 정보 은닉(캡슐화)의 원리로 보호되어 있다. 또한 객체는 식별자(identity)를 포함하는데, 시스템 안의 객체들 사이에서 유일성을 나타내고 있다.

객체의 행위는 자신의 데이터를 조작하는 전용 메서드(Private Methods)과 다른 객체와 통신을 하기 위한 공용 메서드(Public Methods)로 구분되어 있다.

객체는 다른 객체와의 통신 수단으로 오직 메시지(Message)만을 사용하는데, 다른 객체의 공용 행위에게 메시지(message)를 보내어 원하는 정보를 얻게 된다.

실세계에서 발견할 수 있는 객체를 예로 들어 보면 "송장", "사원", "급여", "기차", "기차엔진", "객차", "컨테이너 차", "차", "컴퓨터", "컴퓨터 키보드", "마우스", "마우스 패드", "스크린", "스크린 안의 아이콘", "부서", "사무실"등 다양하게 볼 수 있다.

이 객체 중에서 기차는 "기차엔진", "객차", "컨테이너 차"등으로 구성 되어 있고, 승객들이 이용하는 "객차"객체의 경우 "창문", "의자"등 여러 개의 객체들로 이루어져 있음을 알 수 있다. 여기서 우리는 또, 한 가지 사실을 발견하게 되는데, 객체는 또 다른 객체들로 구성되어 있다는 점과, 실세계의 모든 것을 객체로 표현할 수 있다는 것이다.

여기서, 클래스들이 계층 구조로 관계되어져 있을 때, 어떤 한 클래스를 기준으로 하여 그 기준 클래스의 바로 위의 클래스를 슈퍼클래스(super class), 아래의 클래스를 서브클래스(subclass)라고 한다. 예를 들면, 아래의 [그림 5.15]과 같이 군의 슈퍼 클래스는

도, 서브클래스는 읍, 면이다.

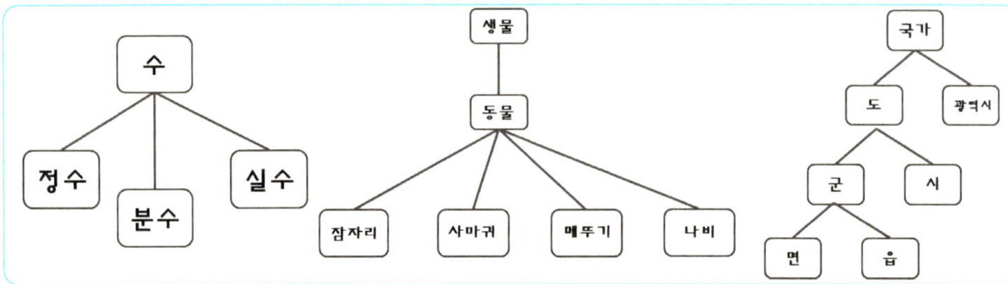

[그림 5.15] 객체 개념도

5.2.4 속성(Attribute)과 행위(Behavior)

객체들은 나름대로 특징을 나타내는 요소들을 가지고 있다. 예를 들면 “학생”이라는 객체는 이름, 학번, 키, 몸무게, 특기, 취미, 성별 등의 항목을 가지고 있으며, 학생이라는 객체는 여러 개의 독립된 특성인 속성(데이터)으로 표현되어 진다.

다르게 표현하면 속성은 데이터 항목(Variable)이며 각각의 객체들은 자신의 값들을 가지고 있다. 속성들은 숫자, 문자 등 서로 다른 데이터 타입을 가지고 있으며, 객체지향 프로그래밍 언어들은 풍부한 데이터 타입을 제공하고 있고 개발자들은 스스로 데이터 타입을 정의할 수가 있다.

객체 중에서 다른 객체들을 참조하고 있는 속성들을 가지는 객체가 있는데 이것을 복합 객체들(Compound Objects)이라고 하며, 앞에서 기차 객체로 설명되었으므로 설명은 생략한다.

객체들은 행위들을 포함하고 있는데, 객체들은 메시지를 통하여 다른 객체의 행위들을 호출하여 서로 정보를 교환한다.

행위는 기능상 함수(Function)와 매우 비슷하다. 그러나 중요한 다른 점이 있다. 행위는 오직 메시지 전달(Message-Passing Paradigm)방식을 취한다는 점과 오직 자신의 데이터만을 사용하고 데이터 전달은 파라미터(parameter)에 의해서만 이루어진다는 점이다. 또한 객체의 관련된 기능들이 데이터와 함께 객체 안에 존재하여 행동한다는 점에서 객체지향에서의 행위가 기존의 함수와 또 다른 의미를 찾을 수 있다.

행위들은 여러 가지 용어로 표현이 되는데 예를 들면 메서드(methods), 메시지의 구현(message implementation), 오퍼레이션들의 집합(set of operation)들로 불리어지며, 프로그래밍 언어에서는 C++ 경우 멤버 함수(member function), smalltalk 경우 메서드(method)로 사용된다.

5.2.5 캡슐화(Encapsulation)와 정보 은닉

캡슐화란 객체 내의 데이터와 행위를 같이 포장하는 방식을 말하며, 포함된 행위로 인해 데이터가 조작 또는 변경된다. 또한 캡슐화는 아래의 [그림 5.16]과 같이 다른 객체로부터 데이터를 은닉, 보호하는 역할을 하게 되는데, 정보은닉은 한 객체가 다른 객체로부터 자신은 데이터들을 은닉하기 때문에 객체들은 오직 메시지를 보내는 방법에 의해서만 다른 객체의 정보를 얻을 수가 있는 것이다.

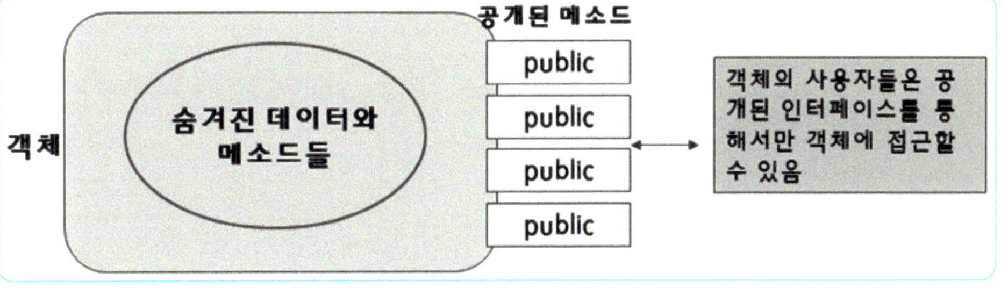

[그림 5.16] 캡슐화와 정보은닉

5.2.6 메시지(Message)

앞에서 설명했듯이 메시지는 객체간의 정보를 전달하기 위한 유일한 수단이며, 객체지향 프로그래밍에서도 유일한 프로그램 표현 방식이다.

객체는 정보은닉의 원리가 작용하고 있어서 자기 자신의 객체만을 조작할 수 있기 때문에 다른 객체에서 정보를 참조하기 위해서는 메시지를 통해 공용 행위를 호출해야만 한다. 그러므로 객체의 공용 행위는 메시지에 의해 선택된다고 볼 수 있다. 메시지는 다른 모듈을 호출한다는 차원에서는 전통적인 절차적 언어에서 사용된 함수 호출에 해당된다고 볼 수 있다.

객체지향에서의 정보 교환은 객체와 메시지라는 이 두개의 요소로 처리가 가능하다는 점이며, 이러한 특징은 아래의 [그림 5.17]를 참고하여 객체지향 기본 원리를 이해하는 데 많은 도움을 준다.

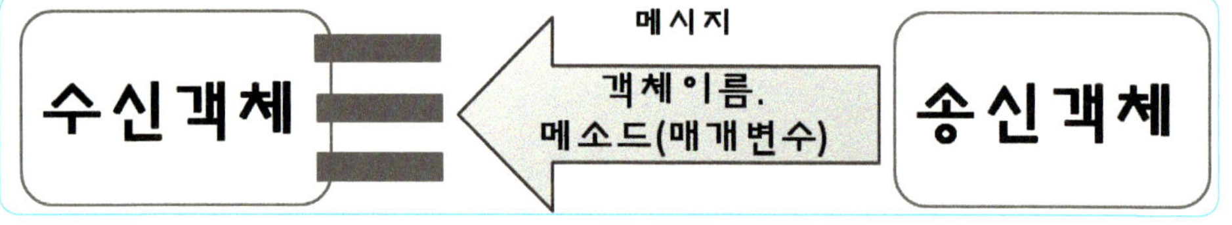

[그림 5.17] 메시지 그림

5.2.7 추상화(Abstraction)

추상화를 간단하게 말하면 "복잡성을 줄여서 단순하게 표현한 것"이다. 실세계에서 사고의 기본 단위인 객체를 추출하여, 객체의 특성들을 개략 화시켜 클래스로 정의하는 과정들을 추상화한다고 말한다.

객체지향 개념을 현실 세계에 적용하여 얼마나 추상화를 잘 하느냐에 따라 복잡성을 단순화시키고, 재사용에 대한 확신을 가질 수 있게 한다. 시스템을 분석하는 과정에서 성공적인 추상화는 시스템 구축에 중요한 성공 요소이다.

클래스에는 추상(abstract) 클래스와 구체적(concrete)클래스가 있는데, 추상 클래스는 하위 클래스의 공통된 특성들을 추출하여 생성된 클래스이며, 자신의 인스턴스는 생성하지 않는 것이 특징이다.

클래스와 클래스 사이에 정보를 공유하는 방법은 클래스를 추상화하는 정도에 따라서 계층화하여 하위 클래스는 상위 클래스의 성질을 상속받음으로써 가능하다.

5.2.8 상속(Inheritance)

클래스와 클래스 간에도 정보를 분산하는데, 그 방법은 클래스를 사이에서 공통되는 성질과 공통되지 않는 성질을 나누고, 그 공통된 성질을 취하여 클래스를 만들고(상위 클래스), 아래의 [그림 5.18]와 같이 상위 클래스가 가지고 있는 공통적인 성질을 그대로 상속받는 하위 클래스를 정의함으로써 이루어진다.

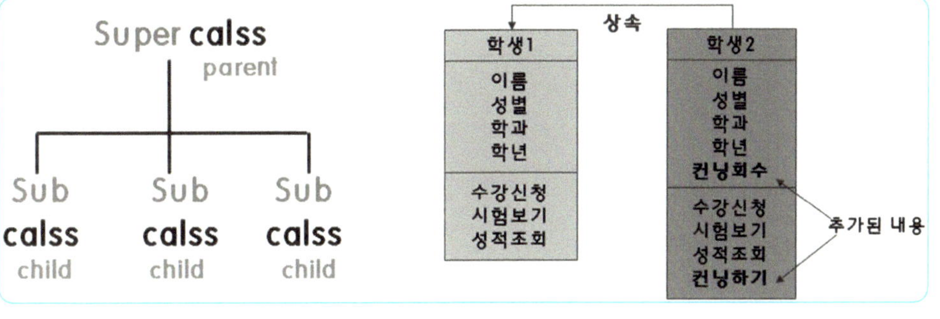

[그림 5.18] 상속 개념도

예를 들면 어떤 회사에서 근무하는 사원이 정규 사원과 임시 사원이 있다고 하자. "정규 사원", "임시 사원"두 클래스는 회사의 직원이라는 공통된 특성을 가지고 있다. 이러한 공통된 특징의 데이터 구조와 행위는 "사원"클래스가 가지고 있어서, 두 개의 하위 클래스는 상위의 "사원"클래스로부터 특징의 전부를 상속받게 된다.

앞에서 설명한 것과 같이, 상위 클래스와 하위 클래스에서 정보를 공유하는 방법으로 상속을 사용하는데, 상속은 객체지향 시스템에서 재사용 측면에서 중요한 역할을 한다.

상속은 복잡한 비즈니스 모델을 설계와 개발 차원에서 단순화시키고, 복잡성을 해결한다. 개발자에게도 여러 가지 혜택을 주는데 프로그래밍 언어 차원에서 코드를 재사용하게 하고, 수정이 필요할 때 상위 객체의 행위를 수정함으로써 하위 객체들은 상속을 통해서 수정된 부분들을 그대로 사용하게 되는데 이러한 방법으로 수정사항들을 쉽게 해결할 수 있다.

상속은 두 개 이상의 상위 클래스로부터 상속을 받는 하위 클래스가 있는데 이러한 상속을 다중 상속이라고 말한다.

예를 들면 대학교에서 조교로 활동하는 사람은 주로 대학원 학생들이 많은데 그러면 "조교"는 교직원이면서 학생이 된다. 이러한 경우 "조교"클래스는 "직원"클래스와 "학생"클래스에서 모든 특성을 상속받게 된다.

다중 상속은 실세계에서 많이 일어나는 현상이며, 객체지향에서는 이 부분에 대한 모델링도 가능하게 한다. 하지만 객체지향 프로그램 언어 중에서는 다중 상속을 지원하는 언어(C++)와 지원하지 않는 언어(Java)가 있다. 다중 상속은 구현상 몇 가지 어려움으로 인해 구현에 있어 신중을 기해야 한다.

상속을 더욱 향상시킬 수 있는 방법은 객체지향의 중요한 특징 중 하나의 다형성(Polymorphism)을 통해서 유연성과 재사용성을 높일 수 있다.

5.2.9 다형성(Polymorphism)

다형성은 같은 종류의 행위들에 대해 하나의 이름으로 사용을 허락하는 것을 말한다. 즉, "삼각형을 그린다.", "사각형을 그린다.", "원을 그린다."라는 행위들을 하나의 "그린다."라는 행위로 사용할 수 있다. 다형성은 이처럼 하나의 행위로 여러 개의 결과를 출력할 수 있게 한다. 좀 더 구체적으로 설명하면, 같은 메시지에 대하여 이 메시지를 수신하는 객체에 따라 다르게 행동하는 것을 말한다.

상위 클래스로부터 상속된 행위들을 제거할 수 없으나 대신 하위 클래스들은 차별화된 버전을 가질 수 있어, 클래스 구조를 확장할 때 도움이 된다. 이것은 상위 클래스와 동일한 이름으로 가지고 있지만 설계적으로 새롭게 정의하여 사용할 수 있음을 알 수 있다.

프로그래밍에서 다형성을 사용하면 우리가 많이 사용하던 IF ELSE, CASE 등이 불필요하게 되며, 또한 상속의 개념을 향상시켜 사용할 수 있다.

예를 들어 급여 시스템에서 상위 클래스인 "급여"클래스와 하위 클래스인 "정기급여"와 "상여"가 있다고 하자. 다른 객체로부터 급여를 "계산하다"라는 메시지를 각 객체들(정기급여, 상여)에게 보내면 각각의 객체들은 같은 이름의 행위를 수행하지만, 내부적으로 서로 다른 계산 방식으로 결과를 산출하게 된다.

비록 같은 상위 클래스에서 상속되어 같은 이름의 행위를 가지고 있지만 동일한 이름으로 재정의함으로 각각의 하위 클래스에서는 다른 내용을 수행하게 된다. 이러한 다형성은 상속을 통한 하위 클래스들을 더욱 특화(specialization)하여 사용할 수 있도록 한다.

Understanding of Software in SW-based Society

06 Chapter

SW중심사회에서의 **소프트웨어의 이해**

소프트웨어 공학

6.1 소프트웨어 공학의 개요 및 정의

정보화 사회에서 가장 가치 있는 자산은 정보이며, 이러한 정보를 바탕으로 의사 결정을 행한다. 따라서 정보는 신속성과 정확성을 갖추어야 한다. 수많은 자료들로부터 정확한 정보를 빠르게 수집하기 위해서 컴퓨터의 이용은 필수적이다. 컴퓨터에 소요되는 비용은 시간이 지날수록 매우 커지고 있다. 1980년의 Datamation 잡지에 실린 추정 비용을 살펴보면 다음과 같다. 1980년 전산 처리에 소요된 총 비용은 국민 총 생산액(GNP)의 약 5%인 1300억 달러 정도였으며, 1985년에는 GNP의 약 8%, 1990년에는 12.5%가 될 것으로 전망하고 있다. 반면 미국의 가장 번창한 산업중의 하나였던 자동차 산업의 경우 1980년에 소용된 비용은 겨우 2.3% 이다.

전산 처리에 소요되는 비용 중 하드웨어에 대한 비중은 점점 더 줄어드는 반면 소프트웨어에 대한 비중은 커지고 있다. Boehm의 연구에 의하면 1985년의 세계적인 소프트웨어 비용은 1,400억 달러를 초과했다고 한다. 이러한 소프트웨어 비용은 매년 약 12%씩 증가하고 있으며, 만약 이런 추세로 나간다면 1995년의 세계적인 소프트웨어 비용은 4,300억 달러를 초과할 것임을 밝히고 있다. 따라서 소프트웨어 생산성을 조금만 향상시킨다고 하더라도 경제적인 이익은 매우 클 것이다.

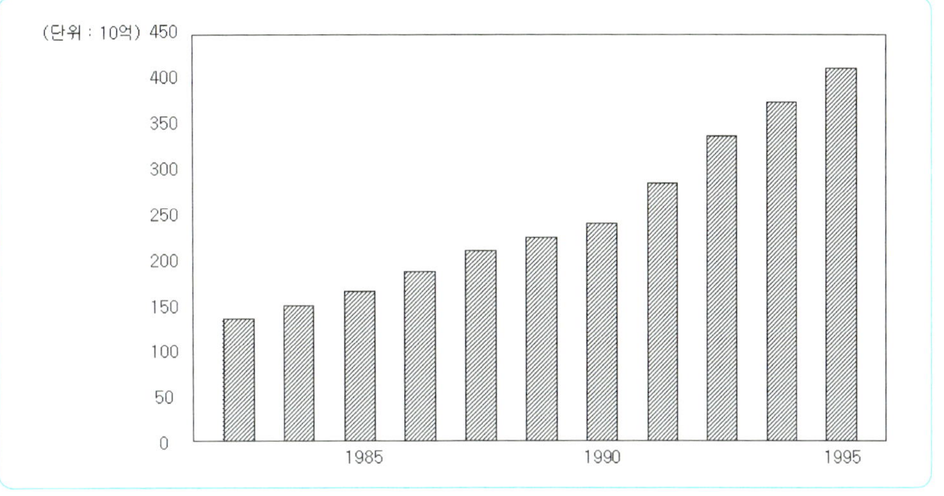

[그림 6.1] 예측되는 연간 소프트웨어 비용

이러한 연구를 종합해 볼 때, 컴퓨터에 소요되는 비용은 시간이 지날수록 증가하고 있고, 또한 소프트웨어 비용이 가장 큰 비중을 차지함에 따라, 미래 산업사회의 경제적인 번영은 효율적인 소프트웨어 개발 및 관리 일체를 다루고 있는 소프트웨어 공학에 의해 좌우된다는 것은 결코 과장이 아니다.

소프트웨어란 용어는 단순히 특정한 분야에 적용되는 컴퓨터 프로그램만을 의미하지는 않는다. 소프트웨어에는 프로그램뿐만 아니라 이 프로그램을 설치, 사용, 개발하고 유지보수 하는데 필요한 모든 문서를 포함한다. 규모가 커다란 시스템에 있어서, 이러한 문서를 작성하는 작업이 실제로는 프로그램을 개발하는 일보다 훨씬 중요한 일이 된다. 1~2명의 프로그래머가 수개월 내에 개발할 수 있는 소규모 프로젝트인 경우 좋은 코드를 작성하는 것이 주요한 관심사이다. 이 경우는 프로그램의 양이 적어 프로그래머에 의하여 충분히 관리될 수 있기 때문에 특별한 관리기법이나 문서화가 필요하지는 않다. 그러나 많은 프로그래머가 참여하고 장시간의 개발을 필요로 하는 프로젝트인 경우 체계적인 방법으로 관리되어야 하며 모든 행위와 작업들이 문서화되어야 한다.

소프트웨어 공학은 서로 다른 학자에 의해 서로 다르게 정의되어 지고 있다.

- **Boehm** : "과학적인 지식을 컴퓨터 프로그램 설계와 제작에 실제 응용하는 것이며, 이를 개발하고 운영하고 유지보수 하는데 필요한 문서화 작성과정"
- **IEEE의 소프트웨어 공학 표준 용어 사전** : "소프트웨어의 개발, 운영, 유지 보수, 그리고 폐기에 대한 체계적인 접근"
- **Fairley** : "허용하는 비용과 기간 내에서 소프트웨어 제품을 체계적으로 생산하고 유지 보수하는데 관련된 기술적이면서 관리적인 원리이다"

그러나 이러한 상이한 정의간의 공통점은, 소프트웨어 공학이란 개개의 프로그래머가 아닌 팀에 의해 소프트웨어 시스템을 공학적인 원리로 개발하는 것을 의미한다. 또한 소프트웨어 공학의 주요 목표는 소프트웨어 공학자의 생산성을 증대시키기 위한 도구와 방법론을 제공하는데 있다.

소프트웨어 공학자는 다른 분야의 공학자와 마찬가지로 전산학에 관한 지식 외에도 의사소통하는 능력이 뛰어나야 한다. 소프트웨어 공학자는 시스템 사용자가 소프트웨어를 이용하여 자신의 작업을 할 때 발생되는 문제까지도 인식하여야 한다. 즉, 소프트웨어 공학자는 소프트웨어의 생산에 관계되는 프로젝트 관리 문제를 이해해야만 한다.

6.2 소프트웨어 공학의 등장 배경

컴퓨터의 응용 분야가 넓어져 가고 있다. 초기에는 관공서나 기업에서 주로 이용되었으나, 최근에는 모든 생활 영역 전반에 걸쳐 이용되고 있다. 이것은 하드웨어 제조, 응용 기술의 발전 때문이다. 최근 수 백 만원 정도의 생산비용으로 제조되는 마이크로 컴퓨터가 30년 전에 10~15억 원 정도의 컴퓨터와 같은 처리 능력을 갖게 되었다. 또한, 아래의 [그림 6.2]에서 보는 바와 같이 하드웨어 비용은 전체 비용 중에서 점점 줄어들고 있는 반면에 소프트웨어 비용은 점점 늘어나고 있는 실정이다.

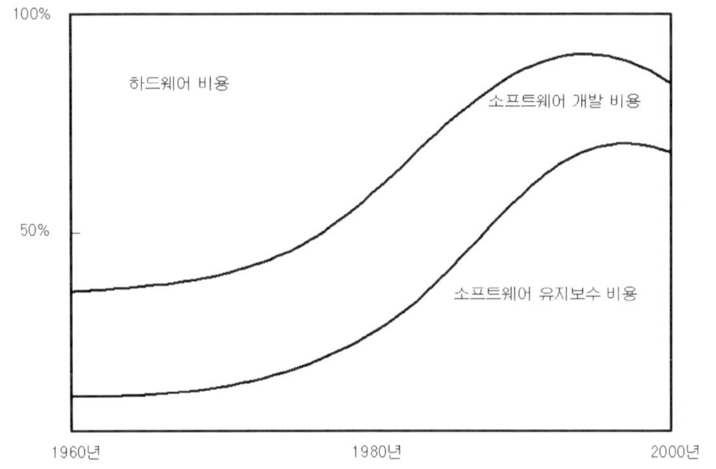

[그림 6.2] 하드웨어 비용 & 소프트웨어 비용

1960년대 집적회로가 개발되면서 3세대 컴퓨터 하드웨어가 출현했다. 이전 컴퓨터에 비해서 연산 능력이 훨씬 뛰어나고 이전에는 불가능했던 문제들을 쉽게 해결해 주었다. 또한 가격의 하락과 대량 보급으로 응용 분야가 넓어지면서 대형 소프트웨어 시스템 구축이 요구되었다. 대형 소프트웨어 시스템을 구축하면서, 당시의 기존 소프트웨어 개발 방법들이 부적절함을 소프트웨어 엔지니어들은 경험했다. 기존의 소규모 시스템의 개발에 적용하던 기술을 단지 확장할 수 없다는 것도 깨달았다. 많은 수의 프로젝트가 지연되었으며, 개발비용은 예상했던 것보다 훨씬 초과되었고, 신뢰도도 극히 낮아 적절히 유지 보수할 수도 없었다. 소프트웨어 개발은 위기 상황에 빠진 것이다. 하드웨어 가격은 급격하게 떨어지는데 비해 소프트웨어 가격은 폭등했다. 이른바 "소프트웨어 위기(software crisis)"에 직면하게 되었다.

이러한 문제점을 극복하기 위하여, 주어진 기간 내에 프로젝트를 효율적으로 관리하는 기법, 프로젝트에 투여되는 비용을 예측하는 일과 사람들을 관리하는 일, 사용자의 요구 사항 등을 정확히 분석하여 그 요구 사항대로 소프트웨어를 개발하는 일, 각 과정의 일들을 체계적으로 문서화하는 등의 일련의 공학적이며 체계적인 방법으로 소프트웨어를 개발하고 관리하려는 소프트웨어 공학의 개념이 1960년대 말에 등장하게 되었다.

소프트웨어 품질과 비용이 문제되기 시작한 것은 IBM 360/OS, Multics, TSS/360 등이 개발된 1960년대의 일이다. 소프트웨어 가격과 관련해서 소프트웨어의 생산성 및 비용이 주목받기 시작하였으며 품질보증의 최대 관심사로 테스트와 디버깅이 부각되었다. 360/OS에 있어서 당시 4,000 개의 모듈과 함께 1,000,000 개의 명령어로 구성되며 연간 약 5000 명의 프로그래머를 사용한 것과 FORTRAN-H 컴파일러에 2000 개의 에러가 있었던 것이 당시의 화제 거리였다. 따라서 이 기간에는 테스트의 방법론과 기대효과 등이 의논의 중심 주제였다. 컴퓨터 학회에 있어서도 소프트웨어 품질 연구에 관한 보고는 적었으며 하드웨어를 다루는 분야에서 취급되는 경우가 많았다. 프로그래머의 생산성에는 개인적인 차이가 많다는 것이 조사된 것도 이 기간이었다. 개인에 따라서 코딩시간은 최대 25 : 1로 격차가 나고, 디버깅의 경우에도 26 : 1 의 차이가 있고, 완성된 프로그램의 실행 속도는 최대 13 : 1 의 차이가 있다고 하는 실험 결과가 보고되었다.

1968년 서독에서 개최된 NATO 주최의 회의에서 처음으로 '소프트웨어 공학'이라는 용어가 사용되고, 소프트웨어 생산성의 기본적인 문제가 제기되었다.

그 뒤 1970년대에 와서 AFIPS와 IFIP의 회의에서 소프트웨어 품질과 생산성에 관한 논문이 발표되었다. 이때 발표된 논문 중에서 소프트웨어의 테스트 기간 중에 발견된 에러의 발생 원인이 보고되었으며 코딩 에러보다도 설계에러 쪽이 많다고 하는 사실도

판명되었다. 1970년 가을에는 제 1 회 COMPSAC(COMPuter Software and Applications Conference)이 개최되었다.

결국, 신뢰성 있는 소프트웨어 개발을 위해서는 코딩 단계보다도 설계 단계에서부터 고려하는 것이 중요하다고 인식되기 시작했고, 설계, 코딩, 문서화 등의 새로운 기법과 방법론이 시도되었다. 동시에 소프트웨어 개발 단계 간의 비율 및 비용 분포 등의 실태도 조사되기 시작했다([표 6.1] 및 [그림 6.3]).

[표 6.1] 단계별 소요기간 예

요구정의 분석	20%
설계	18.7%
코딩·디버깅	21.7%
테스트	28.3%
문서화	11.3%
	100%

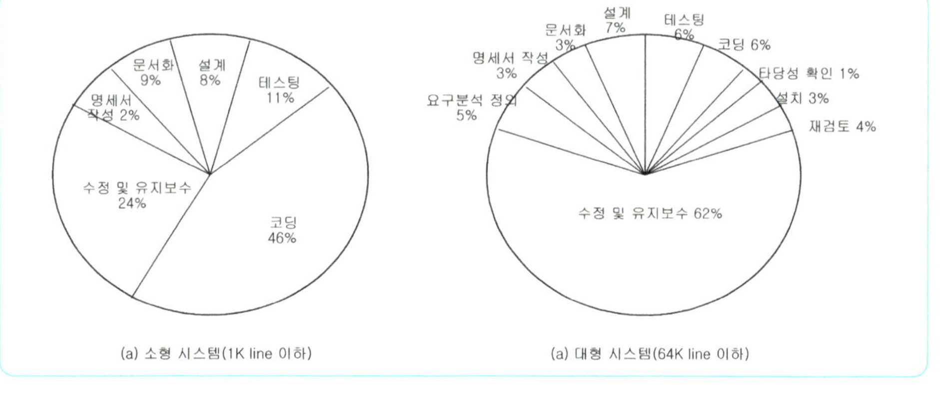

[그림 6.3] 시스템 크기별 비용분포

이 기간에는 구조화 방법론, 하향식(Top-down) 개발, 모듈 설계, 구조화 설계, 소프트웨어 신뢰도 등의 용어가 많이 등장했다. 그 뒤 1973년 IEEE(Institute of Electrical and

Electronics Engineers)에 의해서 “Symposium on Computer Software Reliability”가 개최되었고, 이어서 NCC(National Computer Conference), IFIP 회의에서도 여러 가지의 연구가 보고되었다. 그리고 1975년 봄에는 유명한 ICRS(International Conference on Reliable Software)가 개최되었다. 이 분야에서는 최초로 세계적인 규모의 회의였다. 실질적으로 이 회의가 훗날 소프트웨어 공학 국제회의(ICSE : International Conference on Software Engineering)로 이어지게 되었다.

1975년 후반부터 겨우 ‘소프트웨어 공학’이라는 언어가 정착되기 시작했다. 1975년 9월에 National Conference on Software Engineering, 1976년에는 Symposium on Computer Software Engineering이 개최되었으며 이 기간에 NCC 등에 있어서도 많은 분야가 할당되었다. 또한, IEEE에서는 소프트웨어 공학 기관지가 1975년 3월부터 출판되기 시작했다. 그래서 1976년 10월에는 제2회 ICSE가 개최되었다. 이때 최초로 소프트웨어 요구 정의와 유지보수 문제가 대두되었다.

이 후, 소프트웨어의 신뢰성뿐만이 아니라, 품질 특성 전체에 대해서 보다 능률적으로 작성하지 않으면 안 된다고 생각하게 되었다. 또한, 소프트웨어 품질 향상을 위해서는 소프트웨어 요구 정의에서부터 유지보수에 이르기까지 전 생명주기(Life Cycle)를 통해서 대책을 강구하지 않으면 안 된다는 쪽으로 생각이 변화되었다. 결국, 신뢰성 있는 소프트웨어 개발이라고 하는 범위로부터, 소프트웨어 품질 전 특성을 생명 주기 전체에서부터 보다 능률적으로 취급하는 이른바 ‘소프트웨어 공학’으로 변화되기에 이르렀다.

1978년 5월에는 제3회 ICSE, 1978년 11월에는 제2회 COMPSAC이 개최되었다. 그리고 1979년 9월에는 제4회 ICSE가 서독에서 개최되었다. 제5회 ICSE는 1981년 3월 샌디에고에서 개최되었다.

더욱이, 이때 소프트웨어 에러는 가능한 한 초기에 바로 잡는 것이 품질에서나 비용면에서나 필요하다는 생각이 일반적으로 폭넓게 인식되기에 이르렀다. [그림 6.4]는 소프트웨어에 있어서 에러를 수정하는데 드는 비용을 상대적으로 나타낸 도표이다. 그림에서 보듯이 초기에 에러를 수정할수록 비용이 적게 든다.

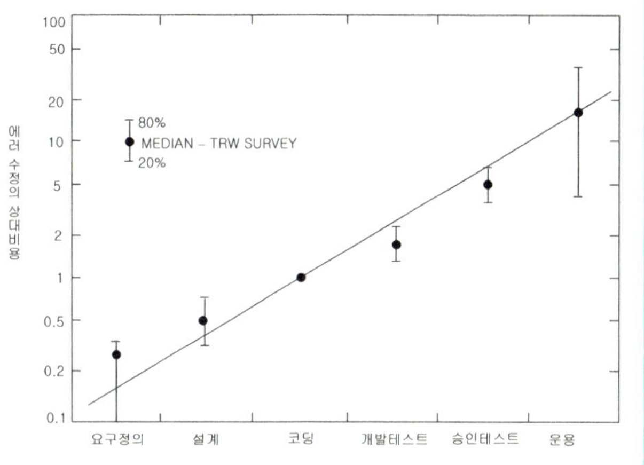

[그림 6.4] 소프트웨어 에러 수정에 소요되는 비용

6.3 소프트웨어 개발 생명주기 모델

1960년대 후반에 '소프트웨어 위기'가 인식되고 소프트웨어 개발에 일반적인 공학적 원리를 적용하려는 시도가 행해졌다. 따라서 이러한 공학적 원리에서 유도된 소프트웨어 개발 과정의 모델이 Royce(1970)에 의하여 제안되었다. 이 방법은 개발 과정을 훨씬 분명하게 나타내는 수단으로 소프트웨어 프로젝트 관리를 위해 환영받았다. Royce는 한 단계를 완전히 끝내고 다음 단계로 넘어가는 방식으로 소프트웨어 생명주기의 각 단계를 정의하였으며, 그 뒤 1971년에 Benjamin은 각 단계가 서로 겹치는 방법으로 구분하였다. 소프트웨어 생명주기를 모형화 한 초기의 모델은 그 뒤에 많은 수정이 가해졌으며 다양한 형태의 모델이 제시되었다. 1979년 Boehm은 소프트웨어 생명주기 모델의 대표적인 폭포수형(Waterfall) 모델을 제시하였다[그림 6.5]. 모델을 구성하는 각 단계는 다음과 같다.

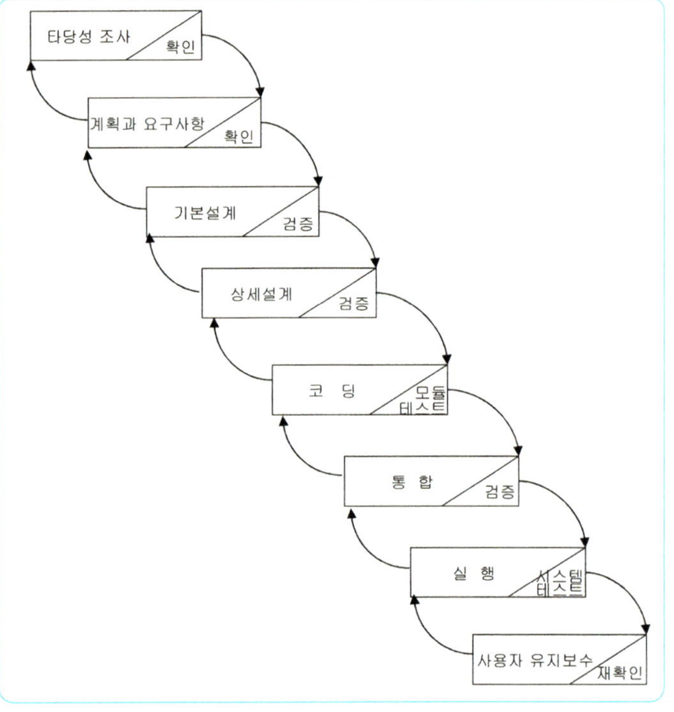

[그림 6.5] 소프트웨어 개발 과정에 대한 폭포수형 모델

① **타당성 검토 단계** : 경영자가 소프트웨어의 필요성을 깨달아 이를 개발하기 위한 타당성을 검토하는 단계이다. 생산계획에 필요한 모든 공식적인 문서가 준비되고, 관련 부서간에 계획과 협조 체제의 구상도 포함된다. 이 단계에서 검토되는 내용은 다음과 같다.

- 작동 타당성 : 개발될 소프트웨어가 실용상에 문제가 없는지, 사용 시에 발생할 수도 있는 문제점을 검토
- 경제적 타당성 : 개발하는데 소요되는 비용이 타당한지, 또한 소비자가 부담하게 될 가격이 타당한지를 검토

- 시장 타당성 : 개발하여 사용자에게 공개하였을 때 흥미를 끌 수 있는 소프트웨어인가, 판매에 적합한가, 설치하기가 편리한 것인가, 서비스하기가 쉬운 것인가, 설명하기 쉽고 교육에 무리가 없는 것인가 등을 검토

② **계획과 요구 단계** : 개발에 필요한 기본적인 인원과 기계를 할당하고 제품에 대한 조작 개념을 확정하고 승인한다. 중간검토, 필요한 자원, 책임의 한계, 스케줄, 비용 및 주요 회의 등에 관한 상세한 계획을 세운다. 또한, 시스템 사용자와 대화를 통하여 시스템이 제공할 서비스, 제약조건 및 목적 등을 설정한다. 일치된 내용은 사용자와 개발자 모두가 이해할 수 있는 방식으로 정의되어야 한다. 사용자의 요구사항은 가능한 한 애매모호함 없이 정확하고 일관성 있게 기술되어야 한다.

③ **기본설계 단계** : 개발될 소프트웨어에 대한 전체적인 하드웨어 및 소프트웨어 구조, 제어구조, 자료구조의 개략적인 설계를 작성한다. 이와 더불어 사용자 지침서와 테스트 계획도 수립한다. 세분하여 구별하면 다음과 같다.

- 상세개발계획 : 개발의 중간 검토 단계로서 자원의 예산, 조직, 책임, 스케줄, 활동범위, 기술, 제품에 대한 구체적 계획
- 상세사용계획 : 개발과 병행되어야 하는 교육, 설치, 지원 등에 대한 구체적 계획
- 생산관리계획 : 경영구조계획, 품질보증계획, 전체적인 확인계획
- 소프트웨어 요구 명세의 승인 : 기능, 수행, 인터페이스 등에 대한 완전성 및 타당성을 검토
- 개발계약의 승인 : 상기 내용에 대해 문서로 승인

④ **상세설계 단계** : 제어구조, 자료구조, 인터페이스 구조, 크기, 주요 알고리즘, 각 프로그램 요소에 대하여 완전한 규격을 작성하는 단계이다. 세부적으로 구분하면

다음과 같다.

- 소프트웨어 제품의 설계 규격을 정한다 : 프로그램 각 요소의 계층적 구조, 제어 구조, 물리적 구조 및 논리적 자료구조, 자료 처리 자원에 필요한 예산
- 가장 위험부담이 따르는 개발 내용에 대한 확인 및 해결 방안 모색

⑤ **코딩 단계** : 구현 프로그래밍 언어를 사용하여 실제 프로그램을 작성한다. 작성된 각 프로그램 단위 즉, 모듈들이 주어진 명세서를 만족하는지를 테스트한다. 또한, 통합 테스트 계획 및 사용자 지침서에 대한 초안을 작성한다.

⑥ **통합 테스트 단계** : 소프트웨어를 모듈별로 코딩한 것을 전체적으로 통합시켜 전체 시스템이 소프트웨어 요구 사항을 만족하는지를 테스트한다. 이 단계는 모듈간의 인터페이스 테스트에 중점을 둔다.

- 각 모듈별 계산의 문제점이 없는가를 확인
- 각 모듈별 입출력에 문제점이 없는가를 확인
- 모든 명령어와 모든 분기기능의 수행을 확인
- 표준 프로그래밍 기법에 따라서 작성되었는지에 대한 여부 확인
- 모듈 레벨의 완전성 확인

⑦ **실행 단계** : 완전한 기능을 갖춘 하드웨어 및 소프트웨어 시스템이 작동하는 단계이다.

- 평가 테스트에 만족하는지를 시험. 즉, 명세서대로 수행되는지를 시험
- 제품에 따르는 보고서, 지침서, 제원표, 데이터 베이스 등을 완전히 갖춤

⑧ **운용 및 유지보수 단계** : 시스템이 고객에게 인도되어 설치된 후 실제 업무에서 사용된다. 초기단계에서 발견되지 않는 오류를 수정하고, 새롭게 인식된 요구사항

을 위해 시스템의 구축과 서비스를 향상시키는 작업을 포함한다. 일반적으로 생명 주기 단계 중 가장 오랜 시간이 걸리는 단계이며 대부분의 비용을 차지하는 단계이다.

- 시스템 인수 시험의 만족도 검토
- 인도 또는 판매 시스템 제품의 완벽성 여부
- 설치의 완벽성

프로젝트 관리를 위해서는 소프트웨어 생명주기 각 단계를 구분하는 것이 유리하지만, 실제로 각 단계는 서로 중첩되고 단계간에 정보가 순환되기도 한다. 즉, 설계단계 중에 요구사항의 문제점이 인식되기도 하고, 프로그램 코딩 중에 설계의 문제점이 발견되기도 한다. 소프트웨어 개발 과정은 단순하게 위에서 아래로 흘러가는 선형 모델이 아니라 각 개발 작업들의 일련의 반복으로 구성된다. 개발 작업들이 아주 빈번하게 반복되는 경우, 프로젝트 관리를 위해 개발 과정을 계획하고 예측하는 것이 매우 어렵다. 이런 경우 작업을 어느 정도 반복하고 나면 명세서를 확정시키고 다음 단계를 계속하는 경향이 종종 있는데, 이런 식으로 문제를 다음으로 미루게 되면 시스템은 사용자가 원하지 않는 방향으로 유도되어 아무리 코딩을 훌륭하게 작성하더라도 해결할 수 없는 설계상의 문제점으로 인해 시스템의 구조가 엉망이 된다.

소프트웨어 개발 과정의 통합 테스트 단계는 개발된 시스템을 통합하여 테스트하는 단계로서 시스템 개발의 최종적인 확인 단계를 의미한다. 이 단계에서 시스템 개발자는 시스템을 구매하려는 사람에게 원하는 요구 사항이 시스템에 모두 만족하였다는 확신을 하게 해주어야 한다. 검증(Verification)과 확인(Validation) 작업은 생명 주기의 초기 단계에서도 고려하여야 한다. 특정 단계에서의 이러한 검증과 확인 작업으로 얻어진 정보는 이전 단계로 피드백 되어야 한다. 비록 검증과 확인이라는 용어가 개념상 유사하지만, 실제로는 상이한 뜻을 가지고 있다. 검증과 확인이라는 용어의 뜻의 차이를 Boehm(1981)은 다음과 같이 간단하게 설명했다.

- **검증** : '제품을 만드는 과정이 올바른가?'(Are we building the product right?)
- **확인** : '올바른 제품을 만들고 있는가?'(Are we building the right product?)

다시 말하면, 검증은 제품이 요구 사항을 만족하여 개발되었는가를 검사하는 것이고, 확인은 제품의 기능이 고객이 진정으로 원하는 대로 수행되는지를 검사하는 것이다.

생명주기 마지막 단계에서의 정보는 이전의 모든 단계로 피드백 된다[그림 6.6]. 이 마지막 단계는 소프트웨어가 실제로 사용되는 운영 단계이다. 사용하는 동안, 원래의 소프트웨어 요구 사항의 오류와 빠진 부분을 발견하고 프로그램 오류와 설계상의 오류가 분명해지며 또한 새로운 소프트웨어 기능이 필요함을 알게 된다. 따라서 소프트웨어의 변경이 필요하게 된다. 보통 이러한 변경 작업을 '유지보수'라고 한다.

유지보수란 단순한 오류의 수정 작업뿐만 아니라 요구 사항, 설계, 그리고 구현에서의 변경도 포함된다. 또는 추가적인 시스템 테스팅을 의미하기도 한다. 불행하게도 소프트웨어 유지보수는 제대로 인식되지 못하여 소프트웨어 제품이 인도된 후에 수행되는 단순한 작업으로 알려져 있다. 실제로 일어나는 현상은 소프트웨어에 대한 변경이 계속 이루어짐에 따라 유지보수 단계에서 소프트웨어 개발 과정, 혹은 그 일부 단계들이 수없이 반복된다는 사실이다.

소프트웨어 개발 과정을 나타내는 이러한 폭포수형 모델이 개발 단계를 분명하게 구분하고, 프로젝트 관리 계획과 예측을 하는 데는 비록 유용하지만, 실제적인 소프트웨어 개발 과정의 작업을 제대로 묘사하지 못하고 있다. 이러한 이유는 이 모델이 소프트웨어 개발 과정에서 각 단계가 반복된다는 사실을 무시하고 있는 점과 명세서가 개발 과정 초기에 확정된다는 것이다.

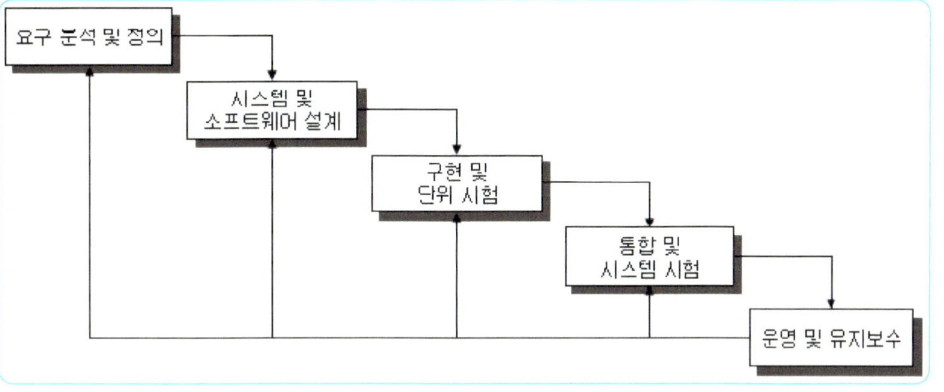

[그림 6.6] 소프트웨어 생명주기

Understanding of Software in SW-based Society

07

Chapter

SW중심사회에서의 **소프트웨어의 이해**

데이터베이스

7.1 데이터베이스의 개념

우리는 정보화 시대에 살고 있다. 우리는 텔레비전, 라디오, 신문, 잡지, 책 그리고 컴퓨터에 의한 정보의 홍수 속에 놓여 있다. 매일 다루는 적은 양의 정보에 쉽게 압도당하고 있다. 워드 프로세서와 스프레드시트 같은 컴퓨터 응용 프로그램은 많은 정보로 이루어진 더 많은 문서를 보다 쉽게 만들 수 있게 해주어서 결과적으로 문제를 악화시키는 역할을 하게 되었다.

데이터베이스 프로그램은 정보의 과부하를 감소시키는데 도움을 주는 정보 관리기이다. 데이터베이스는 컴퓨터 없이는 불가능한 방식으로 정보의 저장, 편성, 복원, 통신 그리고 관리를 가능하게 만들어 준다. 정보의 홍수를 조절하기 위해서 사람들은 모든 종류의 크기와 형태의 데이터베이스를 사용한다. 승객으로 가득한 항공기를 유지하는 대용량의 대형 데이터베이스 관리에서부터 손바닥 크기 만한 컴퓨터상의 약속 일정 관리 달력과 쇼핑센터의 공중 데이터베이스 관리에 이른다.

먼저 좋은 소식을 전하면, “손가락 끝에 달린 정보”는 다양한 면에서 당신의 생활을 보다 부유하고 능률적으로 만들 수 있다. 길가의 코너 기계에서 언제든 준비가 되어있는 현금, 모든 전화기로부터 즉각적인 항공 예약, 한밤중의 우편 주문 배달로 이루어지는 가탈 로그 쇼핑, 순식간에 이루어지는 철저한 참고 서적 탐색, 이런 편리함은 데이터베이스 없이는 불가능할 것이다.

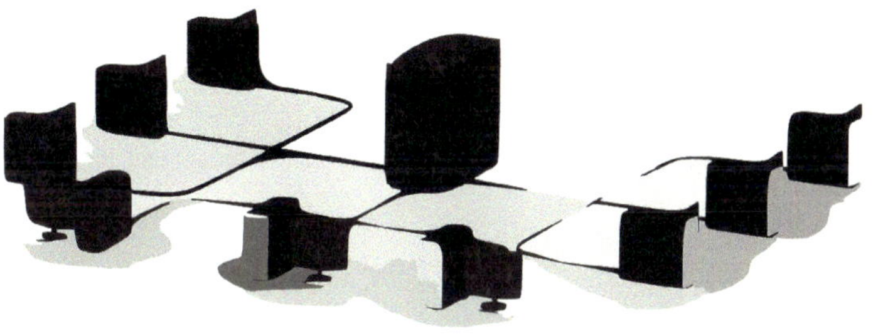

[그림 7.1] 컴퓨터의 데이터베이스

다음은 비관적인 측면이다. 데이터베이스에 저장된 많은 정보는 당신에 관한 데이터이고, 당신은 누가 그것을 소유하고 어떻게 이용하는가 하는 것들에 대해 조정을 거의 할 수 없거나 불가능하다. 우습게도 일상적인 삶에서 사람들을 자유롭게 해주는 데이터베이스 기술이 동시에 우리의 개인 사생활을 깨뜨리고 있다.

[그림 7.2] 데이터베이스 와 사생활 문제

데이터베이스의 일반적인 의미는 자료의 집합이다. 음식점에서 각종 요리를 만들기 위한 조리법을 기록한 자료도 데이터베이스이다. 물론 직장에서 종이로 작성된 월급명세서 묶음, 출석부, 환자 진료 기록부, 학생 명부 등도 데이터베이스이다. 데이터베이스란 관련된 자료들의 집합이다.

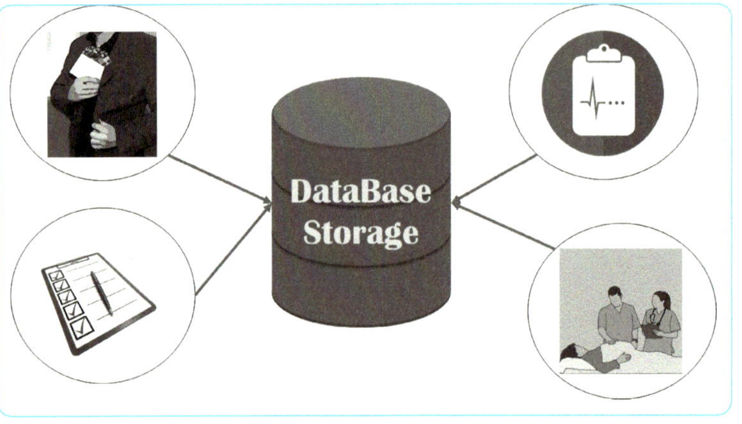

[그림 7.3] 데이터베이스 와 관련된 자료들의 집합

데이터베이스를 만드는 목적은 첫째, 열람할 가능성을 염두에 두고 자료를 체계적으로 저장하는 것이다.

[그림 7.4] 첫 번째 목적인 자료의 체계적 저장

둘째, 필요한 정보를 적시에 제공하려는 것이다.

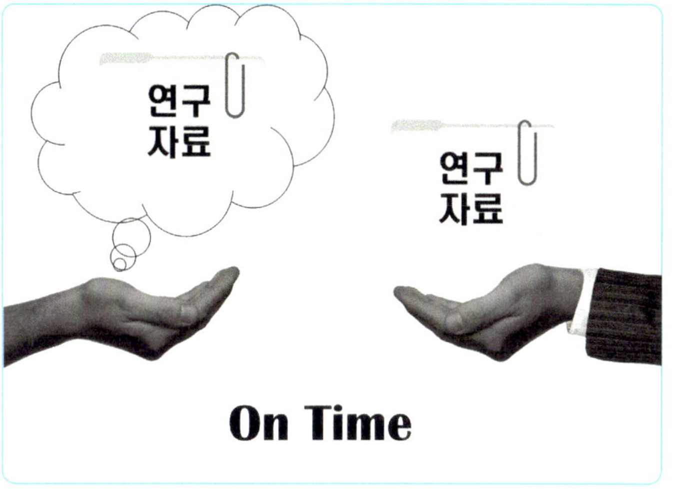

[그림 7.5] 두 번째 목적인 필요한 정보를 적시에 제공

셋째, 지식관리 차원에서 의사결정을 지원하는 것이다. 자료의 양이 방대해지면 손으로 작업할 수 없으므로 컴퓨터를 이용하여 정확하고 신속하게 자료를 처리해야 한다.

컴퓨터 분야에서 말하는 데이터베이스는 자료가 컴퓨터에 체계적으로 저장되고 활용될 수 있는 시스템을 의미한다. 파일에 자료를 입력하고 검색하려면 프로그램이 필요하며, 이와 같이 데이터베이스 자료를 처리하는 일련의 프로그램을 데이터베이스 관리 시스템(DataBase Management System)이라고 한다.

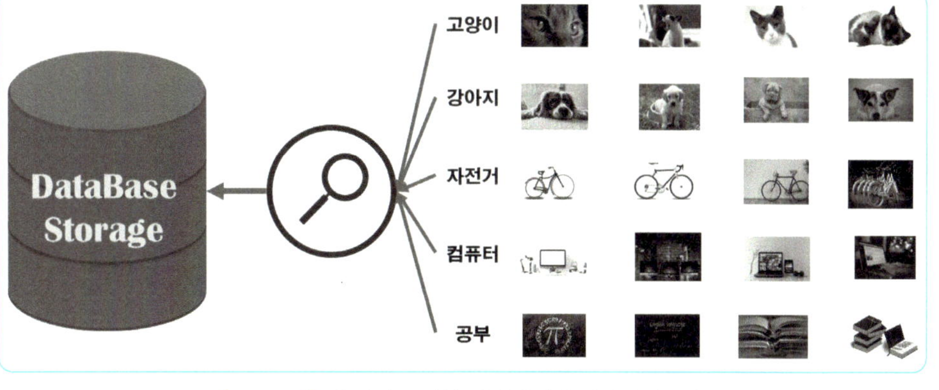

[그림 7.6] 세 번째 목적인 지식관리와 의사결정 지원

데이터베이스를 사용하려면 DBMS 외에도 현실 문제를 해결하는 응용 프로그램이 필요하고, 실제 자료도 필요하다. 이와 같이 하드웨어, DBMS, 응용 프로그램과 자료를 모두 합하여 데이터베이스 시스템이라고 한다.

7.1.1 데이터베이스

데이터베이스의 기본에서부터 시작할 것이다. 워드프로세서, 스프레드시트, 그리고 그래픽 프로그램처럼, 데이터베이스도 어플리케이션(컴퓨터를 생산적인 도구로 만드는 프로그램)이다. 워드프로세서가 컴퓨터화된 타자기고 스프레드시트는 컴퓨터화된 원장이라면 데이터베이스를 컴퓨터화된 파일 진열장으로 생각할 수 있다.

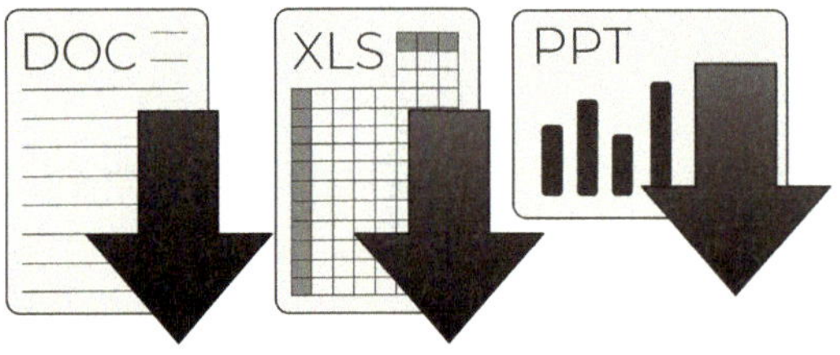

[그림 7.7] 데이터베이스의 기초인 파일

워드 프로세서와 스프레드시트가 보통 프린트된 문서를 작성하기 위해서 사용되는 반면, 데이터베이스 프로그램은 데이터베이스(컴퓨터 디스크에 저장된 정보의 모음)를 유지하기 위해서 디자인된다. 데이터베이스는 비디오 대여 목록, 전화번호부, 요리법에 관한 파일, 도서관의 가드 목록, 사무실의 서류철 캐비닛에 저장된 재고품 목록, 학교의 학생 성적, 사업상 접촉을 가진 사람들의 이름과 주소가 있는 가드 색인 또는 콤팩트 디스크 모음의 목록에 대한 전자적 변환이라고 볼 수 있다. 어떤 정보 모음도 데이터베이스로 변환시킬 수 있다.

7.1.2 데이터베이스의 장단점

데이터베이스는 기존의 문제점을 해결하고 여러 가지 목적을 달성하기 위하여 작성된 프로그램이므로 많은 장점이 있으나, 상대적으로 여러 가지 단점들이 존재한다. 우리는 이들 장 · 단점을 파악하여 선택적으로 활용한다.

(1) 데이터베이스의 장점

데이터베이스는 자료를 공유함으로써 자료 접근 효율을 증대하고, 중복을 감소시킬 수 있다. DBMS를 이용하여 자료를 관리하면 아래의 [표 7.1] 와 같은 장점들이 있다. 자료 추상화는 자료 사용을 단순화하여 사용을 편리하게 한다. 자료 공유와 중복 감소는 자료 관리를 용이하게 하고 자료의 일관성을 향상시키고 공간을 절약시켜준다. 무결성과 보안은 데이터베이스를 정확하고 안전하게 유지시켜준다. 아울러, 여러 명의 사용자들이 공유함으로써 병행처리를 가능하게 하고, 질의처리 능력을 향상하고 고장 발생 시에 회복하는 능력과 백업하는 능력을 증대한다. 부수적으로 자료를 표준화하여 생산성을 증대하고 자료 접근의 가용성을 향상할 수 있다.

[표 7. 1] 데이터베이스의 장점

종류	내역
편리성	자료 추상화 기능으로 복잡한 세부 사항을 감춤, 자료 공유, 검색, 저장 용이
자료관리	다양한 첨단 기술을 구사하여 효율적으로 자료를 접근하고 체계적으로 관리
무결성	오류 없는 정확한 자료 처리(입력, 갱신, 삭제)
보안	불법 침입으로부터 자료 보호
병행제어	여러 사용자들이 동시에 동일한 자료를 효율적으로 처리
복구	고장 발생 시 신속한 원상 회복 처리
백업	시스템 붕괴 시에도 복구할 수 있도록 자료의 예비 저장
생산성	표준화 및 종합 설계를 통하여 자원 절약과 신속한 개발 및 운영 * 인건비, 기자재비 등 개발비와 유지보수비의 절감

(2) 데이터베이스의 단점

데이터베이스는 크기와 기능이 방대하고 용도가 다양하기 때문에 프로그램의 규모가 크고 복잡하여 아래의 [표 7.2] 과 같이 여러 가지 단점이 있다.

[표 7. 2] 데이터베이스의 단점

종 류	내 역
높은 비용	고가의 DBMS, 대형 하드웨어, 교육비 증가
낮은 속도	DBMS는 기능이 많아서 처리 속도 저하
고급 기술	컴퓨터 환경 발전에 따라 새로운 고급 기술을 지속적으로 DBMS에 수용해야

DBMS는 시스템 소프트웨어 중에서도 가격이 높은 분야에 속한다. 큰 규모의 DBMS를 운영하려면 저장장치, 메모리, 처리기 등 하드웨어 비용이 많이 소요된다. 데이터베이스 프로그램을 개발하고 운영하는 비용도 많이 소요된다. DBMS는 규모가 크고 기능이 많기 때문에 상대적으로 처리 속도가 빠르지 않다. 이를 극복하려면 하드웨어 규모와 성능을 높이거나 소프트웨어를 개선해야 한다. 컴퓨팅 환경이 발전함에 따라서 새로운 기능들이 개발되는데 DBMS는 새로운 기능들을 수용하여 내장하여야 한다. 따라서 데이터베이스에 적용되는 기술이 지속적으로 고급화하기 때문에 교육 수요도 증대된다.

7.1.3 데이터베이스의 분류

데이터베이스는 다양한 응용분야에서 사용되기 때문에 다양한 종류의 DBMS가 개발되어 왔다. 기능이 많고 성능이 높은 방향으로 끊임없이 개발되어 많은 종류의 제품이 공급되고 있다. 이들 DBMS들을 유형과 용도별로 구분하면 [표 7.3]과 같이 자료 모델, 자료처리 규모, 자료처리 방식 등의 측면에서 분류할 수 있다.

(1) 자료 모델(Data Model)

자료 모델은 노드 간의 관계에 따라서 망 모델, 계층 모델, 관계 모델, 객체지향 모델 등으로 구분된다. 망 모델은 노드들이 네트워크 형태이며, 계층 모델은 트리 형태이고, 관계 모델은 독립 형태를 가지며, 객체지향 모델은 그래프 구조의 복잡한 형태를 가진다. 응용분야별로 자료의 성격이 도로망, 상수도망, 통신망과 같은 그래프 체제는 [그림 7.8](b)의 망 모델에 적합하고, 정부나 기업의 조직 체계나 완성품의 조립체계 등은 [그림 7.8](a)의 계층 모델에 적합하고, 그래프나 트리처럼 특정 구조에 적합하지 않으면 [그림 7.8](c)와 같이 파일 간의 연결이 자유로운 관계 모델에 적합하며, 복잡한 자료를 현실 그대로 표현하려면 [그림 7.8](d)와 같은 객체지향 모델이 적합하다.

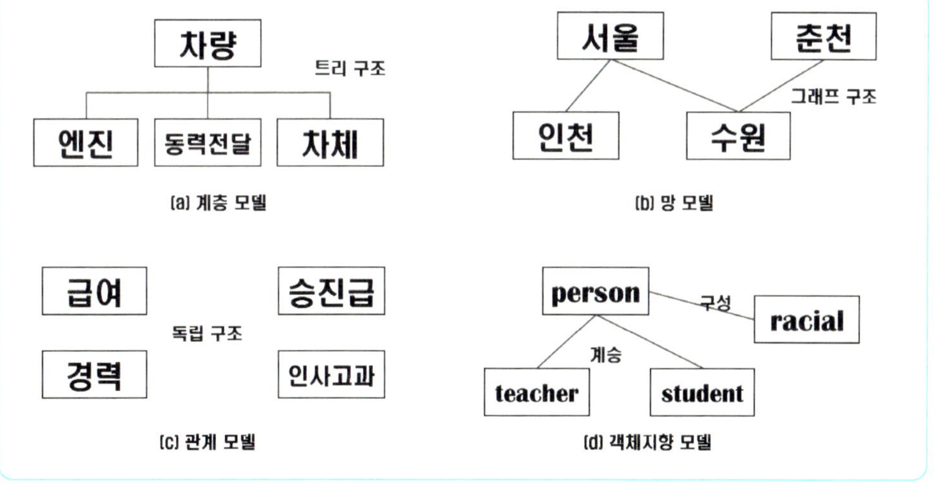

[그림 7.8] 데이터베이스 자료 모델의 종류

(2) 처리 규모

데이터베이스는 자료 처리능력에 따라서 대형, 소형, 워크스테이션용, 개인용 등으로 나뉜다. 대형 DBMS는 대형 컴퓨터에 소형은 소형 컴퓨터에, PC 용은 초소형 컴퓨터에 탑재되어 처리된다. 현재는 마이크로컴퓨터의 발전으로 인하여 다운사이징(downsizing) 효율이 높으므로 작은 규모의 컴퓨터들을 네트워크로 묶어서 협동 처리하는 클라이언트/서버 모델이 확대되고 있다. 실제로 금융권 시스템들이 과거의 초대형 컴퓨터에서 client/Server 형태로 전환하고 있다. 예를 들어 IBM의 IMS와 DB2는 대형 DBMS이고, Oracle은 소형과 워크스테이션용 DBMS로 제작되어 보급되고 있다. MS사의 Access는 개인용 컴퓨터에서 사용되는 최소 기능의 데이터베이스이므로 tablet이라고 부른다.

(3) 처리 방식

자료처리의 제어권에 따라서 처리가 한 곳에서 제어되면 중앙집중식이라 하고, 자료처리가 여러 곳에서 제어되면 분산식이라고 말한다. 컴퓨터가 중앙집중식에서 점차 분산방식으로 진화하면서 자료처리 방식도 점차 분산식으로 진화하고 있다. 집중식과 분산식의 중간 단계로 서비스를 요청하는 클라이언트와 서비스를 제공하는 서버로 구성된 클라이언트/서버 컴퓨터가 보급되면서 데이터베이스도 클라이언트/서버 DBMS가 사용되고 있다. 예를 들어 IMS, Total 등은 중앙집중식으로 설계되었으며, Oracle, Ingres 등은 중앙집중식과 분산식 두 가지로 설계되었다. 관계 데이터베이스는 클라이언트/서버 시스템에 적합하여 클라이언트/서버 DBMS로 많이 사용된다.

[표 7.3] 데이터베이스의 분류

구분	종 류	내 역	실 례
자료 모델	계층 모델	트리 구조에 적합한 응용분야	IMS, System2000
	망 모델	망 구조에 적합한 응용분야	Total, Image
	관계 모델	독립 구조에 적합한 응용분야	Oracle, Informix
	객체지향 모델	복잡한 구조에 적합한 응용분야	GemStone, Orion, O_2
처리 규모	대형	슈퍼컴퓨터 등 대규모 자료처리용	IMS, DB2
	소형	미니컴퓨터 등 소규모 자료처리용	Image
	워크스테이션	특정 분야용 소규모 자료처리용	Oracle, Sybase
	개인용	개인 업무용 자료처리	Access, Paradox
처리 방식	집중식	호스트 기반 대형 시스템용	IMS, Total
	분산식	클라이언트/서버 시스템용	Oracle

7.2 데이터베이스 시스템(Database System)

데이터베이스 시스템은 아래의 [표 7.4]에서와 같이 하드웨어, 소프트웨어 그리고 지속성 자료로 구성된다. 시스템 소프트웨어에서 지원 도구란 데이터베이스를 구축하는데 필요한 각종 언어, CASE(Computer Aided Software Engineering), utility 등을 말한다. 응용 소프트웨어 MIS는 경영정보 시스템, FIS는 금융정보 시스템, SIS는 학교정보 시스템, HIS는 의료정보 시스템, GIS는 지리정보 시스템 등의 현실 문제를 해결하는 정보처리 프로그램을 의미한다.

지속성 자료란 정보처리를 위하여 하드 디스크(hard disk), 테이프(tape) 등의 보조기억 장치에 항구적으로 저장되어야 하는 응용분야에 필요한 정보들을 의미한다.

[표 7.4] 데이터베이스 시스템 구성요소

구분	구성 요소	내역
Database System	하드웨어 시스템 소프트웨어	CPU, RAM, DISK, MONITOR, TAPE, OS, DBMS, 지원 도구...
	응용 소프트웨어	MIS, FIS, SIS, HIS, GIS,
	지속성 자료	경영자료, 금융자료, 학생자료, 진료자료

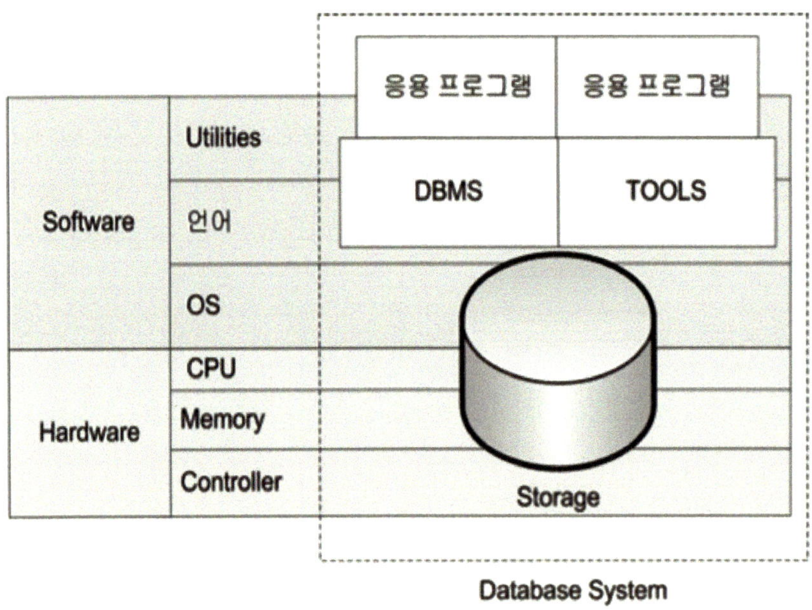

[그림 7.9] 데이터베이스 시스템 구성도

데이터베이스 시스템은 [그림 7.9]와 같이 CPU, memory, storage, controller 등의 하드웨어와 DBMS, 응용 프로그램, 설계 및 관리 도구 프로그램으로 구성된 소프트웨어와 지속성 자료 등이 계층적으로 구성된다.

7.3 데이터베이스 관리 시스템

아래의 [그림 7.10]은 DBMS의 전체 구성을 나타내고 있다. 한 겹으로 그려진 상자는 시스템 구성 요소들을 나타내며, 두 겹으로 그려진 상자들은 메모리 상에 존재하는 데이터 구조들이다. 실선은 데이터 및 제어의 흐름을 표시하고, 점선은 데이터의 흐름만을 나타낸다. 전체 그림이 다소 복잡하기 때문에 몇 단계로 구분하여 설명하기로 한다. 먼저, 가장 위 부분에, DBMS에 대한 명령들에 대한 두 가지 근원에 대해 살펴보자.

1. 데이터를 요구하거나 수정하는 일반 사용자 및 응용 프로그램들

2. 데이터베이스 관리자(database administrator)

: 데이터베이스의 구조 및 스키마를 담당하는 사람(들)

3. 데이터 정의 언어 명령들(Data-Definition Language Commands)

둘째 부류의 명령들은 처리하기가 비교적 쉽다. [그림 7.10]을 보면 우측 상단에서 명령이 시작된다. 가령 대학교 학적 데이터베이스의 데이터베이스 관리자 (DBA)가 '학생', '학생들이 수강하는 과목', 그리고 그 과목의 '학점'을 속성(attribute)으로 갖는 테이블 혹은 릴레이션을 만들기로 한다고 가정해 보자. 그리고, 학점으로는 'A', 'B', 'C', 'D', 'F'만을 사용하기로 한다고 하자. 이러한 구조 및 제약들은 모두 데이터베이스 스키마의 부분들이다. 스키마를 변경하는 명령들은 데이터베이스에 중요한 영향을 줄 수 있다. 따라서 [그림 7.10]에서 나타나듯이, 특별한 권한을 지니고 있는 DBA(DataBase Administration)에 의해 이러한 명령이 처리되는 점을 알 수 있다. 이러한 스키마를 변경하는 DDL(Data Definition Language) 명령어들은 DDL 프로세서를 통해 분석(parse)된 다음, 실행 엔진으로 전달되고, 색인/파일/레코드 관리자를 통해 메타데이터(metadata)를 수정하게 된다. 메타데이터는 데이터베이스에 대한 스키마 정보를 말한다.

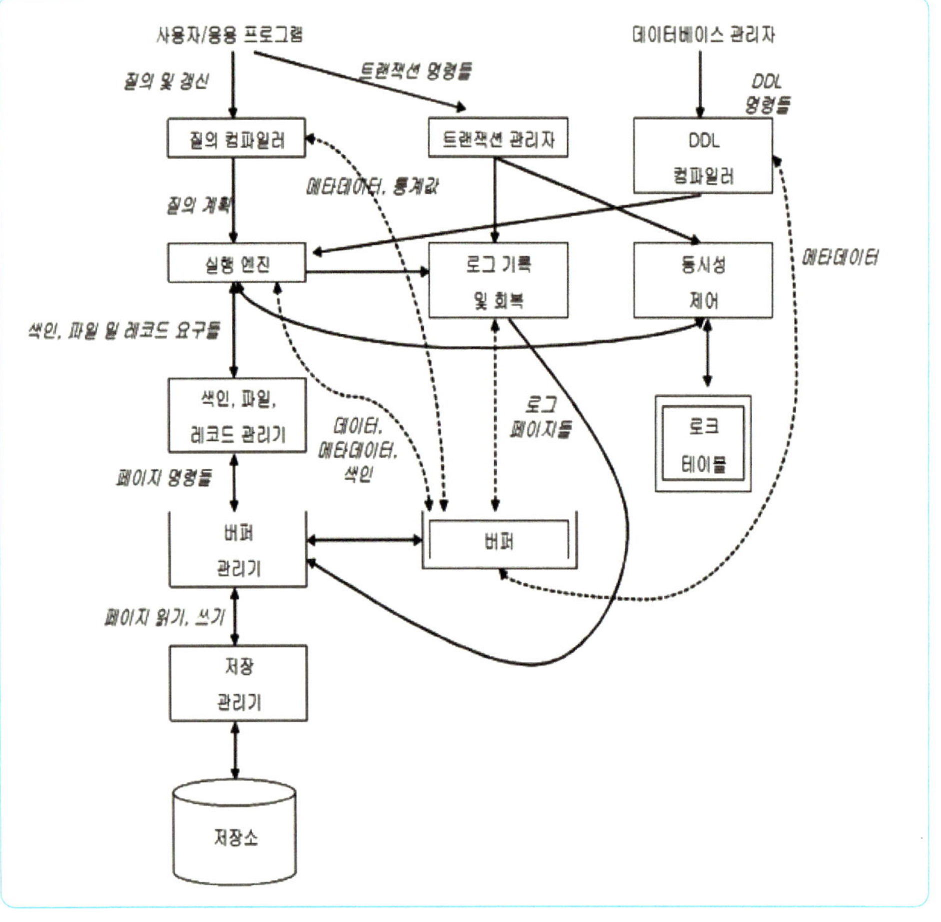

[그림 7.10] 데이터베이스 관리 시스템(DBMS)의 구성 요소들

데이터베이스와의 상호 작용들 대부분은 [그림 7.10]의 좌측에 표시된 흐름을 따라 이루어진다. 사용자나 응용 프로그램이 데이터베이스의 내용을 변경하거나 (갱신 명령인 경우), 데이터베이스로부터 어떤 내용을 추출하는 (질의인 경우) 동작을 시작한다. 이러한 명령들을 표현하는 언어를 데이터 조작 언어(DML : Data Manipulation Language) 혹은 질의 언어(query language)라고 설명한 바 있다. 매우 여러 가지의 데이터 조작 언어들이 있지만 일반적으로 SQL이 가장 많이 사용된다.

Understanding of Software in SW-based Society

SW중심사회에서의 **소프트웨어의 이해**

08 Chapter

정보 보호

8.1 정보 보호의 개요

정보 보호는 정보사회의 급속한 발전과 함께 병행해서 발생한 정보화 역기능의 문제를 해결하기 위해 대두되었다.

[그림 8.1] 정보 보호

이 장에서는 정보사회의 특성과 그에 따른 역기능과 정보 보호의 정의와 필요성 그리고 목표, 끝으로 정보보호 관리 및 역기능 대책에 대해서 알아본다.

8.1.1 정보사회의 특성과 정보화 역기능

1) 정보 사회의 특성

20세기 산업사회의 원동력이 되었던 자동차 · 선박 · 비행기와 같은 교통수단의 발달로 인류의 활동영역이 확대되었고 제트비행기의 출현은 세계를 1일 생활권으로 묶어 주었으며, 이제 세계는 초고속 정보통신 기반구조를 바탕으로 인터넷의 확산과 전자상거래를 통하여 시 · 분 · 초를 다투는 단일 생활권으로 압축되고 있다. 이와 같이 밀려오고 있는 제3의 물결(정보화의 물결)을 아무도 부정하지는 못할 것이다. 정보사회로의 진전에 따라 사회 모습은 변화하고 있으며 또한 다양한 특성을 가지게 될 것이다. 인터넷을 통한 전자메일을 이용하여 신속하게 정보 교환이 이루어짐으로 인하여 이미 재택근무가 증가하고 있으며 여행 · 출장 중에도 평상시와 똑같이 문서 결재와 의사 결정 등 자신의 임무를 수행 할 수 있게 되었다. 전자상거래시스템을 통하여 실제 상점에 가지 않고 집이나 직장에서 여러 가지 상품을 비교 분석하여 마음에 드는 물건을 사고 팔 수 있으며 홈뱅킹이나 사이버주식 거래는 직접 은행이나 증권회사를 방문할 필요 없이 자금이체나 주식 매매를 할 수 있다. 사이버 주식 거래는 주가의 변화뿐만 아니라, 상장된 회사들의 재무정보나 특종 뉴스 등을 빠르게 종합 분석할 수 있도록 함으로써 지금까지의 거래형태를 변화시키고 있다. 사이버 교육, 사이버 상점 등 사이버 공간상에서 이루어지는 여러 가지 기업형태 및 문 화 활동은 기존의 개념을 아주 다른 방향으로 변모시키고 있다.

[그림 8.2] 정보 사회

뿐만아니라 미래 전쟁 양상으로 떠오르는 정보전쟁은 육 · 해 · 공군을 주축으로 하는 기존의 전쟁개념을 자동화된 지휘 통제 시스템과 해커 · 바이러스를 이용하는 사이버 전쟁개념이 복합된 새로운 모습으로 바뀌어 가고 있다.

2) 정보화 역기능

정보 사회는 편리하고 풍요한 삶을 보장해주는 순기능적인 역할 뿐만 아니라 그 반대로 나쁜 영향을 주는 역기능적인 문제점 또한 갈수록 심각해져 사회문제는 물론 국가 안위까지도 위협할 수 있다.

[그림 8.3] 해커와 바이러스 문제점

역기능적인 문제점으로는 개인의 프라이버시 침해, 해커와 바이러스의 기승, 불법적인 위 · 변조를 통한 각종 컴퓨터 범죄 행위, 도청 · 도난 및 정보의 오 · 남용, 정보 시스템 파괴에 의한 사회 마비 등 이루 헤아릴 수 없을 정도의 문제점들을 많은 분야에서 찾아볼 수 있다.

이러한 역기능적인 문제점에 대한 충분한 해결책이 강구되지 않고서는 미래의 정보사회는 결코 장미빛 희망의 사회가 아니라 오히려 불안과 정보범죄가 기승을 부리는 어둠의 사회로 전락하고 말 것이다. 지난 2003년 1월 25일에 발생한 1.25 인터넷 대란 사건은 웜바이러스에 의하여 국가 초고속 전산망이 4~6시간 불통된 사건으로서 인터넷 강국이라는 국가 이미지에 심각한 손상을 주었다. 이 사건은 그때까지 대부분의 공격이 서버 컴퓨터나 PC를 대상으로 이루어졌으나 이번에는 네트워크를 목표로 하였으며, 가입자들이 피해자이면서 동시에 가해자의 입장이 되었다는 새로운 트랜드의 전환을 알리는 계기가 되었다. 또한 2009년 7월 7일부터 3회에 걸쳐 발생한 DDoS(Distributed Denial of Service: 분산 서비스 거부) 공격은 주요 정부 및 공공기관 20여개를 목표로 지정하여 좀비 컴퓨터를 동원하여 공격한 사례로서 아직까지도 명확한 공격의도와 실체를 규명하지 못하고 있는 실정이다.

이와 같은 사건사례는 정보화 역기능 문제가 개인과 기업을 넘어서 국가안보와 사회의 기반시설을 위협하는 심각한 문제임을 보여 준다고 할 수 있다. 최근 내 손안의 컴퓨터로 불리면서 폭발적인 인기를 독점하고 있는 스마트폰의 열기는 모바일 업무행정 시스템과 연계하여 새로운 생활방식과 문화를 창조하는 기폭제 역할을 할 것으로 예상된다.

[그림 8.4]사이버 범죄와 해킹

이제는 시간과 공간에 구애 받지 않고 언제 어디서나 업무를 수행할 수 있으며 소셜 네트워크를 통한 다양한 취미활동과 정보교환이 일상생활의 보편화된 모습이다. 그러나 모바일 환경에서의 정보 보호는 중요정보의 노출과 프라이버시 침 해 등 다양한 분야에서의 역기능에 대비할 수 있는 방책을 강구하지 않으면 장차 수습하기 어려운 국가적 손실뿐만 아니라 개인과 사회적 혼란을 일으킬 것으로 판단된다. 최근의 경찰청 사이버테러와 연관된 컴퓨터 범죄사건 통계자료를 보면 2000년대에는 거의 매년 범죄 건수가 20-30%씩 증가하고 있음을 알 수 있다. 정보사회가 되면서 모든 정보가 데이터베이스에 저장되고 유통됨에 따라 개인의 사생활과 연관된 정보까지도 부당하게 유출되어 허가되지 않은 사람들이 자신들의 이익이나 범죄 목적으로 사용할 수 있는 것이다. 우리는 이미 전혀 모르는 사람이나 회사들로부터 편지나 광고우편물을 받고 있으며, 가족 구성원의 신상이나 재산 정도 등 상당한 양의 정보가 노출되어 납치범의 범행대상이 되었다는 점은 이미 널리 알려진 사실이다.

[그림 8.5] 개인정보유출로 인한 스팸 메일 문제

외출하지 않고 가정에서 편리하게 할 수 있는 홈뱅킹, 홈쇼핑 또한 범죄의 대상이 되는 것은 마찬가지이다. 정보가 흘러가는 전화선이나 무선통신을 도청하여 통장이나 신용카드 번호와 함께 비밀번호를 알아내어 불법적으로 자금을 인출하거나 자금이체를 하는 수법은 수차례 발각되어 고객들을 불안하게 만들고 있으며, 실제 일어나고 있는 범죄에 비해서 발각되지 않거나 외부로 공표하지 않은 사례가 훨씬 많다는 점을 고려하면 그 손실이 막대하리라는 것을 예측할 수 있다. 해커와 바이러스에 의한 피해도 아주 심각하게 우려되는 것 중에 속한다. 해커란 통신망을 통하여 외부에서 허가 받지 않은 자가 남의 정보 시스템에 무단으로 침입하여 흔적을 남기지 않고 시스템 기능을 손상시키거나 저장되어 있는 정보를 변조 또는 파괴 시키는 행위를 하는 사람으로서 초기에는 호기심이나 과시욕에서 해킹을 하였으나, 이 제는 악의적인 목적을 가지고 해킹을 하고 있는 것이 대부분이다. 만일 악의적인 목적을 가진 테러조직이나 특정 국가가 상대국 주요 기반시설의 정보시스템을 공격하는 사이버전을 수행할 경우 그 파급효과는 엄청

날 것이다. 즉, 사회기반구조를 이루는 전력, 교통, 금융, 통신, 의료, 행정, 나아가 군사 시스템상의 정보체계를 무력화 또는 마비시킴으로서 피해 국가는 심한 경우에는 핵무기로 공격을 받은 충격보다도 더 큰 피해를 입을 수도 있을 것이다.

[그림 8.6] 해커와 사이버 금융 범죄

소프트웨어 불법복제와 산업 스파이도 사회적 혼란을 일으킨다. 프로그램의 복제가 쉽고 복제행위에 대한 적발이 곤란하다는 점을 악용하여 소프트웨어를 불법 복제함으로 써 지적 소유권을 침해하고 있으며, 사회적 분위기도 소프트웨어에 대한 지적 소유권 및 재산권을 소홀히 다루고 있다. 이에 따라 소프트웨어의 불법복제를 막기 위한 장치를 깨뜨리고 컴퓨터 통신, CD-ROM을 이용하는 조직적 불법복제가 성행하고 있으며, 장차 인터넷은 거대한 불법 복사기가 될 가능성이 있다. 산업 스파이는 기업 및 국가의 장래에 치명적 손실을 입힐 수 있다. 미국은 연간 1000억불 이상, 독일은 연간 80억 마르크 이상 손해를 보고 있다는 통계가 있으며, 특히 반도체 제조기술에 대한 산업 스파이는 국제적 분쟁을 일으키기도 한다.

산업 스파이가 사용하는 방법은 자료유출(data leakage), scavenging, 도청 등이 있으며, 이에 대비하기 위해 미국 국방성은 극초장파로 지하 수 Km까지 관찰 가능한 장비를 개발하였으며, CIA와 프랑스 육군 정보 전자전 부대는 특수 목적에 사용하기 위하여 산업 스파이를 공채하기도 하였다.

[그림 8.7] 산업 스파이

한편, 전자상거래, 문서결재, 중요한 계약체결을 할 때도 내용이 사후에 변조된다고 하면 당사자와 문서 내용의 진위를 판단할 수 있는 장치가 필요하며 이러한 대책이 없다면 중요한 문서전송이나 계약체결은 결코 이루어질 수 없는 허상에 불과한 것이 되고 만다. 우리는 이와 같은 정보사회의 역기능적 문제점에 대해서 산업사회에서의 공해문제를 보는 유사한 시각을 가지고 유추해 볼 수 있다. 산업사회가 시작되면서 갑작스럽게 발달된 생산 공장과 교통수단으로 인하여 각종 공해가 발생되었지만 처음에는 그 폐해를 깨닫지 못하고 등한 시 하였기 때문에 현대 인류는 대기오염, 환경 생태계 파괴, 오존층 파괴 등 심각한 위기에 직면하게 되었다. 이제 원상태로 회복하기 위해서는 훨씬 많은 노력과 자본이 필요하게 되었고 일부는 영원히 불가능하게 될지도 모르는 상태에 있다. 지금에 와서는 산업사회 초기단계에서 공해문제를 고려하였더라면 훨씬 적은 비용으로 오늘의 폐해를 줄일 수 있었을 것으로 후회하기도 한다. 이와 마찬가지로 정보사회로 이행하고 있는 현시점에서 정보사회의 역기능에 대한 충분한 대비책을 강구하지 않는다면 멀지 않은 장래에 치유가 불가능한 상태로 빠져들게 되는 우를 범하게 될 것이다.

8.1.2 정보보호의 정의

정보화촉진기본법 제2조(정의)에서는 정보보호(information security)란 "정보의 수집 · 가공 · 저장 · 검색 · 송신 · 수신 중에 정보의 훼손 · 변조 · 유출 등을 방지하기 위한 관리적 · 기술적 수단을 강구하는 것"이라고 규정하고 있으며, 정보보호기술 전문용어집에서는 정보보호란 "정보의 수집 · 가공 · 저장 · 송신 · 수신 도중에 정보의 훼손 · 변조 · 유출 등을 방지하기 위한 관리적 · 기술적 수단 또는 그러한 수단으로 이루어지는 행위로서, 내 · 외부의 위협요인들로부터 네트워크, 시스템 등의 H/W와 S/W, 데이터베이스, 통신 및 전산시설 등 정보자산을 안전하게 보호 · 운영하기 위한 일련의 행위"로 정의하 고 있다. 또한, 군사적 차원에서 국방부에서는 "가용성, 무결성, 인증, 기밀성, 부인방지를 보장함으로써 정보와 정보시스템을 방어하고 보호하는 활동으로서 보호, 탐지 및 대응 능력을 통한 정보시스템의 복구를 포함하는 방어적 정보작전"으로 정의하고 있다. 이를 종합해 보면, 정보보호는 "기밀성, 무결성, 가용성, 인증성 및 부인방지를 보장하기 위하여 기술적 · 물리적 · 관리적 보호 대책을 강구하는 것"이라고 할 수 있다.

[그림 8.8] 정보 보호의 중요성

8.1.3 정보보호의 필요성

정보 보호의 필요성은 수천 년 전인 오래전부터 매우 중요한 개념으로 인식되어 왔으며, 상대방의 비밀 정보를 가로채어 자신에게 유리한 정보를 얻고자하는 노력 또한 함께 고려되어 왔다. 자신의 비밀 정보를 상대방이 가로채지 못하도록 함과 동시에 송 · 수신되는 메시지를 가로채서 상대방의 비밀 정보를 가로채기 위한 정보보호의 필요성은 정보를 보호할 수 있는 가장 좋은 수단인 암호 방식에 관한 연구의 동기가 되었는데, 만약 제3자가 어떤 정보도 획득할 수 없는 전송 수단이 존재한다면 정보를 보호하기 위한 수단은 그다지 필요하지 않을 것이다. 그러나 실제로 그와 같은 안전한 전송 수단은 존재하지 않으며, 송 · 수신되는 정보는 언제든지 제3자가 획득할 수 있다고 보아야 한다. 이러한 측면에서 제3자가 메시지를 획득하더라도 그 정보의 의미를 분석할 수 없도록 하는 것이 바로 암호 방식을 이용하는 가장 큰 이유라고 할 수 있다.

정보보호가 중요한 이유를 크게 다섯 가지 측면으로 나누어 보면 다음과 같다. 첫째, 정상적인 정보의 기능유지 측면에서 정보는 고유한 사용 목적과 기능을 유지해야 하고, 필요한 장소, 필요한 사람, 필요한 시점에 정확히 전달되어야 한다. 그러나 정보 자체가 비밀성이나 무결성 등을 보장하지 못하면 무용지물이 될 수 있으므로 정상적인 정보의 기능 유지를 위해 정보보호가 중요하다. 둘째, 자산의 보호 측면에서 정보는 정보에 관련된 모든 자산, 즉 하드웨어, 소프트웨어, 데이터 등의 손실과 왜곡으로 막대한 재정적 손실을 가져올 수 있으므로 정상적인 정보통신망 운영과 정보에 관련된 모든 재산권 보호를 위해 정보보호가 중요하다. 셋째, 개인 정보의 보호 측면에서 정보는 정보통신망의 확대와 정보 시스템 보급 확장 등으로 인한 정보의 집중화를 가져 왔고, 수집과 이용이 활성화 및 다양화되어 가 고 있다. 이에 따른 개인정보의 침해 가능성도 증가되고 있어 개인의 프라이버시 보호를 위해 정보보호가 중요하다. 넷째, 국가안전에 관한 측면에서 정보는 정보통신망을 통한 국가기밀정책의 유출, 파괴 및 훼손 가능성이 매우 크고, 정보통신망의 보안 허점으로 인한 국가 기밀정보의 위협은 국가경쟁력 약화까지 초래할 수 있으므로 국가의 안전보장을 유지하기 위해서 정보보호가 중요하다.

8.1.4 정보보호의 목표

정보보호는 비밀성, 무결성, 가용성, 인증성 및 부인방지 등을 보장하는 것으로 내부 또는 외부의 침입자에 의한 정보의 파괴, 변조, 불법유출 등의 범죄행위로부터 정보를 보호하고, 건전한 정보유통 질서 확립과 정보의 부정적인 측면을 예방 · 방지하는 것을 목적으로 하고 있으며, 다음과 같이 다섯 가지로 나누어 볼 수 있다.

⊙ 기밀성(confidentiality)

온/오프라인 환경에서 저장 및 전송되는 중요한 정보가 확인되지 않고 인가되지 않은 상대방에게 노출되지 않도록 하는 것으로서, 비인가자와 불법 침입자의 접근을 통제하여 정보의 기밀성을 유지하기 위해 허가된 사람에 게만 정보의 접근을 보장하는 것을 말한다. 기밀성은 그 특성에 따라 핵무기나 방어 전략과 같은 국가 기밀 자료, 영업 또는 연구 자료와 같은 기업 기밀 자료, 신용도나 병력과 같은 개인 신상에 관한 개인 기밀 자료들을 포함한다. 비밀성 유지방법으로는 접근 통제(access control), 암호화(encryption) 등이 있으며, 이 중에서 암호화는 송수신 당사자가 아니면 데이터나 메시지를 판독할 수 없게 함으로써, 정보가 유출되더라도 변조되거나 위조되지 못하게 하는 기본적인 보안 기술이다.

[그림 8.9] 기밀성 (confidentiality)

⊙ 무결성(integrity)

네트워크를 통하여 송수신되는 정보의 내용이 불법적으로 생성 또는 변경되거나 삭제되지 않도록 보호되어야 하는 성질을 말한다. 즉, 정보는 정해진 절차에 의해 그리고 주어진 권한에 의해서만 변경될 수 있다는 것을 의미하며, 무결성 보장은 정보의 정확성 · 완전성 · 일치성을 유지하여 의도된 목적에 따라 정보가 사용되는 것을 뜻한다. 만약 정보의 무결성이 결여되면 의사결정의 신뢰성을 상실하여 정보의 가치가 무의미해질 수 있다. 무결성을 보장하기 위한 방법으로는 물리적 통제 (physical control), 회복 메커니즘(recovery mechanism) 등이 있다. 한편, 데이터 무결성은 열, 먼지, 전기적 서지

(surge)와 같은 환경적 해이에 의해 위협받을 수 있는데, 데이터 무결성의 물리적 환경 대책은 네트워크 관리자만의 서버 접근, 케이블 혹은 콘넥터와 같은 전송선의 외부 접촉 방지 대책, 전력선 서지, 정전기 방전, 자력으로부터 하드웨어와 저장 장치들을 보호하는 것을 말하며, 데이터 무결성의 네트워크 관리 대책은 현재의 인가 수준을 모든 사람에게 유지시키고, 시스템 관리 절차, 관리 항목, 유지 보수 사항을 문서화하며, 정전과 서버 장애, 바이러스 공격과 같은 불시의 재난에 대한 대비책을 세우는 것이라 할 수 있다.

⊙ 가용성(availability)

정당한 사용자가 정보 시스템의 데이터 또는 자원을 필요로 할 때 부당한 지체 없이 원하는 객체 또는 자원을 접근하여 사용할 수 있는 성질을 말한다. 이는 정보 시스템이 적절한 방법으로 작동되어야 하며 정당한 방법으로 권한이 주어진 사용자에게 정보서비스가 거부되어서는 안된다는 것으로서, 다양한 응용 프로그램에 대해 적당한 반응시간이 책정되어야만 한다. 비행기 제어나 병원의 응급 시스템과 같이 생명에 관계된 상황에서는 적시(real time)에 주어지는 자원의 가용성은 무엇보다도 중요한 요소이다. 또한, 가용성의 보장을 통하여 정보를 허가된 사람이 효율적으로 사용할 수 있어야 한다. 가용성 유지방법은 데이터 백업(backup), 중복성(redundancy) 유지, 위협(threat)요소 제거 등이 있다.

⊙ 인증성(authentication)

정보 교환에 의해 실체의 식별을 확실하게 하거나 임의 정보에 접근할 수 있는 객체의 자격이나 객체의 내용을 검증하는데 사용되는 성질 을 말하며, 정보 시스템의 부당한 사용이나 정보의 부당한 전송 등을 방어하는데 사용된다. 예를 들면, 다중 사용자 정보 시스템 또는 통신망 운용 시스템에서 망을 경유해서 컴퓨터에 접속해 오는 사용자가 등록되어 있거나 정당하게 허가받은 사용자인지를 확인하는 것과, 전송된 메시지가 변조되거나 전와(轉訛)되지 않은, 송신자가 보낸 그대로의 것인지를 확인하는 것이 있다. 전자의 경우, 사용자의 성명과 패스워드를 허가받 은 사용자 목록과 대조하여 일치하면 사용자가 컴퓨터 시스템에 접속하는 것을 허용하되 그 사용자의 접속 카테고리나 사용자 계정상의 지정된 범위까지만 접속을 허용한다. 후자의 경우, 메시지 인증 코드, 암호, 전자 서명 등이 사용된다.

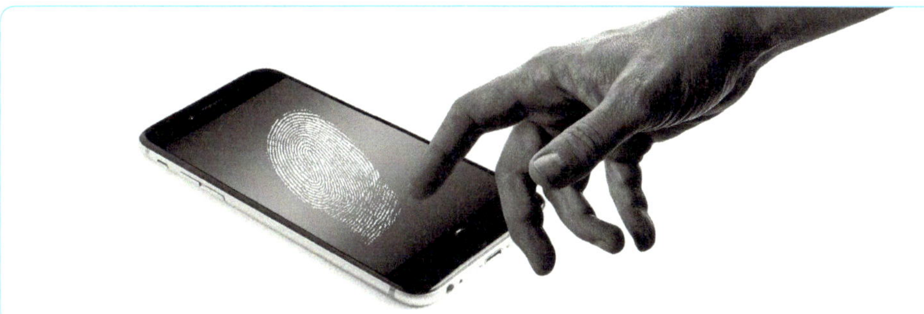

[그림 8.10] 인증성 (authentication)

⊙ 부인방지(non-repudiation)

행위나 이벤트의 발생을 증명하여 나중에 그런 행위나 이벤트를 부인할 수 없도록 하는 것으로서, 정보보안의 방법에 의하여 데이터의 송수신자가 송수신 사실을 부인하지 못하도록 방지하는 데 사용된다. 예를 들면, 이메일이나 메시지를 송신하고도 송신하지 않았다고 주장하는 송신자의 부인을 막는 송신 부인방지, 메시지가 전달된 사실을 전달되지 않았다고 주장하는 수신자의 부인을 막는 전달 부인방지, 메시지를 수신하고도 수신하지 않았다고 주장하는 수신자의 부인을 막는 수신 부인방지, 또는 메시지 내용을 변조하거나 부인하는 메시지 부인방지 등 이 부인방지기술의 대상이 된다. 대칭 기술(관용 암호 방식)을 사용하는 부인 방지에서는 신뢰할 수 있는 제3 신뢰 기관의 원조를 얻어 이들 기능을 실현하며, 부인방지 증명서를 발행하기 위한 통신 규약을 책정하고 있다. 비대칭 기술(공개키 암호 방식)을 사용하 는 부인방지에서는 디지털 서명 기술을 응용하여 부인 방지 증명서를 발행하기 위한 통신 규약을 책정하고 있다. 부인 방지는 공증과 같은 역할을 한다.

8.1.5 정보보호 관리와 정보보호 대책

정보화의 순기능을 보다 효과적, 효율적으로 사용하기 위한 정보 시스템에 관한 정보보호 관리는 에서 보는 바와 같이 기술적 보호 대책, 물리적 보호 대책, 관리적 보호 대책으로 구분하여 계층적으로 표현할 수 있다.

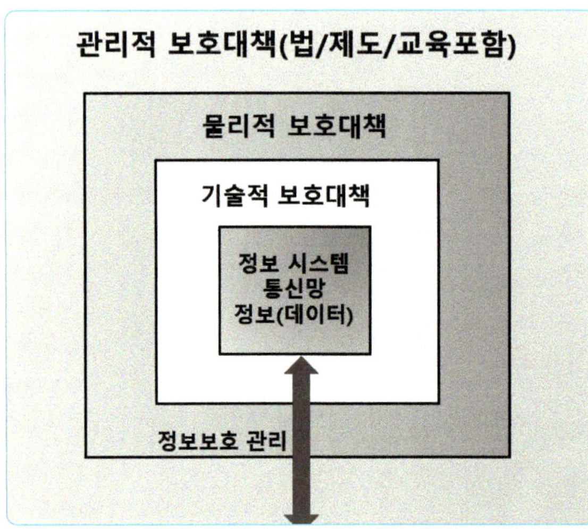

[그림 8.11] 정보보호 관리와 정보보호 대책

기술적 보호대책은 정보 시스템, 통신망, 정보(데이터)를 보호하기 위한 가장 기본적인 대책으로서 정보보호 제품을 사용하여 정보 시스템에 대한 접근 통제, 저장된 데이터나 송 · 수신 중에 데이터를 은폐하는 암호기술 적용, 재난 복구를 대비하기 위한 백업 체제, 정보 시스템 자체에 보안성이 강화된 시스템 소프트웨어를 사용하는 등의 대책이 기술적 보호대책에 속한다. 물리적 보호대책은 화재, 수해, 지진, 태풍 등과 같은 자연재해로부터 정보 시스템이 위치한 정보처리시설을 보호하기 위한 자연 재해대책과 불순 세력이나 적의 파괴로 부터 정보 시스템을 보호하기 위한 출입통제, 시건 장치 등의 물리적 보안대책으로 구분된다. 관리적 보호대책은 법 · 제도 · 규정 · 교육 등을 확립하고, 보안계획을 수립하고 이를 운용(보안 등급, 액세스 권한 등)하며, 위험분석 및 보안감사를 시행하여 정보시스템의 안전성과 신뢰성을 확보하기 위한 대책이다. 조직체의 정보보호를 효과적으로 보장하기 위해서는 다양한 기술적인 보호 대책 뿐만 아니라 이들을 계획하고, 설계하며, 관리 하기 위한 제도, 정책 및 절차 등의 관리적 보호 대책도 매우 중요한 것이다. 특히 내부자의 부당행위를 방지하기 위한 교육은 무엇보다도 중요하게 취급되어야 한다.

8.2 보안 기술의 종류

8.2.1 암호화

암호(cryptography)란 평문(plaintext)을 해독 불가능한 암호문(ciphertext)으로 변형하거나, 암호문을 복원 가능한 형태로 변환하기 위한 원리와 방법 들을 연구하는 기술로써 암호화를 통하여 정보의 보호가 가능하고, 안전한 정보의 전달이 가능하다.

암호화(encryption)는 아래의 [그림 8.12]와 같이 송신자가 보내고자 하는 원래의 데이터를 평문이라고 하고, 평문을 어떤 과정을 거쳐 암호문으로 바꾸어 제 3자가 보더라도 평문의 내용을 알지 못하도록 하는 과정이다. 반대로 암호문을 평문으로 바꾸는 과정을 복호화 (decrytpion)라고 한다. 이러한 암호화와 복호화 과정에서는 송신자와 수신자만이 알고 있는 키(key)가 사용되는데 제 3자는 송신자와 수신자의 키를 알지 못함으로 평문의 내용을 알지 못하게 된다. 이와 같이 키를 사용하여 암호화와 복호화 과정을 수행하는데 사용되는 알고리즘을 암호 알고리즘(encryption algorithm)이라 한다.

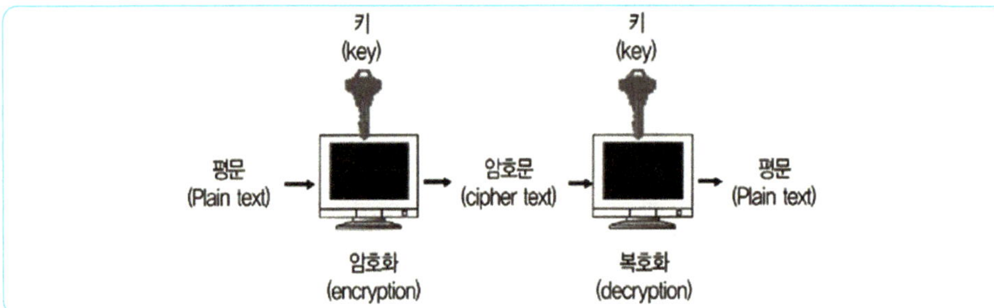

[그림 8.12] 암호 알고리즘

암호를 사용한 역사는 과거 로마 시대의 줄리어스 시저(Caesar) 때로 거슬러 올라간다. 시저 암호(Caesar cipher)는 치환 암호(substitution cipher) 방식으로 아래의 [그림 8.13]과 같이 단순한 문자 치환 방식을 사용하는 암호화 방식이다. 예를 들어, CAT라는 단어는 2자리씩 이동된 ECV로 치환되어 나타나게 된다. 치환 암호는 통계적으로 나타나는 평문 문자의 특성을 배제하지 못하고 있으므로 암호문의 통계적 특성을 분석하여 암호문을 해독할 수 있었다.

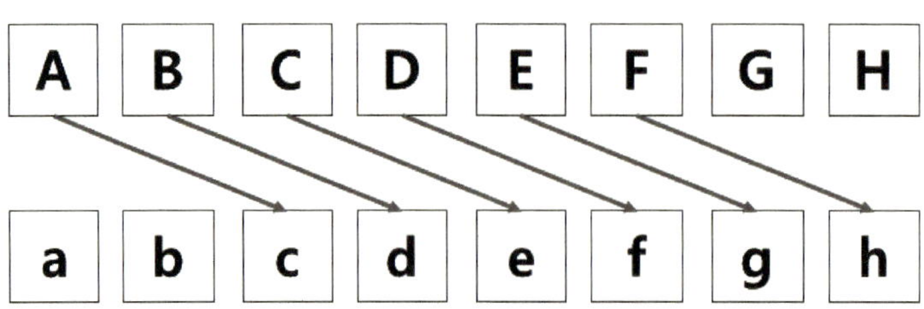

[그림 8.13] 치환 방식 암호화

전치(transposition) 암호 기술은 문서의 위치를 맵핑하여 암호화하는 기술로 키 값을 가지고 위치를 전치하여 암호화하는 방식이다.

현대 암호학은 1970년대에 컴퓨터 산업의 발달과 수학적 배경을 기본으로 하여 그 동안 발전된 여러 가지 이론을 혼합하여 복잡도가 높은 암호 알고리즘을 만들어 냈다. 대표 적인 암호 시스템은 암호화와 복호화 기가 같은 대칭기 암호 알고리즘인 DES와 암호화 와 복호화 기가 서로 다른 공개기 암호 알고리즘인 RSA, ElGamal, ECC 등이 있다.

8.2.2 암호 알고리즘

암호 알고리즘은 크게 대칭키(symmetric key) 알고리즘과 공개키(public key) 알고리즘으로 구분된다.

1) 대칭키 알고리즘

대칭키 암호 기술은 아래의 [그림 8.14]과 같이 암호화 키 와 복호화 키가 같은 방식이다. 즉, 송 신자가 수신자에게 평문을 암호화하여 전송하기 위하여 사용한 비밀키(secret key)와 수신자가 암호문을 평문으로 해석할 때 사용하는 키가 동일한 방식이다. 대칭키 알고리즘은 블록(block) 알고리즘과 스트림(stream) 알고리즘으로 구분한다.

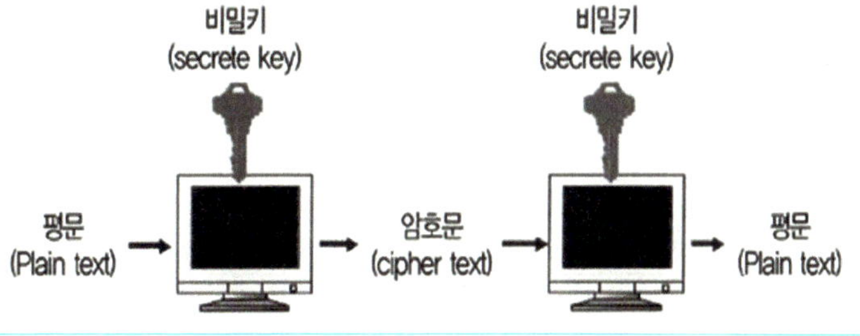

[그림 8.14] 대칭키 알고리즘

블록 알고리즘은 고정된 크기의 블록에 대하여 암호화와 복호화를 수행한다. 블록 알고리즘의 표준은 대표적인 미국의 DES(Date Encryption Standard)를 비롯하여, 유럽의 IDEA(International Data Encryption Algorithm) 일본의 FEAL 등이 있다.

DES는 1970년대 초반에 네트워크 환경 증가에 따라 암호화를 위한 표준 암호 알고리즘이 필요하며 1977년에 미 표준국인 NIST에서 채택한 암호화 알고리즘이다. DES는 평문을 64비트로 끊어서 64비트 암호문으로 만드는 블록(block) 암호이고, 키는 64비트를 이용하는데 실제 키는 56비트이고 나머지 8비트는 검사용 비트로 사용한다. 각 블록은 16번의 반복적 암호화 과정을 가지고 있고, 각 과정마다 전치 및 치환의 과정을 거친 평문과 56비트의 내부 키에서 나온 48비트의 키가 섞여 암호문을 만든다. 복호화는 암호화 과정과 동일하나 사용되는 키만 역순으로 작용한다. DES에 대한 다양한 공격이 시도되면서 안전성을 증가시키기 위해 키를 2개 사용하여 키의 길이를 112비트로 늘인 3중(triple) DES로 발전하였다.

대칭키 암호 방식은 송신자와 수신자 간에 키를 비밀로 관리해야 한다. 만약, 통신망에 가입된 사람의 수가 많을 경우 비밀로 관리해야 하는 키의 수가 많아지는 어려움이 있으며, 대칭키 암호 방식에서는 전자 문서의 내용에 대한 디지털 서명(digital signature)을 확인할 수 없다는 문제가 있다.

스트림 알고리즘은 이진화된 평문과 기 수열의 배타적 논리합 (XOR)을 반복하여 암호문을 생성하는 방식이다. 스트림 암호 방식은 1970년대에 유럽을 중심으로 연구되었으며 선형 쉬프트 레지스터를 이용한 이진 수열 발생기를 사용하는 암호 시스템이다. 스트림 암호 방식은 이진화된 평문과 키 순서열의 XOR을 통하여 암호문과 키의 결합으로 평문을 얻는다. 스트림 암호 방식은 수학적 분석이 가능하고 주기와 선형 복잡도 등의 여러 수학적 수치 값을 정확히 계산할 수 있으며 알고리즘 실현이 쉽다.

2) 공개키 알고리즘

공개키 암호방식은 아래의 [그림 8.15] 와 같이 송신자와 수신자가 암호화할 때 쓰이는 키와 복호화할 때 사용하는 키가 서로 다른 방식이다. 즉, 송신자는 수신자의 평문을 공개키(public key)로 암호화하여 전송하면, 수신자는 자신의 비밀키(private key)로 암호문을 복호화하는 방식이다. 키가 다르기 때문에 비대칭키(asymmetric) 암호기술이라고도 한다.

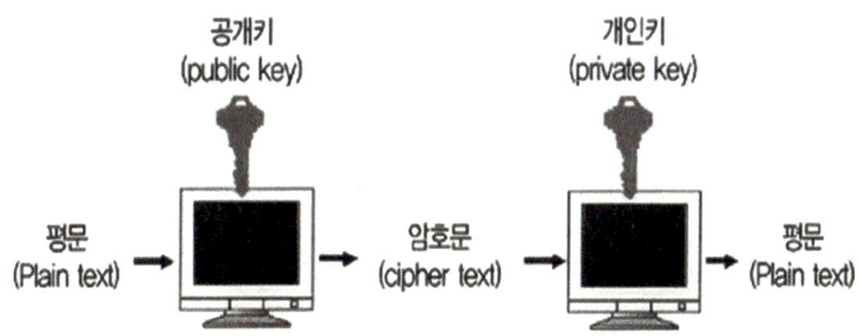

[그림 8.15] 공개키 알고리즘

이러한 공개키 알고리즘에는 Diffie–Hellman의 이산 대수 문제(discrete logarithm problem)의 어려운 점을 이용하는 EIGamal 알고리즘이 있고 소인수 분해의 어려움을 이용하는 RSA(Rivest Shamir Adleman) 알고리즘 등이 있다. 공개키 알고리즘은 암호화, 복호화시 두 개의 키를 사용함으로써 대칭키 암호 방식의 문제점이었던 키 관리의 어려움과 디지털 서명 문제를 해결할 수 있다.

대표적인 공개키 알고리즘인 RSA는 1977년에 Ron Rivest, Adi Shamir, Leonard Adleman에 의하여 개발된 알고리즘으로 공개키는 모두에게 공개하고 비밀키는 각자가 보관함으로써 키 관리나 디지털 서명이 용이하다. 공개키 암호방식은 전자상거래 등의 각종 정보 보호 메커니즘의 중추적인 역할을 하고 있으며, 암호 시스템의 많은 어플리케이션에 사용되고 있다.

8.2.3 전자 서명

암호화 기술은 암호화가 필요한 전자 상거래 등에 활용하기 위하여 개발되었다. 암호화 알고리즘을 이용하여 구현한 응용 기술로 인증과 전자 서명 등이 있다.

1) 인증

인증(authentication)이란 정보의 교류 속에서 전송 받은 정보의 내용이 변조되지 않았는지 와 주체가 되는 송신자와 수신자가 정당한지를 확인하는 것이다. 인증은 사용자 인증과 메시지 인증으로 구분한다. 사용자 인증은 메시지의 생성, 전송, 수신 등의 과정에 관련되어 있는 송신자와 수신자, 관리자들이 자신이 진정한 사용자라는 것을 증명하는 기능을 말하고, 메시지 인증은 전송되는 내용이 변경이나 수정이 되지 않고 본래의 정보를 그대로 가지고 있다는 것을 확인하는 기능을 말한다.

2) 전자 서명

전자 서명(digital signature)은 자신이 작성한 문서가 전송되는 동안 변경되지 않았음을 보장하고, 자신의 행위에 대한 부인을 방지하는 기술이다. 전자 서명은 자신의 서명을 이미지화하여 문서에 추가하는 방법(electric signature)과 문서를 파일 형태로 저장한 후 공개키 암호기술을 이용하여 서명하는 방법이 있다.

8.3 컴퓨터 바이러스와 해킹

컴퓨터 바이러스(computer virus)는 컴퓨터 시스템의 메모리, 디스크, 파일 중 어느 한 곳 이상에 감염되어 자기 증식 및 복제가 가능하고, 프로그래머에 의해 제작된 파괴성을 가진 컴퓨터 프로그램을 말한다.

8.3.1 컴퓨터 바이러스의 개요

컴퓨터 바이러스는 불특정 다수의 시스템에 감염시키기 위해 자기 자신을 복제하여 다른 파일, 또는 다른 시스템으로 감염을 확산시키고, 바이러스에 감염되더라도 파일 크기나 내용을 감염 전의 상태로 보여지게 하여 백신 프로그램 등이 감지하지 못하도록 한다. 또한 감염된 시스템이 어느 특정한 날이나 특정한 상황이 되면 미리 작성된 프로그램에 의해 데이터 파괴, 시스템 오작동 등을 유발하게 된다. 트로이 목마(trojan horse), 백도어(backdoor) 등 악의적인 목적을 지닌 여러 가지의 악성 프로그램들을 모두 포괄하여 컴퓨터 바이러스라고 부르기도 한다.

[그림 8.16] 사용자와 프로그램을 속이는 바이러스

8.3.2 컴퓨터 바이러스의 종류

컴퓨터 바이러스는 감염 형태에 따라 부트 바이러스, 파일 바이러스, 매크로 바이러스와 악성 프로그램으로 아래와 같이 분류한다.

1) 부트 바이러스

컴퓨터의 부트 영역을 감염 대상으로 하는 바이러스로 초기 바이러스 형태이다. 처음으로 발견된 바이러스가 부트 바이러스 형태이며, 부동 디스켓의 경우 도스 부트 섹터 부분이, 하드디스크의 경우 주부트 섹터가 감염된다.

2) 파일 바이러스

실행 가능한 파일이 메모리를 할당받아 실행되는 점을 이용하여 만들어진 바이러스로 모든 실행 가능한 파일(예, exe 파일 등)들을 감염 대상으로 하고 있다. 일반적으로 파일이 실행되려면 먼저 파일 실행 인터럽트를 발생시킴으로써 해당 프로그램을 메모리로 읽어 들여야 하는데 만일 파일 바이러스로 주메모리가 이미 감염되어 있다면 파일이 실행되는 순간 파일 바이러스는 자신의 루틴을 실행시킴으로써 감염 및 파괴 동작을 하게 한다.

3) 매크로 바이러스

매크로(macro) 바이러스는 매크로 기능을 지원하는 문서 파일 등에 감염되는 것이 특징이다. 마이크로소프트사의 오피스 제품군에서 지원하는 매크로 기능은 실행 파일과 유사한 형식을 가지고 있기 때문에 이러한 매크로 기능을 가로채어 바이러스가 동작하게 된다. 많은 사용자를 확보하고 있는 MS-word, Excel 등의 특정 프로그램에서만 동작 할 수도 있다.

4) 백도어(backdoor)와 트랩도어(trapdoor)

백도어는 시스템 설계자나 관리자가 고의로 시스템의 보안을 열어 놓은 비밀통로로 응용프로그램이나 운영체제에 삽입된 프로그램 코드를 말한다. 백도어가 만들어진 목적은 시스템 접근에 대한 사용자 인증 등 정상적인 절차를 거치지 않고 응용 프로그램이나 시스템에 접근할 수 있게 하여, 관리자의 접근이나 유지보수를 위한 편의를 제공할 의도를 가지고 특수 계정을 허용하는 코드를 운영체제나 응용 프로그램에 포함시킨 것이었다. 그러나 이것이 악의적으로 이용되어 보안상 치명적인 문제를 일으키고 있다. 해커들은 목표로 하는 시스템에 침입한 후, 재침입을 위해서 관리자가 모르게 백도어 프로그램을 설치하는 기법을 사용한다. Schoolbus나 BackOriffice 등이 널리 알려진 백도어 프로그램이다.

5) 트로이목마(Trojan Horse)

트로이목마는 프로그램에 미리 입력된 기능을 능동적으로 수행하여 시스템 외부의 해커에게 정보를 유출하거나 원격제어 등의 기능을 수행한다. 초기에는 자기 복제 능력이 없었으나, 최근에는 웜의 특성과 결합하여 복제된 파일이 확산되기도 한다. 그리스 신화에 나오는 트로이목마처럼 겉과 속이 다른 동작을 하게 되는데, 널리 알려진 유틸리티나 우수한 기능을 가진 새로운 유틸리티로 위장하여 확산이 되므로 사용자들은 감염 사실을 잘 모르고 계속 사용하는 경우가 많다. 에코키스(Ecocys)나 코드레드 II(CodeRed II) 웜이 대표적인 트로이목마이다.

6) 랜섬웨어(Ransomware)

랜섬웨어(Ransomware) 는 몸값(Ransom) 과 제품(Ware)의 합성어로 사용자의 동의없이 컴퓨터에 설치가 되어 무단으로 사용자의 모든 파일을 암호화 시켜 인질형태로 만들어서 금전을 요구하는 악성 프로그램이다. 랜섬웨어는 모든 운영체제에서 활동하고 있다. 파일을 망가트리는 기존의 악성코드들과 달리 파일을 암호화를 하여 금전을 요구하는 성격으로 인질강도형태의 바이러스이다. 랜섬웨어는 스마트폰에서도 걸릴 수 있으며, 스마트폰에 연동된 스마트 워치 등 연동 기기들 또한 랜섬웨어에 감염이 될 수 있다. 크립토락커(CryptoLocker), 크립토월(CrptoWall) 등 현재까지도 빈번하게 악용되는 대표적인 랜섬웨어가 있다.

[그림 8.17] 랜섬웨어(Ransomware)

7) 디도스(DDoS)

디도스(Distributed Denial of Service attack, DDoS)는 분산 서비스 거부 공격을 뜻하는 것으로 서비스 거부 공격(Denial of Service attack, DoS)에서 한 단계 진화한 악성 바이러스이다. 인터넷에서 웹 사이트를 공격하는 형태중 하나로 사이버 테러에 악명을 떨친 바이러스이다. 서버에 웹 페이지 크기만큼 트래픽에 영향을 주는 공격형태로 크래커가 많은 수의 컴퓨터를 원격 조종하여 특정 웹 사이트에 동시 접속을 시켜서 서버 과부화를 일으킨다. 크래커가 조종하는 수많은 컴퓨터들은 봇(Bot)이라 불리는 해킹 프로그램에 의해 감염된 좀비 PC(Zombie PC)들로 구성되며 해당 컴퓨터 사용자 몰래 조종하여 주요 포털 사이트, 은행, 정부기관 등 공격을 하여 서비스 마비를 일으켜 업무에 방해를 일으킨다. 디도스의 대표적인 악성사례로는 2009년 7월 대한민국의 주요 정부기관, 은행 그리고 포털사이트의 공격 사건 과 2011년 10월 중앙선거관리위원회 홈페이지 공격 사건이 있었다.

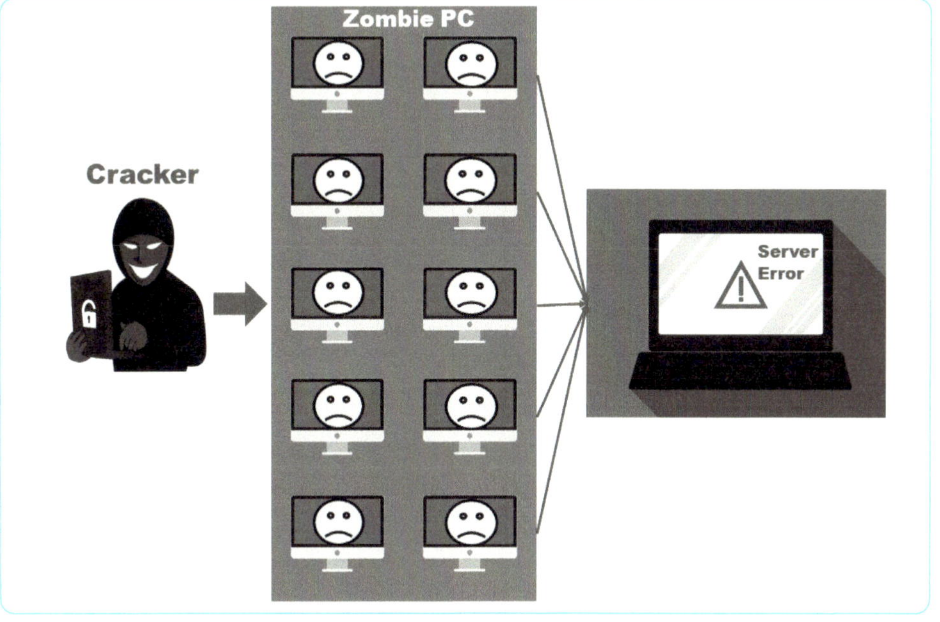

[그림 8.18] 디도스(DDoS)

8.3.3 컴퓨터 바이러스의 예방

바이러스로부터 시스템을 보호하기 위하여 시스템 관리자는 중요 데이터는 주기적으로 백업하고, 사용자 인증을 통하여 정당한 사용자만 시스템에 접근하도록 하여야 하며, 시스템 업체나 보안 업체에서 제공하는 최신 보안 패치를 적용하여야 한다. 개인 사용자는 백신 업체에서 제공하는 백신 프로그램 등으로 실시간 감시 기능을 적극적으로 활용하여야 하고, MS-Office 등과 같은 응용 프로그램에 대하여 매크로 바이러스 방지 기능을 활성화하고, 인터넷 메일 상에서 확인되지 않은 메일에 대한 실행을 금지하여야 한다.

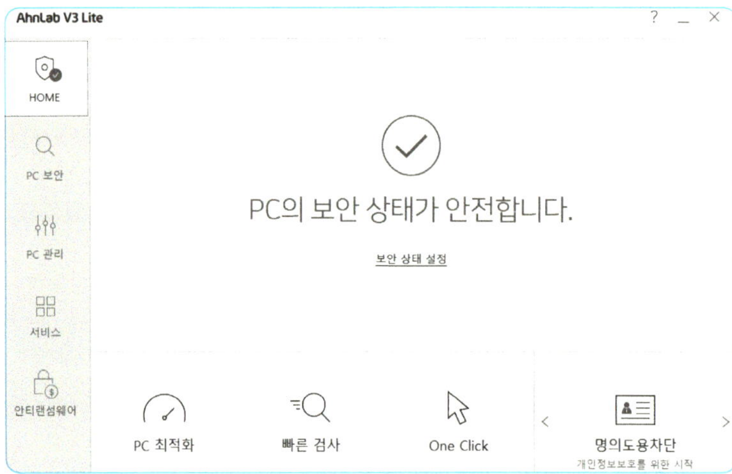

[그림 8.19] 국내 컴퓨터 백신 프로그램인 AhnLab 의 V3 Lite

8.3.4 해킹

특정한 정보 시스템이나 네트워크에 대하여 의도적으로 침입하여 저장된 정보나 전송 중인 정보의 보안에 문제가 발생하게 되는 경우를 해킹(hacking)이라고 하고, 이러한 행위를 하는 사람을 해커(hacker)라고 부른다. 해킹은 시스템 해킹과 네트워크 해킹으로 구분할 수 있다.

1) 시스템 해킹

시스템 해킹은 정보 시스템의 운영체제가 가지고 있는 보안 취약점 등을 활용한다.

[그림 8.20] 시스템 해킹

예를 들어, UNIX 운영체제의 경우 운영체제용 소스 코드가 공개되어 있어 보안 취약점을 발견하기가 쉽다. 이러한 시스템의 해킹 과정은 다음과 같다.

- 관리자(root) 권한 획득 : 해당 목표 시스템의 일반 사용자 계정과 패스워드를 알아낸 후 이를 이용하여 침입하거나, 시스템 운영체제의 소스 코드 취약점이나 관리자가 프로그램 수행 환경을 잘못 설정하여 운영하는 경우에 발생한 보안 취약점을 공격하여 관리자 권한을 획득한다. 시스템 취약점 활용하는 대표적인 공격 방법으로

버퍼 오버플로우(buffer overflow)공격, IFS 공격 등이 있다.

- 백도어(backdoor) 설치 : 나중에 다시 침입해 들어올 때의 편의성을 고려하여 트로이목마와 같은 백도어 프로그래밍을 설치하고, 시스템에 빠져 나갈때 로그 파일들을 원래대로 하여 자신의 침입 흔적을 지운다.

2) 네트워크 해킹

네트워크 해킹은 네트워크 상에 일어나는 정상적인 정보 통신에 대하여 방해(interruption), 가로채기(interception), 수정(modification), 조작(fabrication) 등을 행하는 보안 침해 형태이다. 네트워크 해킹에 많이 활용하는 대표적인 공격 유형은 네트워크상의 통과하는 패스워드와 같은 계정 정보를 포함하여 모든 패킷의 내용을 보는 패킷 스니퍼링(packet sniffering), 인터넷의 전송 계층 프로토콜인 TCP 연결들을 집중적으로 생성함으로써 정상적인 서비스를 못하도록 하여 접근하는 SYN 범람(flooding), 송신자와 수신자 간의 TCP 접속 과정에서 프로토콜 상호 인증을 위한 3방향 접속 인증(3- way handshake) 과정에서 필요한 순서 번호를 추측하여 불법 접속을 얻어내는 IP 위장 공격(spoofing) 등이 있다.

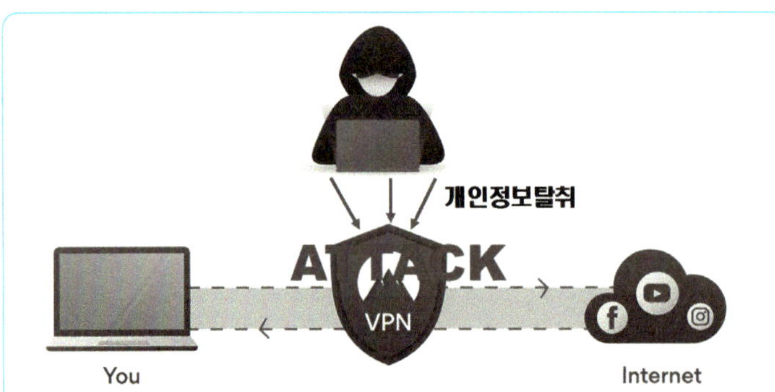

[그림 8.21] 네트워크 해킹

3) 해킹 예방 대책

해킹은 시스템의 취약성을 이용하거나 정보를 취득하기 위하여 고의로 통신망을 통하여 이루어질 수 있다. 시스템 해킹에 대비한 대응책은 최신의 시스템 취약점에 대한 기술 권고문을 활용하여 점검하고, 시스템 취약점이 발견되면 결함을 보완하는데 사용하는 파일인 패치(patch) 파일을 주기적으로 설치한다. 또한 관리자는 시스템 무결성 점검 도구인 COPS, Tripwire, ISS, TCP wrapper 등의 프로그램을 사용하여 주기적으로 점검한다.

네트워크 해킹에 대한 대응책은 패킷 스니퍼링과 같은 공격으로 인하여 패킷 내용이 유출됨으로써 비밀성이 침해당하지 않도록 하기 위하여 암호화 기법을 도입하고, ISS나 SATAN과 같은 보안 점검용 프로그램을 활용하여 네트워크 환경의 시스템 보완 취약성을 미리 점검한다.

8.3.5 정보 보안 시스템

바이러스나 해킹과 같은 승인되지 않은 불법 침입을 예방할 수 있는 주요 정보 보안 시스템으로 침입방지 시스템인 방화벽(Firewall)과 가상 사설망(VPN)을 비롯하여 침입탐지 시스템인 IDS가 있다.

1) 방화벽

방화벽은 조직의 접근 제어 정책을 수립하여 내부와 외부 네트워크 사이에서 사용자의 접근 제어를 구현할 수 있도록 하는 시스템의 집합이다.

외부의 불법 접근에 대하여 네트워크를 보호하고 내부 사용자는 외부 네트워크로의 접근을 허용한다. 또한, 방화벽은 접근 내용에 대한 보안 기록(audit)을 유지하여 추후 보안 정책에 반영할 수 있도 록 하는 기능도 제공한다. 방화벽은 접근 제어 정책이 수립되는 기능에 따라 패킷 필터링 방화벽, 응용 게이트웨이 방화벽, 회로 게이트웨이 방화벽 등으로 구분한다.

[그림 8.22] 방화벽

2) 가상 사설망

가상 사설망(VPN: Virtual Private Network)은 공중망을 기업의 사설망처럼 이용할 수 있도록 하는 기능을 제공하는 통신망으로 공중 데이터망을 이용할 수 있어서 비용을 절감할 수 있다. VPN의 핵심기술은 전송 데이터의 암호화인데, PPTP, IPSEC(IP security)과 같은 터널링 프로토콜이 이용된다.

[그림 8.23] 가상 사설망(VPN)3. 운영체제

09

SW중심사회에서의 **소프트웨어의 이해**

Chapter

소프트웨어를 통한 미래 사회의 발전

9.1 소프트웨어 중심 사회

9.1.1 소프트웨어 중심 사회 개요

현대 사회는 제4차 산업 혁명 시대에 진입하였다. 컴퓨터의 발전과 다양한 소프트웨어 기술의 발전을 통하여 현대인의 삶에 지대한 영향을 끼치고 있으며 과거에는 물리적으로 문제를 해결했던 것들은 오늘날에는 소프트웨어 기술을 응용하여 보다 쉽고, 보다 간편하게 문제를 해결할 수 있다.

[그림 9.1] 소프트웨어 중심 사회의 모습

단순한 예시로는 우리가 종이로 사용하던 매개체는 전부 디지털화로 변화되었다. 신문, 잡지, 전표 등 과거의 모든 콘텐츠들이 종이로 시작하여 종이로 마무리하였다면 오늘날에는 컴퓨터 혹은 스마트폰 하나로만 해결할 수 있다.

9.1.2 제4차 산업혁명

소프트웨어 중심 사회에 있어서 제 4차산업혁명은 소프트웨어 사회에 핵심과도 같다. 제 4차산업혁명이라는 단어는 2016년 세계경제포럼 의장인 클라우스 슈밥(Klaus Schwab)의 언급으로 이어져 나갔다.

[그림 9.2] 클라우스 슈밥Klaus Schwab)

제 4차산업혁명의 특징은 다음과 같이 정리할 수 있다.

- 초연결(Hyper–Connectivity)
- 초지능(Super–Intelligence)
- 인공지능(Artificial Intelligence, A.I)
- 사물 인터넷(Internet of Things, IoT)
- 빅데이터(Big Data)
- 모바일(Mobile Software)

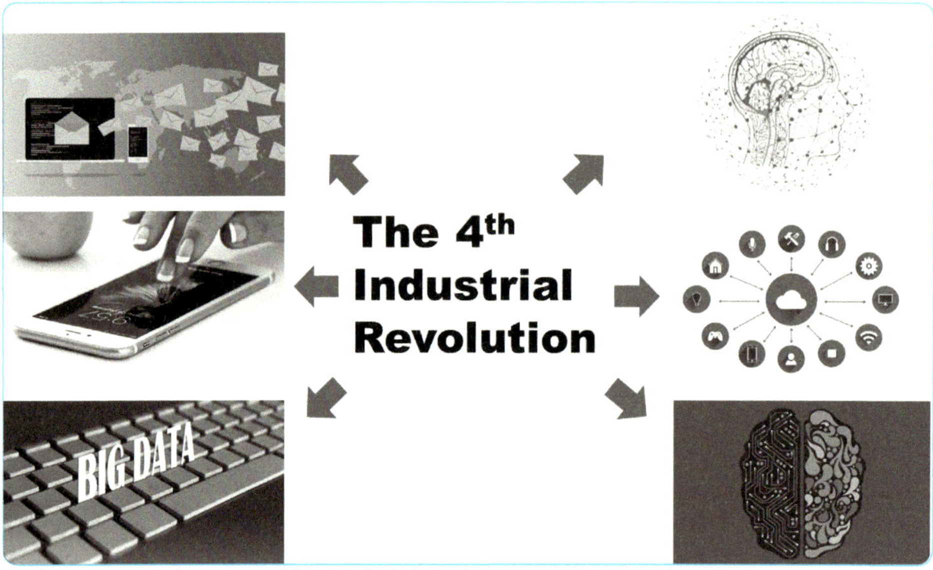

[그림 9.3] 제4차 산업혁명 기술 특징

위와 같은 특성들을 가지고 있다. 제4차 산업혁명은 첨단 정보통신기술이 경제와 사회에 융합되어 국제 사회에 새로운 변화를 가져온다.

산업혁명의 순서는 제1차부터 제4차까지 분류가 되며 아래 그림과 같이 시간대가 구성된다.

[그림 9.4] 산업혁명 타임라인

- 제1차 산업혁명 : 18세기 후반에 발생된 최초의 기계의 발명과 기술의 혁신을 통해 나온 산업혁명이며 석탄과 철을 이용한 공업이 주 원료로 구성되며 증기기관 기반의 기계화 혁명이 발생되었다. 증기기관을 활용하여 섬유공업, 제철공업 등 발전하였다.

- 제2차 산업혁명 : 19세기부터 20세기 초까지 발생된 전기에너지 기반의 대량생산인 산업혁명이다. 대기업의 부상과 중공업의 발달이 되었다. 전기에너지와 대량생산을 통한 전구, 자동차 등 기술이 발전하였다.

- 제3차 산업혁명 : 20세기 말부터 발생된 컴퓨터와 인터넷 기반의 지식정보 혁명이 발생했다. 미국 등 IT선진국으로부터 중심이 되어 산업혁명이 발전하였으며 IT기업의 부상이 가능했다. 컴퓨터와 인터넷을 활용하여 네트워크 와 컴퓨터 관련 산업이 크게 발전하였다.

- 제4차 산업혁명 : 2015년부터 현재까지 진행되고 있는 산업혁명으로 사물인터넷, 인공지능, 빅데이터, 클라우드 등 소프트웨어 기술의 발전을 통한 사이버물리시스템(CPS)기반의 초지능 혁명이다. 사람과 사물 그리고 공간 등을 초월하여 초연결과 초지능화를 통한 사물의 지능화를 이룬다. 이를 통하여 산업과 사회를 혁신이 가능하게 하는 산업혁명이다. 3D 프린팅, 로봇, 생명공학, 인공지능기술, 사물인터넷 등 기술이 발전하고 있다.

9.1.3 우리 주변에서 동작하고 있는 소프트웨어

소프트웨어(Software, S/W)로 구성되고 있는 현대사회는 효율성과 생산성이 높아지고 있다. 소프트웨어는 물리적인 형태가 없이 컴퓨터와 태블릿PC 그리고 스마트폰 등 수많은 기기를 작동하도록 담당하는 프로그램이다.

[그림 9.5] 소프트웨어(Software, S/W)

소프트웨어는 위 그림5와 같이 프로그램은 물리적인 형태를 초월하여 우리 삶에 크게 이바지를 할 수 있다. 우리 주변에서 동작하고 있는 소프트웨어는 매우 다양하며 그 기술들은 셀 수없이 많은 형태와 종류가 있다.

[그림 9.6] 스마트폰과 소프트웨어

현대 사회에서는 스마트폰과 어플리케이션만 있으면 의식주까지 해결할 수 있는 세상이다. 소프트웨어의 발전으로 컴퓨터 영역의 뿐만 아니라 모바일영역에도 접근하였으며 삼성전자 전용 어플리케이션인 삼성페이를 통한 신용카드가 아닌 스마트폰으로 결제까지 가능하며 배달어플을 통하여 주문부터 결제까지 한번에 결제를 도와주는 어플리케이션까지 나왔다. 소프트웨어 기술의 발전으로 의식주를 보다 쉽고 풍요롭게 가꿀수 있으며 소프트웨어를 통하여 삶의 질이 향상이 됨으로써 인류는 웰빙(Well-being)이 가능해졌다.

[그림 9.7] 소프트웨어와 웰빙

소프트웨어 중심사회는 현대인이 실천하는 삶의 순환의 일부다. 스마트폰의 어플리케이션을 통하여 하루의 시작과 하루의 마무리가 시간단위로 관리가 가능하다. 기상알람 어플리케이션을 통하여 예약한 시간에 잠에서 눈을 뜨고 캘린더 어플리케이션에 메모한 일정에 따라서 하루 일과를 시작한다.

[그림 9.8] 소프트웨어와 하루

우리 삶은 자신이 정해놓은 일정을 소프트웨어 프로그램에 반영을 하고 상기시켜준다. 소프트웨어 개발자들은 사용자들을 더 나은 삶의 질을 만들기 위하여 다수의 사용자들을 만족시키는 프로그램을 개발하며 우리 삶을 어떻게 하면 더 나은 방법과 선택을 할 수 있을지 연구하고 프로그램을 제작한다.

소프트웨어중심사회는 소프트웨어 개발자들이 현대인의 삶에 있어서 부족하고 불편한 부분을 세밀하게 관여하여 이러한 문제점을 소프트웨어 프로그램 개발을 통하여 더 쉽게 문제를 해결하고, 더 편리한 삶이 가능하도록 만들 수 있는 사회를 만든

[그림 9.9] 소프트웨어중심사회

9.2 인공지능

9.2.1 인공지능 개요

인공지능(Artificial Intelligence, AI)는 인간의 지능과 비교되는 관점에서 기계가 보여주는 지능이며 학습이나 문제해결과 같은 지능적인 기능을 가지는 기계나 컴퓨터이다. 인간이 아닌 존재가 인간과 같은 지능을 가지도록 하는 기술과도 같다.

인공지능은 자연어 이해능력, 지식을 수용하는 인지기능, 지식을 쌓는 학습기능 그리고 쌓은 지식들을 활용할 수 있는 추론기능을 컴퓨터 프로그램에 부여함으로써 동작이 가능하게 하는 기술이다. 위와 같은 기능들을 토대로 문제를 해결하고 처리하는 것이 바로 인공지능의 핵심이다.

인공지능은 인간의 판단과 행위 그리고 인지 등을 이해하여 기계가 인간의 지능을 갖출 수 있도록 하는 것이다.

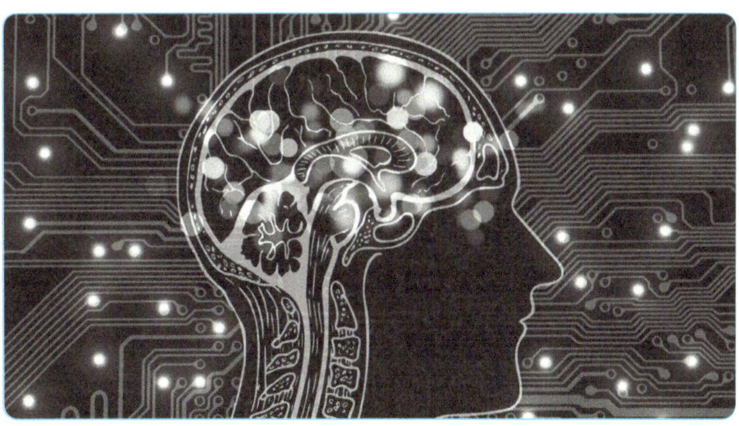

[그림 9.10] 인공지능(Artificial Intelligence, AI)

9.2.2 인공지능의 분류

단순한 업무처리의 인공지능이 있으며 반대로 고난이도 업무를 처리하는 인공지능도 있다. 이를 구분하여 강인공지능(Strong AI)와 약인공지능(Weak AI)로 나눠진다.

- 강인공지능(Strong AI) : 인간의 특정한 개입 없이 주어진 문제들을 인공지능이 알아서 해결할 수 있으며, 인공지능 자신에 대한 자의식이 있다. 강인공지능은 인간을 모방한 인공지능과도 같은 개념이다. 영화로 예를들면 터미네이터 시리즈의 스카이넷, 아이언맨 시리즈의 자비스 등 과 같다.

- 약인공지능(Weak AI) : 특정 영역의 주어진 문제만 해결할 수 있으며 자의식이 없다. 약인공지능은 유용한 도구로써 설계된 인공지능과도 같은 개념이다.

약인공지능을 통한 사례는 구글의 인공지능자회사인 구글 Deep Mind의 알파고(AlphaGo), CCTV의 안면인식시스템 등 있다.

9.2.3 인공지능의 응용분야

인공지능의 주요 응용분야는 7개 분야별로 정리할 수 있다.

- 전문가 시스템 : 특정 문제 영역에 대해 전문가 수준의 해법을 제공하는 분야
- 자연어 처리 : 인간이 일상적으로 사용하는 자연어로 작성된 문서를 처리하는 분야
- 컴퓨터 비전 : 컴퓨터를 사용하여 시각 기능을 갖는 기계장치를 만들려는 분야
- 데이터 마이닝 : 컴퓨터에 저장된 대량의 데이터로부터 향후 유용할 것 같은 지식을 추출하는 분야

- 음성 인식 : 인간의 음성을 입력받아서 일련의 문장으로 변환하는 분야
- 패턴 인식 : 데이터에 있는 패턴이나 특정한 규칙을 가지고 있는 것을 찾는 분야 오프라인 필기체 인식과 온라인 필기체 인식이 예가 있으며 미리 사용된 이미지 혹은 사용되는 이미지에 따라 인식하는 분야
- 에이전트 : 인간으로부터 위임받은 일을 자율적으로 수행하는 분야

이렇게 7개 분야가 인공지능의 주요 활용되고 있다.

이를 기반으로 인공지능의 용도는 3가지 용도로 활용되고 있다.

- 생활 보조 : 자율주행자동차 와 음성인식을 활용한 비서 등 생활용 보조
- 업무 보조 : 의료정보용 AI, 법률정보 AI, 특허정보 AI 등 정보용 AI
- 무인 자동화 : 운전자 없는 무인 택시, 의사 없는 무인의료집단 등 무인 서비스

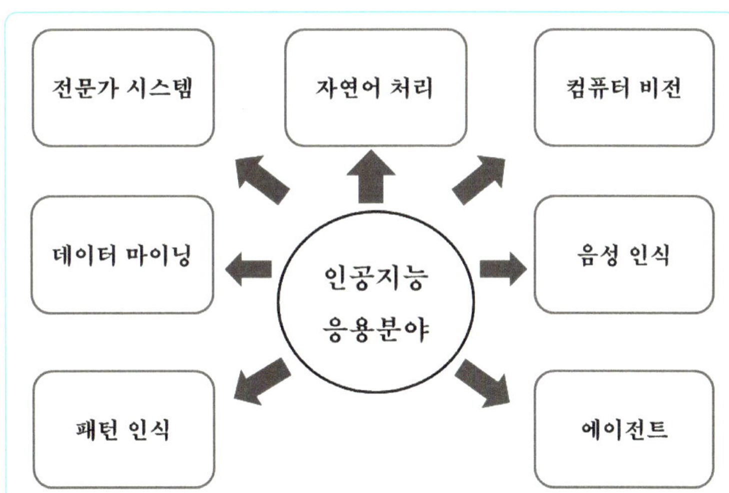

[그림 9.11] 인공지능 응용분야

9.2.4 인공지능과 학습

인공지능에 있어서 기계 학습(Machine Learning)은 매우 중요한 요소이다.

기계 학습이란 컴퓨터가 데이터로부터 특정한 문제를 해결하기 위한 모델을 추출하여 사용할 수 있게 하는 기술이다. 기계학습에 있어서 학습 데이터와 학습 알고리즘이 요구가 된다.

- 학습 데이터 : 학습을 할 때 사용하는 데이터
- 학습 알고리즘 : 학습 데이터로부터 모델을 추출하는 알고리즘으로 학습 데이터의 형태와 종류에 따라 다양한 알고리즘이 개발되어 있다.

기계 학습(Machine Learning)의 이용은 모델 추출과 응용 시스템 개발로 나눠진다.

- 모델 추출 : 학습 알고리즘을 사용하여 데이터로부터 특정 문제를 해결하기 위한 모델을 추출한다.
- 응용 시스템 개발 : 학습에서 구축된 모델을 사용하여 인공지능 응용시스템을 개발한다.

위와 같은 기계학습을 기반으로 구글의 '알파고(AlphaGo)'와 같은 인공지능이 만들어진다. 모델 추출과 응용 시스템 개발의 형태는 아래의 그림과 같이 정리할 수 있다.

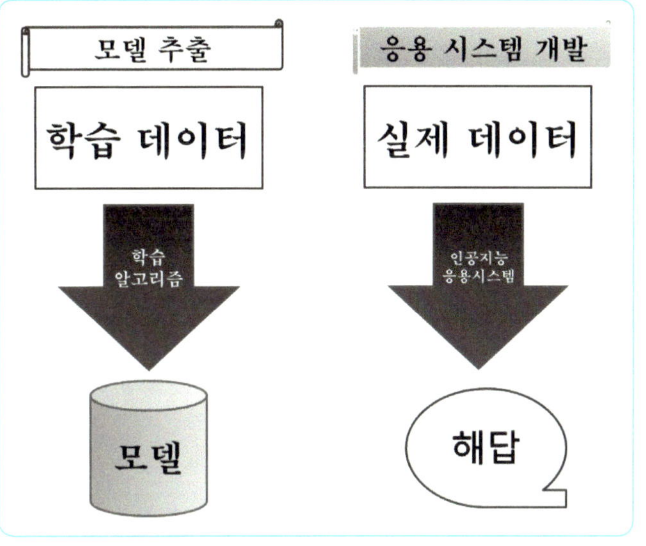

[그림 9.12] 기계학습의 모델 추출과 응용 시스템 개발

위와 같은 기계 학습(Machine Learning)의 이용으로 다양한 기계 학습의 분류들이 정리된다. 기계 학습의 분류는 5가지 분류로 정리할 수 있으며 아래의 그림과 같이 정리가 된다.

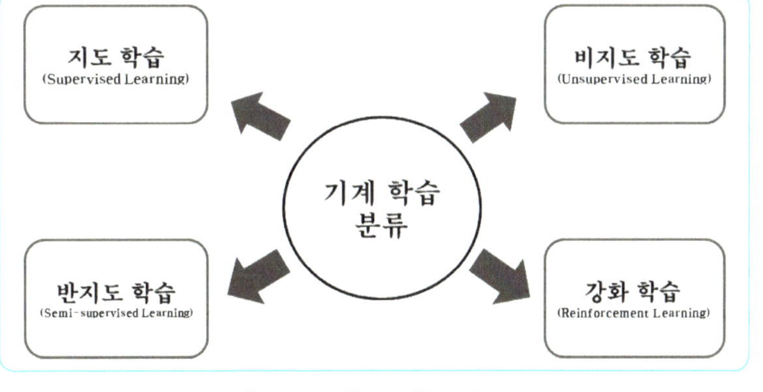

[그림 9.13] 기계 학습 분류

기계 학습의 분류는 크게 4가지의 분류로 정리가 된다.

◉ 지도 학습(Supervised Learning)

학습데이터의 입력과 출력 사이의 일반적인 관계를 학습한다. 학습데이터가 입력과 출력이 같이 구성되어야 한다.

- 활용 사례 : 이미지가 어떠한 이미지 종류인지 분류하는 학습체계

[그림 9.14] 이미지 분류 지도 학습

◉ 비지도 학습(Unsupervised Learning)

학습데이터에 내재되어 있는 패턴을 발견하는 학습이며, 학습데이터가 입력만으로 구성되어 있다.

- 활용 사례 : 이미지의 유사도를 보고 유사한 이미지끼리 집단화하여 학습체계

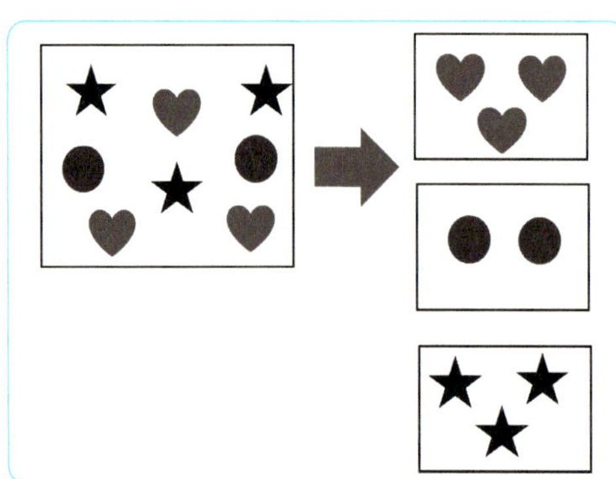

[그림 9.15] 유사한 이미지끼리 집단으로 묶는 비지도 학습

⊙ 반지도 학습(Semi-supervised Learning)

지도 학습과 비지도 학습의 중간에 위치한 학습법으로 지도 학습을 위한 학습데이터가 부족한 경우에 사용이 된다. 출력 정보가 없는 학습데이터의 분포 특성 정보를 활용하여 성능을 개선한다.

⊙ 강화학습(Reinforcement Learning)

특정 환경에서 행동과 이에 대한 보상의 경험을 통해서 보상이 최대가 되도록 상황별로 취할 행동을 결정하는 방식이다.

- 활용 사례 : 게임, 제어문제,금융 문제 등에 행동전략이나 정책 결정시 사용되는 학습체계이다.

9.2.5 딥 러닝과 인공신경망

인공지능에서의 딥 러닝(Deep Learning)은 사람의 사고를 컴퓨터에게 학습하여 기계 학습의 한 분야로 인공 신경망(Artificial Neural Network)을 기반으로 인간의 뇌를 표방한 고수준의 추상화하여 컴퓨터가 학습할 수 있게 하는 기계 학습의 일부로 정의할 수 있다. 딥 러닝으로 기계 학습의 한 분야에 있다고 정리할 수 있다. 다음 그림과 같이 관계를 통하여 확인할 수 있다.

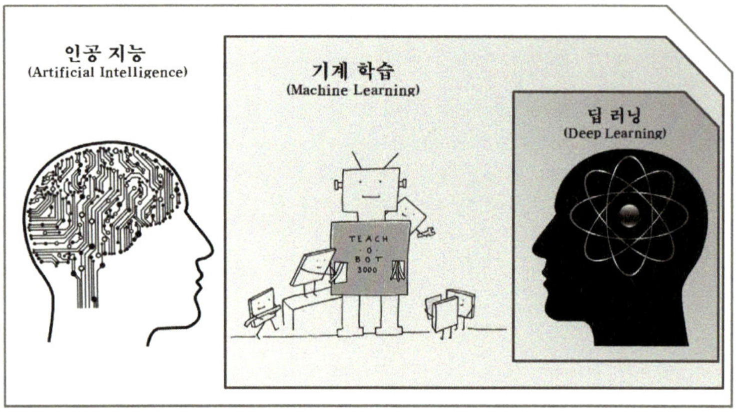

[그림 9.16] 인공지능과 기계학습 그리고 딥 러닝과 관계도

인공신경망(Artificial Neural Network)은 사람의 두뇌에 생리적 활동을 기반으로 한 계산적 모델로 사용한 인공지능이며 간단하게 정리하면 신경망이라고 한다.

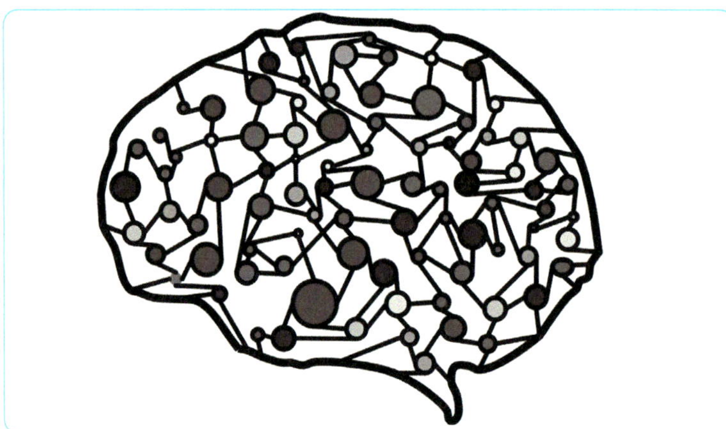

[그림 9.17] 인공신경망(Artificial Neural Network)

인공신경망에 있어서 다양한 종류가 있다. 일반적으로 사용하고 있는 종류로는 DNN(Deep Neural Networks), CNN(Convolution Neural Networks) 그리고 RNN(Recurrent Neural Networks)으로 구분한다.

- DNN(Deep Neural Networks) : 은닉층의 개수가 많은 다층신경망이며, 각 은닉층들은 추상적인 개념들을 학습하게 된다. DNN의 D(Deep)은 은닉층이 많다는 의미이며, 은닉층이 많아지면 학습해야하는 가중치의 수가 기하급수적으로 늘어난다. 이를 통하여 딥러닝(Deep Learning)은 DNN에 특화된 학습법이며, 입력으로 주어진 데이터에서 적합한 특징을 추출하면서 동시에 문재해결 위한 모델을 만드는 학습이다. 주요 활용분야로는 얼굴인식이 있다.

- CNN(Convolution Neural Networks) : 동물의 시각피질의 구조에서 영감을 받아 만들어진 DNN이며, 시각피질의 신경세포는 시각영역의 특정 영역의 자극만 받고 해당 영역의 특정 특징에 대해서만 반응한다. 주요 활용분야로는 이미지 분류, 이미지 내 사물 인식 등 다양한 종류의 이미지 인식 및 처리에 활용되는 분야다.

- RNN(Recurrent Neural Networks) : 유닛간의 연결이 순환적 구조를 갖는 특징이 있고 최근에 들어온 입력 데이터와 신경망 내부에 상태를 저장할 수 있도록 과거에 입력받았던 데이터를 동시에 고려할 수 있다. 이를 통하여 동적 특징을 할 수 있다. 주요 활용분야로는 음성 인식, 필기체 인식 등 동적인 상황에서 인식하는 분야이다.

9.3 사물인터넷

9.3.1 사물인터넷 개요

사물인터넷(Internet of Things, IoT)은 제 4차 산업혁명의 시대에 살아가는 현대사회에서 큰 원동력이다. 사물인터넷은 기계 및 물체, 전자 제품 등 모든 사물이 네트워크에 연결되어 유일하게 식별이 가능하고 스스로 데이터를 전송할 수 있는 장치로 연결하여 컴퓨터와 인간이 서로 상호 작용이 가능하게 하는 것이다.

사물인터넷은 사물에 IP 주소를 부여하고 사람의 관여 없이 사물의 스스로가 데이터를 생성 및 서버의 통신을 이끈다. 사물들이 생성한 데이터를 공유와 응용을 통하여 인간에게 지식이나 새로운 가치를 만들어간다.

[그림 9.18] 사물인터넷(Internet of Things, IoT)

사물인터넷의 단순한 예를 들어보면 우리 실생활에서 쉽게 찾아볼 수 있다. 음성인식을 통한 전구의 밝기 조정이 있으며, 냉장고를 통하여 조리법 검색과 식자재 구매가 가능한 스마트 냉장고가 있다.

[그림 9.19] 삼성 셰프컬렉션 패밀리허브 냉장고

사물 인터넷은 단순히 학습용으로 시작하는 것은 아두이노(Arduino)가 대표적으로 있다. 아두이노는 마이크로컨트롤러(Microcontroller) 보드를 기반으로 한 오픈 소스 컴퓨팅 플랫폼과 소프트웨어 개발 환경을 의미하며, 소스코드는 C++ 언어를 기반으로 하여 C언어 표준 라이브러리를 통하여 사물인터넷을 처음 접하는데 있어서 C언어를 숙지한다면 아두이노를 통해서 간단한 사물인터넷 기기를 만들 수 있다. 아두이노를 응용하여 자동개폐 쓰레기통, RC카, 리모컨, 스마트 전구 그리고 드론과 같은 사물인터넷을 응용한 제품을 만들 수 있다.

[그림 9.20] 아두이노 우노(Arduino UNO)

9.5.2 사물인터넷 응용분야

우리나라에서 사용되고 있는 IoT 기술의 응용 분야는 다섯 가지형태로 분류가 된다.

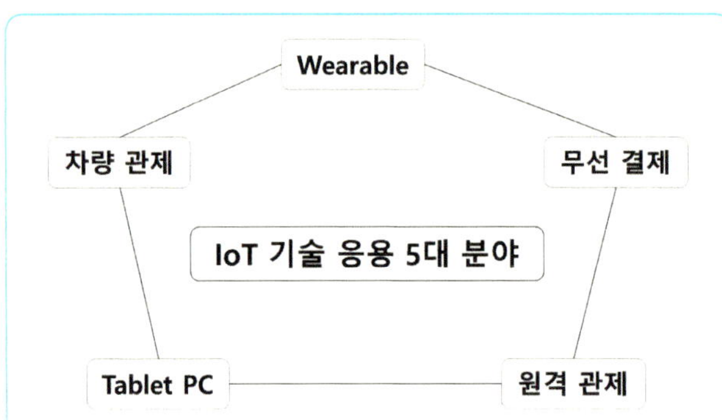

[그림 9.21] IoT 기술 응용 5대 분야

Wearable, 무선 결제, 원격 관제, Tablet PC 그리고 차량 관제로 5개 분야별로 기술이 나눠진다.

- Wearable : 착용하는 스마트 기기로 스마트워치, 위치추적장치 등 기술이 있다.
- 무선 결제 : 배달음식 결제 등 휴대용 카드단말기로 언제 어디서나 결제가 가능한

기술이 있다.

- 원격 관제 : 무인 주차차단기, 이동형 CCTV 등 원격 조종으로 통제를 가능하게 하는 기술이 있다.
- Tablet PC : 휴대성을 강점으로 손쉽게 다루며 물류관리 등 공업, 농업, 축산업 등 다양한 산업현장에서의 뛰어난 통제가 가능한 기술이 있다.
- 차량 관제 : 배송, 차량 운행, 시설물 관리 그리고 차량 관리까지 총괄하며 실시간으로 조회 및 상황파악이 가능한 기술이 있다.

이와 같이 5개 분야를 통하여 각 IoT 기술들이 활용되며 국내외를 막론하고 발전하고 있다.

9.5.3 사물인터넷 기술과 국제사회

현재 사물인터넷의 발전으로 만들어진 드론은 산불진화, 논밭 씨 뿌리기등 생활 속에 널리 사용되고 있지만 테러 등 악용이 될 수 있다는 우려의 목소리가 나오고 있다.

[그림 9.22] 농업용 드론

#1

지난 2018년 8월 베네수엘라 대통령 드론암살 시도 사건이 있었다. 이 사건을 통하여 대통령을 암살 시도 및 군인 7명의 사상자가 발생하였다.

#2

지난 2019년 9월 세계 최대 석유 수출국가인 사우디아라비아의 국영 석유회사인 아람코 정유시설 2곳이 예멘 반군의 드론 10여대를 통하여 공격을 받았다.

이를 통하여 사물인터넷의 발전은 국제사회에서 엄청난 경제적 발전을 가져오면서도 테러 등 생명을 약탈하는 악질범죄로 이어질 수 있다. 국제사회에선 이러한 테러드론을 잡고자 가드 드론을 개발하고 있으며, 국내에선 민 · 관 · 군 등 협동하여 불법드론을 잡고자 업무 협약식을 가지기도 하였다.

9.5.4 사물인터넷과 네트워크

사물인터넷의 발전은 곧 네트워크의 기술과 연결이 되어있다. 현재 국제사회에서는 4G 이동통신기술을 넘어서서 5G 이동통신기술세대로 진입하였다. 이동통신기술의 발전으로 드론, 자율주행자동차 등 실시간으로 변화하는 교통의 흐름을 따라가는 기술이 발전하고 있다.

[그림 9.23] 사물인터넷과 네트워크

사물인터넷은 4차 산업혁명시대에서 큰 중추와도 같은 역할이 된다. 종이와 볼펜으로 처리하던 과거에서 Tablet PC 하나로 처리하는 산업현장이 바뀌었고, 고대의 농업마저도 드론기술로 체계적인 관리를 통한 탄탄한 농업이 구축이 되기도 하며 이러한 다양한 분야에서도 잘 적용되는 기술은 사물인터넷이 독보적이다.

앞으로 국내를 넘어서서 국제사회에서도 큰 발전을 불러오는 소프트웨어적 기술의 무궁무진함을 보여주는 좋은 사례이다.

9.4 클라우드 컴퓨팅

9.4.1 클라우드 컴퓨팅 개요

클라우드 컴퓨팅(Cloud - Computing) 기술의 등장으로 컴퓨터와 스마트폰 등 기존의 가진 한계인 장소와 용량의 문제를 극복하는 계기가 되었다.

[그림 9.24] 클라우드 컴퓨팅(Cloud - Computing)

구름(Cloud)처럼 특정한 형태가 없다는 의미를 가진 클라우드 컴퓨팅 기술은 소프트웨어와 데이터가 저장된 서버들의 네트워크를 의미한다. 인터넷상의 서버를 통하여 데이터를 저장, 네트워크, 콘텐츠 사용 등 한 번에 사용할 수 있는 기술이다.

사용자가 가지고 있는 사진, 영상, 음악, 문서 등 모든 형태의 데이터들을 인터넷상의 서버에 업로드를 하고 서버에 저장된 데이터들을 다양한 종류의 IT기기들을 장소와 기종 등 구애받지 않고 다운로드가 가능한 기술이다.

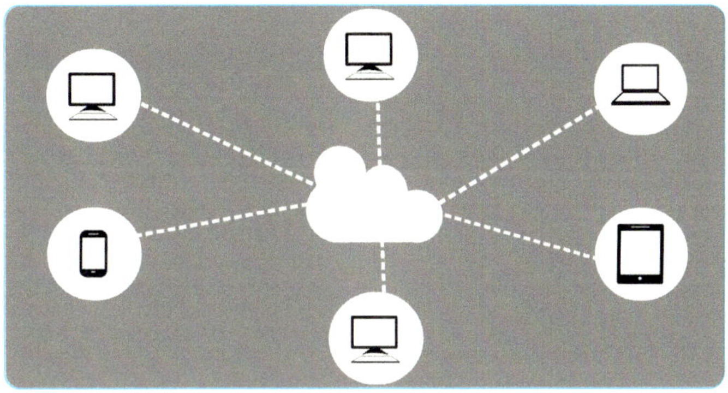

[그림 9.25] 클라우드 컴퓨팅 기술 요약

예를 들어, 윈도우 운영체제의 컴퓨터를 가지고 클라우드 서버로 보낼 사진을 서버에 업로드를 하고나서 안드로이드 운영체제 스마트폰을 동일한 클라우드 서버에 접속하여 다운로드를 받으면 다른 기종에서도 같은 데이터를 가질 수 있다.

클라우드 컴퓨팅을 통하여 비용과 시간 에너지 등 자원을 절감이 가능하며 현대 사회에서 큰 가능성을 보여준다. 클라우드 기술의 주요 특징은 아래의 표와 같이 정리 할 수 있다.

[표 9.1] 클라우드 컴퓨팅 특징

주요특징	기대효과
유연성(Elastictiy)/ 확장성(Scalability)	1. 시스템 과부하시 즉시 대처 가능하다. 2. 추가 설비투자비용 및 설비투자기간 발생이 없다.
공동작업가능성	1. 작업의 참가자 모두가 동일한 환경으로 업무 공유가 가능하여 생산성 및 업무 효율성 향상된다. 2. IT 분야의 설비 투자 없이 시간적 ·공간적 제약에 구애받지 않고 화상회의, 공동 작업 등 원격을 통한 협업 가능하다.
장치독립성	1. 웹(Web)을 사용할 수 있는 모든 다양한 기기에 동일한 사용 환경을 제공한다. 2. 개발자의 동일한 어플리케이션의 중복 개발이 불필요하며, 사용자의 동일 콘텐츠의 중복 구매가 불필요하다.
Pay-as-you-go	1. IT 인프라의 고정비에 따른 투자비용의 절감 2. 유휴 인프라 방치에 따른 비용 낭비 방지 3. IT 인프라의 사용한 만큼만 사용량 지불

9.4.2 클라우드 컴퓨팅 방향성

클라우드 컴퓨팅 기술은 모바일과 융합하여 '모바일 클라우드' 기술로 새로운 형태의 기술로 진화한다. 이러한 새로운 기술의 등장으로 현대인의 삶은 새로운 방향성을 제공한다. 먼저 사용자는 시공간의 제약에 받지 않고 언제 어디서나 편리하게 스마트폰 하나로 원하는 정보를 접근할 수 있다. 무엇보다도 스마트폰 기기뿐만 아니라 태블릿PC와 개인용 컴퓨터 등 네트워크가 접근이 가능한 어떠한 기기라도 데이터를 접근이 가능하다. 기업의 관점에서도 혁신적인 환경이 조성된다. 스마트 워크(Smart Work)가 가능하다. 스마트 워크란 시간과 장소에 구애받지 않고 재택근무, 모바일 근무 등 회사의 업무를 언제 어디서나 볼 수 있는 것이다.

[그림 9.26] 스마트워크

클라우드 컴퓨팅기술의 발전으로 회사에 개인용 컴퓨터에 저장된 파일을 서버에 업로드를 하면 타 직역의 카페에서 태블릿PC로 서버에 접근하여 해당 파일을 가지고 회사 업무를 볼 수 있는 세상이다. 클라우드의 기술은 초연결사회를 구축하는데 큰 역할을 수행하고 있다.

9.4.3 클라우드 컴퓨팅 사례

클라우드 컴퓨팅은 이미 우리 사회에서 널리 사용되고 있다. 국내 최대 규모의 포털 사이트인 네이버의 네이버 클라우드는 네이버 계정만 있으면 무료 용량의 크기만큼 클라우드 서비스를 사용할 수 있다.

[그림 9.27] 네이버의 네이버 클라우드

예를 들어 스마트폰의 용량의 한계로 사진이 더 이상 들어갈 수 없다면 네이버 클라우드 어플리케이션을 통하여 해당 사진을 업로드를 한다면 사진에 대한 용량의 한계를 극복할 수 있으며, 다른 기종의 운영체제에서도 네이버 클라우드 서비스가 가능하면 업로드와 다운로드가 가능하다.

[그림 9.28] 애플의 iCloud

네이버 클라우드 뿐만 아니라 애플의 iOS의 iCloud는 무료와 유료 요금제에 따라서 클라우드 서비스를 용량을 더 많이 사용할 수 있으며 사진과 영상 등 단순한 파일뿐만 아니라 본인이 확인한 인터넷 페이지, 문자 메시지, 메모, 캘린더에 반영한 일정, 연락처 그리고 건강정보까지도 자신의 애플 계정에 로그인 된 기기에 공유할 수 있다. 아이폰에 로그인된 정보를 기반으로 해당 아이폰에 저장된 정보 중 iCloud를 사용하는 앱을 클라우드에 데이터로 자동 업로드를 하고 해당 계정에 로그인된 아이패드에 자동으로 다운로드가 되는 초연결을 보여준다.

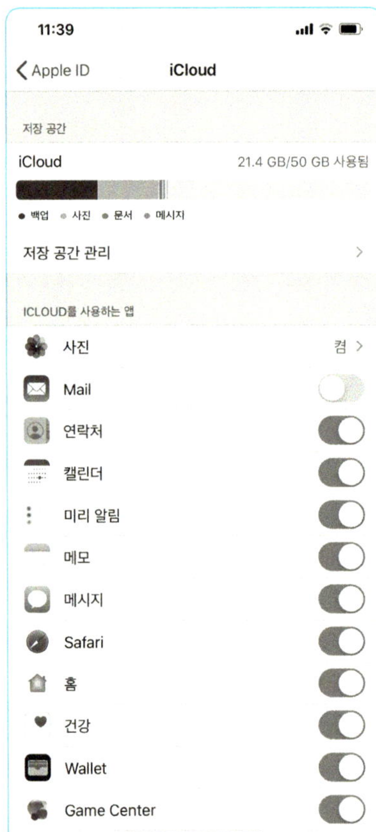

[그림 9.29] 애플의 iCloud 사용모습

9.5.1 빅데이터 개요

전 세계 데이터는 매년 40%씩 증가하고 있다. 분산되어 있는 데이터들이 모여서 하나의 큰 집합형태로 만들어진 빅데이터는 제 4차 산업혁명의 시대에 살아가는 현대사회에서 매우 중요한 존재로 자리를 매김 하고 있다.

빅데이터 기술의 활용으로 미국 의료분야에서 연간 3,300억 달러의 가치생산과 유럽 공공분야에서 연간 2,500억 유로 절감효과를 나타내고 있다.

빅데이터는 인간의 직업에도 큰 영향을 미치고 있다. 지난 2018년까지 미국에서만 연간 분석전문가 14 ~ 19만명, 데이터 기반 관리자 150만명 추가 수요가 있었다.

이를 통하여 빅데이터의 중요성은 미국과 유럽을 넘어서서 전세계는 지금 빅데이터 기술에 관해서 크게 집중하고 있다.

[그림 9.30] 빅데이터 와 통계

9.5.2 빅데이터 정의

빅데이터(Big Data) 는 기존 컴퓨팅 기술로는 저장, 관리, 분석이 불가능할 정도로 큰 데이터 집합과 관련 기술, 인력 등을 포괄하는 의미를 가진다.

빅데이터는 본래 IT 기술에서 출발했으나 단순히 IT기술을 넘어서서 인간의 삶에 관여하여 정치, 사회, 문화 등 인류의 이슈 혹은 혁신 패러다임으로 부각한다.

정리하면 빅데이터는 SNS등 과 같은 곳에서 다양한 주제를 분석하고 예측하여 새로운 정보를 찾아서 가치발견을 삼는 기술이다.

정리하면 빅데이터는 대량의 정형 또는 비정형 데이터 집합 및 가치를 추출하고 결과를 분석하는 기술이다.

빅데이터의 특징은 아래와 같이 '빅데이터 3Vs'로 표현할 수 있다.

[표 9.2] 빅데이터 3Vs

빅데이터 3Vs	기존 데이터	빅데이터
크기(volume)	MB, GB	TB, PB(시대에 따라 다른 기준)
다양성(variety)	정형 데이터 위주 (매출, 재고, 인사, 생산, 고객 데이터)	비정형 데이터 위주 (동영상, SNS, 음악, Stream data 등)
속도(velocity) (생성, 유통, 활용주기)	수시간 ~ 수주	수초, 수분 (실시간 분석 요구)

'빅데이터 3Vs'는 크기(volume), 다양성(variety) 그리고 속도(velocity)를 의미한다. 빅데이터 3Vs를 통하여 기존 데이터와 빅데이터의 차이를 명확하게 표현 할 수 있는 척도가 된다. 그리고 각 특징에서는 형태와 구조가 일정한 데이터인 '정형 데이터(Structured Data)'와 구조화되어 있지 않는 데이터인 '비정형 데이터(Unstructured Data)'로 나눠진다.

• 크기(volume) : 크기는 용량의 단위를 의미하며, 기존의 데이터는 흔히 사용하는 64GB 이상 용량의 USB부터 시작하여 500GB이상의 하드디스크와 같은 개념이지만 빅데이터 기술에서는 시대에 따라 늘어난 용량인 TB, PB 등 이상의 대용량의 데이터들을 관리하고 처리하는 특징을 가지고 있다.

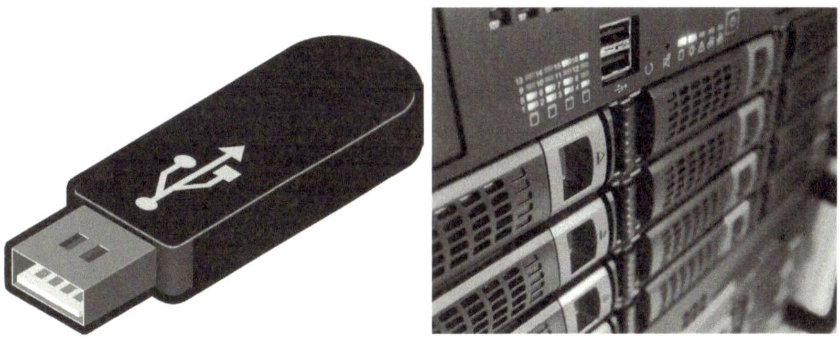

[그림 9.31] 기존 데이터 활용인 USB 그림3. 빅데이터 활용인 서버

• 다양성(variety) : 다양성의 예를 들면 사람의 목소리, 각종 의학 영상자료 그리고 문자자료 등이 될 수가 있으며 정형데이터로는 형태와 구조가 일정한 데이터인 숫자, 문자 데이터가 있다. 그리고 비정형데이터로는 구조화되어 있지 않은 데이터인 책, 잡지, 음성, 영상 정보 등 예상할 수 없는 형태의 데이터가 있다.

[그림 9.32] 정형데이터인 문자 데이터 그림5. 비정형데이터인 잡지 데이터

• 속도(velocity) : 신속성의 예를 들면 사용자가 원하는 시간 내에 분석결과를 제공을

하며 '실시간으로 제공'할 수 있는 기술력을 의미한다. 빅데이터 기술은 대량의 정보를 최단시간으로 분석하여 실시간으로 제공하는 것이 신속성의 특징이다.

'빅데이터 3Vs'를 통하여 최종적으로 빅데이터는 가치(Value)를 중점으로 한다는 것을 확인할 수 있다. 가치(Value)는 데이터들의 빠른 전파력을 통하여 가치 창출의 중요성이 강조가 됨으로써 빅데이터는 '가치 창출'의 중요성이 핵심인 것으로 정리할 수 있다.

9.5.3 빅데이터의 흐름과 활용

빅데이터는 인류의 수요와 공급에 의해서 데이터들이 뭉쳐서 새로운 형태를 가지게 된다. 소셜 데이터(Social Data)의 경우 타인과의 온라인 소통을 하는 SNS(Social Network Service) 환경속에서 크고작은 데이터들이 하나의 큰 형태로 모여서 빅데이터가 되어진다. 대표적인 예로는 대한민국 사회에서 가장 많이 사용하는 '카카오톡'어플리케이션 부터 시작하여 국제적으로 많이 사용하는 라인, 트위터, 페이스북, 인스타그램 등 다양한 정보들이 소통이라는 주제에 하나의 빅데이터로 소셜 데이터가 만들어진다.

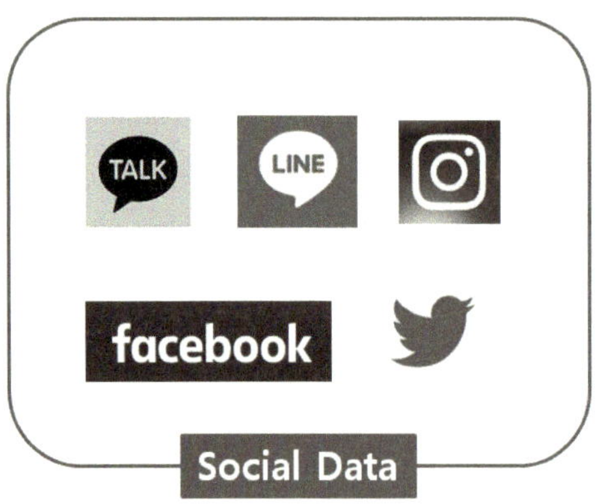

[그림 9.33] 소셜 데이터(Social Data)의 유형

각종 미디어와 비즈니스 데이터, 사물인터넷 그리고 소셜 네트워크의 구축을 넘어서서 빅데이터 효과는 인류가 직면한 의료, 환경, 식량, 에너지 등의 분야에서 해결방안을 제시한다. 빅데이터는 앞서 설명한 SNS와 M2M 센서 등을 통해 도처에 존재하는 데이터의 효과적 분석으로 전세계가 직면한 환경, 에너지, 식량, 의료문제에 대한 해결책을 제시할 수 있다.

빅데이터는 산업분야별 경제적 효과 또한 매우 뛰어나다. 미국 의료분야에서 연간 3,300억 달러의 가치생산과 유럽 공공분야에서 연간 2,500억 유로 절감효과를 나타내고 있다. 이는 미국의 의료 건강은 스페인 의료비의 2배에 해당하는 통계를 보여주며 유럽의 경우 그리스 GDP 규모를 보여주는 통계를 나타낸다. 산업분야의 개인 위치정보와 소매업 그리고 제조업 등 다방면에 있어서 개발비를 감소하고 이윤을 늘리는 경제적 효과를 보여주고 있다.

9.5.4 빅데이터의 기반 활용사례

빅데이터의 활용범위는 개개인의 쇼핑 성향 분석부터 사업 방향성 분석 등 까지 전략적으로 분석하고 모으는 기술이다. 빅데이터 분석은 이윤 창출을 추구가 가능하며 공공분야에서도 적극적으로 활용되고 있다. 특히 정책 결정, 치안 등 기존의 데이터를 기반으로 활용하여 더 나은 사회를 구현할 수 있게 한다.

빅데이터 기술의 다양한 활용사례로는 무인자동차, 앱택시, 교통지도, 스마트 치안, 어린이 교통사고를 소개할 수 있다.

[그림 9.34] 구글(Google)의 무인자동차 장비들

차량에 부착된 수 많은 센서와 측정장치가 무인자동차에 있어서 빅데이터 처리의 핵심기술이다. 빅데이터를 생성하며 체계적인 분석을 통하여 자율주행을 하는 구조이다.

[그림 9.35] 구글(Google)의 무인자동차 제원

무인자동차의 제원을 통해서 알아보면 실시간으로 주변을 파악하여 운행에 기록된 데이터들을 분석하고 서버와 교신을 통한 주행을 가능케 한다. 이를 통하여 무선 자동차뿐만 아니라 수송업의 혁신을 불러올 수 있도록 가능하다.

빅데이터 기술은 기존의 데이터 기술로 새로운 가치를 창출하기보다는 흩어진 데이터들을 집합하여 각각 다양한 데이터를 빠르게 불러올 수 있도록 한다. 이렇게 새로 만들어진 빅데이터들로 사용자들에게 새로운 가치를 제공하면서 동시에 빅데이터 기반의 새로운 가치 창출을 목표로 하며 무인자동차, 사물인터넷의 발전, 인공지능 등 인간이 추구하는 새로운 소프트웨어기술을 집합한다.

9.6 모바일 소프트웨어

9.6.1 모바일 소프트웨어의 개요

모바일 소프트웨어(Moblie Software) 기술은 4차산업혁명 시대에 살아가는 현대인의 삶을 직접적으로 바꾸는데 큰 역할을 한다. 출 · 퇴근 길속에서 스마트폰으로 TV를 보거나 웹서핑을 하는 모습이 일상이 된 지 오래되었다. 현대 모바일 기술을 선도한 기업인 애플은 2007년에 발표된 애플의 아이폰은 진정한 의미의 스마트폰이었고 모바일 소프트웨어 시대를 여는 계기가 되었다. 애플 아이폰의 앱스토어 뿐만 아니라 구글 안드로이드의 플레이 스토어를 통하여 다양한 개발자들이 모바일 소프트웨어의 어플리케이션 개발에 도전을 하였으며 특히, 오픈 소스(Open source) 기반인 안드로이드 운영체제는 프로그래밍 언어(Programming Language)가 자바(Java) 기반 언어이며 전 세계의 수많은 자바 개발자들이 컴퓨터뿐만 아니라 스마트 폰 앱 개발에 쉽게 도전할 수 있었고 그 결과는 모바일 소프트웨어의 기술력이 빠르게 성장할 수 있는 계기가 되었다.

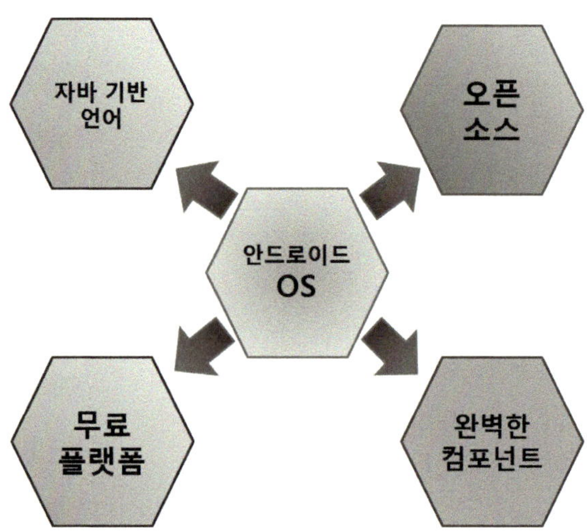

[그림 9.36] 안드로이드 운영체제 성장 구조

모바일 소프트웨어의 기술력의 빠른 성장으로 인하여 어플리케이션은 확산이 되었으며, 기존의 이동통신 기기를 혁신적으로 스마트하게 바뀌게 되었다. 스마트폰의 대중화로 가장 빠르게 확산된 앱이 바로 모바일 메신저(Moblie Messenger)이다. 어플리케이션을 통하여 모바일 메신저가 와이 파이(Wi-Fi) 혹은 이동통신망을 사용하여 별도의 요금 없이 무료로 메신저를 주고받을 수 있는 '카카오톡'은 국내에서는 스마트폰 이용자의 90% 이상이 사용하고 있다. 단순히 문자 메시지 전달 역할을 뛰어넘어 1대1 또는 그룹으로 메시지, 사진, 동영상, 음성, 연락처 등의 전송이 가능하며, 일정도 만들어 찬성과 반대를 설문하는 등 일정공유 기능을 제공하며 보이스톡 과 페이스톡 기능을 이용하여 상대방과 음성 및 영상통화로 대화를 할 수 있다. 카카오톡의 성장으로 다양한 기업에서는 국내 이용자들에게 기업광고를 쉽게 접근하기 위해서 '플러스 친구'와 그림 메시지인 이모티콘 서비스를 운영하고 있으며 어플리케이션의 성장을 통하여 다양한 기업들의 경제적 이익을 추구할 수 있는 사회가 되고 있다.

무료채팅

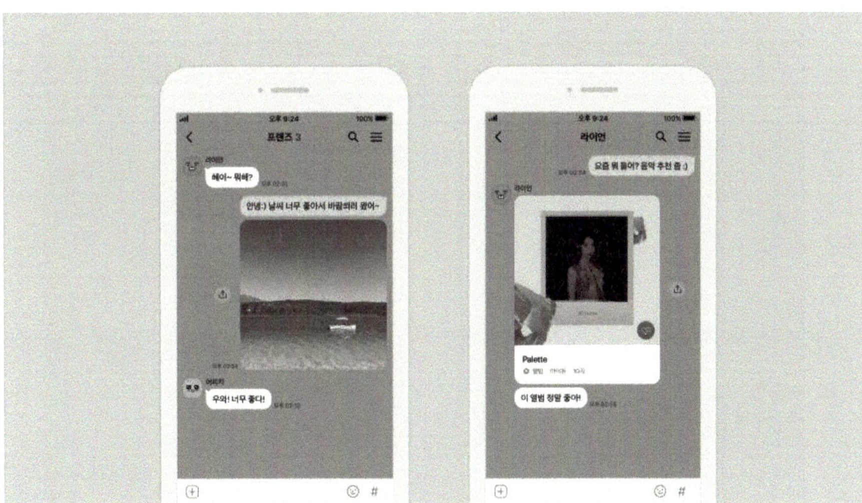

자료 : 카카오톡 홈페이지

[그림 9.37] '카카오톡'의 무료 문자서비스

카카오톡 채널

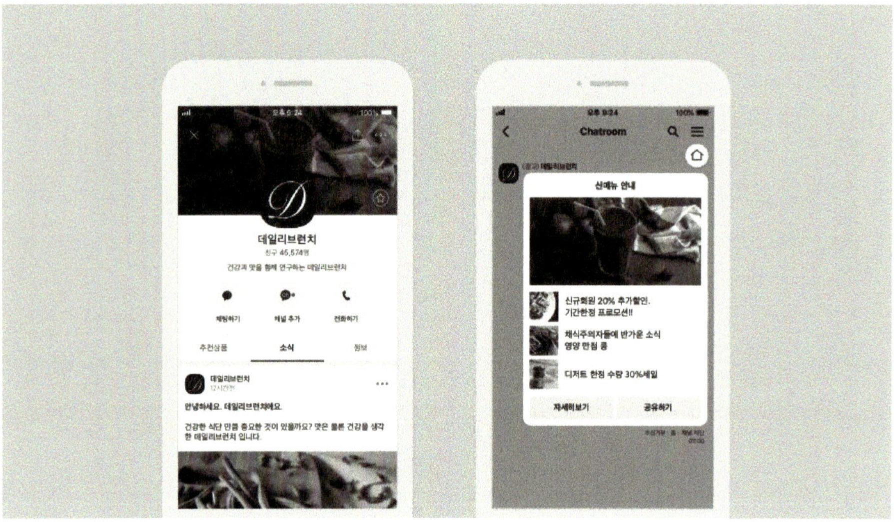

자료 : 카카오톡 홈페이지

[그림 9.38] '카카오톡'기업의 플러스 친구

어플리케이션의 발전을 통하여 개발자와 기업은 모바일 소프트웨어를 통해서 새롭게 성장할 수 있게 되었으며 다양한 기능과 서비스를 제공하기 위해서 수 많은 기업과 개발자들은 다양한 분야를 개척하고 있다.

국내의 '카카오톡'의 성공을 통하여 오늘날 국내의 다양한 모바일 소프트웨어 기술들이 발전하고 있다.

9.6.2 모바일 소프트웨어의 활용 분야

모바일 소프트웨어(Moblie Software) 는 현대 사회속에서 다양한 분야로 실 생활속에서 사용하고 있다. 단순히 휴대폰을 통하여 정보를 검색하는 수단이 아닌 교통수단, 취미, 경제활동 등 광범위한 분야로 현대사회를 움직이고 있다. 경제활동에 있어서 모바일 소프트웨어의 활용은 큰 비중을 차지한다. 삼성전자 스마트 폰의 전용 어플리케이션인 '삼성 페이' 기술은 온라인 및 오프라인에서 간편하게 결제를 하며 은행,환전,쿠폰 등 다양한 서비스를 사용할 수 있다. 모바일 소프트웨어의 기술 이전에는 플라스틱 카드로 결제를 하는 시대였다면, 기술의 발전으로 현대 사회는 어플리케이션만으로도 온라인과 오프라인을 초월하여 경제활동을 할 수 있다. 뿐만 아니라 타인이 카드를 사용하거나 도난에 대한 방지기술 또한 발전했다. 지문인증과 홍채인식인증 등 오직 사용자의 신체인증을 통해서만 서비스가 제공이 되는 기술력이 있다. 단순히 물건을 구매하는 과정뿐만 아니라 페이 플레너라는 기술로 삼성 페이의 지출내역을 기록하고 확인할 수도 있다.

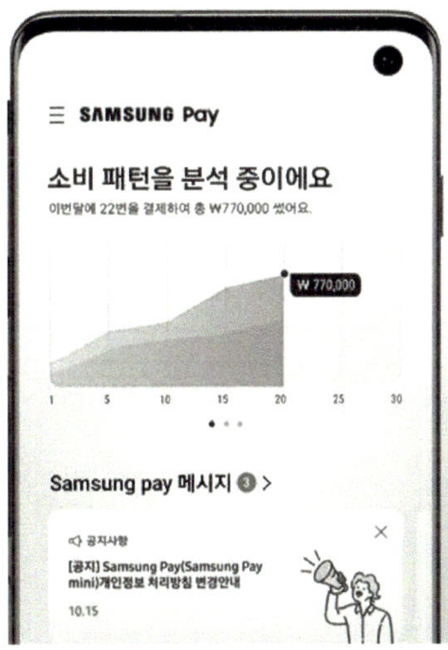

자료 : 삼성 페이 홈페이지

[그림 9.39] '삼성 페이' 소비패턴 화면

온라인과 오프라인의 카드결제를 넘어서 모바일 소프트웨어의 발전으로 은행 업무를 ATM을 통해서 해결하지 않고 어플리케이션 하나로 해결하는 기술이 도달하였다. 어플리케이션 '토스'는 사용자의 등록한 지문과 토스와 연결된 계좌를 통하여 어플리케이션에 등록된 계좌 정보를 한 번에 조회하고 관리할 수 있다. '계좌간편복사'를 통하여 계좌

번호가 자동으로 입력되어 빠르고 손쉬운 송금 방식과 자동이체 서비스까지 제공이 되며 QR코드를 통하여 계좌번호를 대체하여 송금이 가능해졌다.

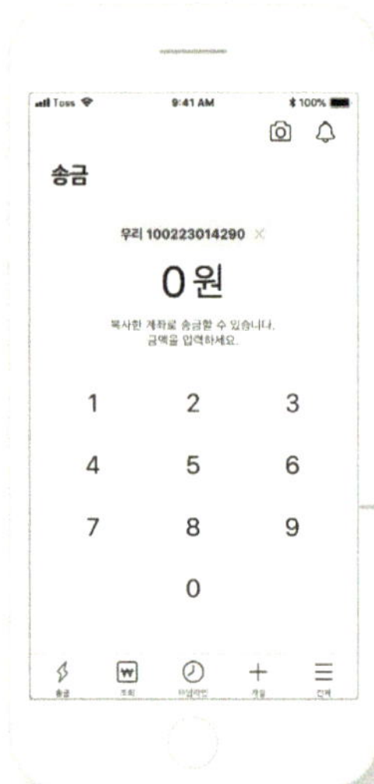

자료 : 토스 홈페이지

[그림 9.40] '토스' '계좌간편복사' 화면

[그림 9.41] '토스' QR결제 화면

은행 업무뿐만 아니라 예술분야에서도 모바일 소프트웨어는 새로운 영향을 미치고 있다.

'카카오톡'의 성장을 통하여 그림 메신저인 '이모티콘'의 등장으로 무료 이모티콘으로 부족한 이용자들에게 유료서비스를 통하여 다양한 모양과 기능이 있는 이모티콘의 유료로 제공을 통하여 개발자와 기업 그리고 디자이너들은 어플리케이션을 통하여 새로운 경제적 이익을 추구할 수 있게 된다.

카카오 이모티콘

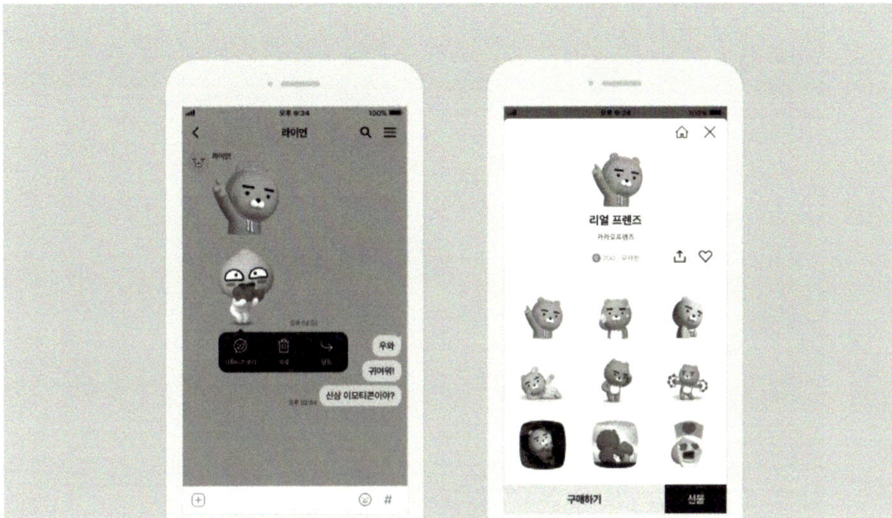

자료 : 카카오톡 홈페이지

[그림 9.42] '카카오톡' 그림메신저 이모티콘

모바일 소프트웨어의 기술은 어플리케이션을 통하여 지구의 환경문제도 일부분을 해결할 수 있다. 과거에 종이를 사용하여 영수증이나 표를 발권하였다면 현대 사회는 어플리케이션을 통하여 쉽고 편리한 환경을 구축하고 무분별한 종이 사용을 아낄 수 있으므로 지구의 환경을 크게 아낄 수 있다. 좋은 사례로는 통신사 어플리케이션을 통하여 실시간으로 개인의 요금제 정보 및 월 청구요금을 조회할 수 있다. 모바일 어플리케이션을 통하여 사용자들은 쉽고 빠르게 실시간으로 개인정보를 확인이 가능하며, 기업은 무분별한 종이 사용을 최소화 할 수 있으며 지구를 보존하는 좋은 효과를 나타낼 수 있다.

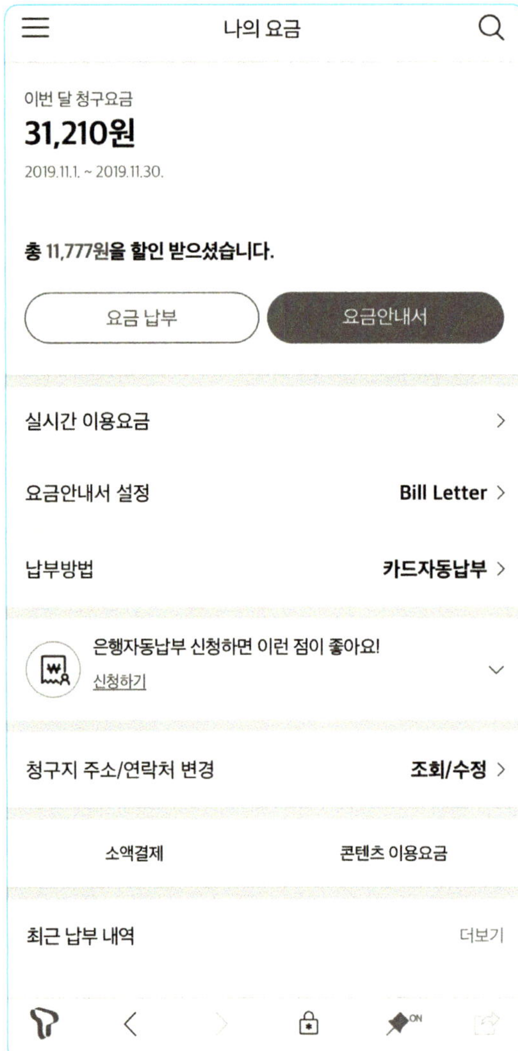

자료 : SKT T World 어플리케이션

[그림 9.43] 'T World' 나의 요금 화면

모바일 소프트웨어의 다양한 활용분야로 더욱 다양한 기술들이 개발하고 있으며, 기업들은 모바일 소프트웨어를 통한 큰 이윤과 사용자의 편리함 그리고 환경을 보존하는 다방면을 추구하는 기술이 된다.

9.7 정보 윤리

9.7.1 정보 윤리의 개요

컴퓨터와 스마트폰의 공급으로 누구나 쉽게 이용할 수 있는 인터넷의 발전을 통하여 현대 사회는 정보화 사회로 사회 체제가 변화하면서 이에 적합한 새로운 윤리의식과 법률 정비가 필요하게 되었다. 인터넷 기술을 중심으로 사이버 세계가 정보화 사회의 중심에 자리를 잡기 시작하자 네트워크 사용자들 간에 네티켓이 형성되어 묵시적으로 인정되면서 정보화 사회의 새로운 윤리 규범으로 자리 잡고 있다.

9.7.2 네티켓

네티켓(netiquette) 은 네트워크(network) 와 에티켓(etiquette)의 합성하여 만든 신조어로 인터넷을 비롯한 네트워크 사용자들이 사이버 공간에서 기본적으로 지켜야하는 예의를 정의한다. 네트워크 공간에서는 익명성으로 자신의 신분이 노출되지 않으면서 자기 의견을 표현할 수 있기 때문에 인간의 사회성이 무시될 수 있으며 예의 없는 사람으로 활동할 수 있다. 네트워크 기반의 정보화 사회가 가져오는 역기능을 제거하고자 사람들이 만든 예의범절이 바로 네티켓이다. 네티켓은 윤리나 도덕처럼 자의적이고 자발적인 참여를 전제로 하며 상호 협력에 의해서만 그 효력을 발휘할 수 있다. 일반적으로 인정되고 있는 네티켓의 세부 항목은 다음과 같다.

– 다른 사람에 대한 인식과 배려가 필요하다.
– 다른 사람이 하고 있는 일을 방해하지 않는다.
– 다른 사람의 권한과 신분을 도용하지 않는다.
– 다른 사람의 저작권을 침해하지 않는다.
– 다른 사람의 기분을 상하게 하는 무례한 행동을 하지 않는다.
– 자기 자신의 존재와 신분에 대하여 인식을 한 후 행동한다.
– 유용한 정보와 전문 지식은 가급적 공유한다.
– 타인을 존중하는 자세가 필요하다.

인터넷 예절에 있어서도 다양한 인격과 인종을 가진 사람들이 만나는 공간이며, 국내 사용자뿐만 아니라 전 세계의 수많은 사용자들이 함께 사용하는 공간이기 때문에 타인에 대한 존중이 없는 무례한 행동은 곧 우리나라의 국격을 떨어트릴 수 있다. 그렇기 때문에 네티켓의 중요성은 단순히 개인의 행동의 범위가 아닌 국가를 대표하는 행동으로 이어질 수도 있다.

9.7.3 악성댓글

네티켓(netiquette)의 중요성을 떠오르게 하는 사이버공간의 큰 문제는 바로 악성댓글이다. 악성댓글은 통칭 '악플'이라고 부르며, 사이버 공간의 익명성을 이용하여 타인을 존중하지 않고 타인의 자존감을 떨어트리는 언어폭력이며 단순히 사이버공간의 문제만이 아니라 국제사회문제로 이어지고 있다. 악성댓글은 사이버공간에서 대화가 가능한 곳이라면 어디든지 나타날 수가 있으며 다수의 사용자들이 대화의 수위를 조절하지 못하고 타인에게 폭언, 인격모독, 성희롱 등 심각한 언어폭력을 가한다. 악성댓글은 피해자들에게 심각한 정신적 피해를 미치고 있으며, 심각한 경우에는 피해자들은 심각한 우울증에 걸리거나 극단적인 선택을 시도한다. 이러한 악성댓글의 심각한 문제는 사이버 공간에서 네티켓의 중요성을 일깨워주며 개인을 넘어서서 사회 구성원 모두가 악성댓글을 방지하는 해결책을 만들었다. 국가에서는 악성댓글을 작성하면 강력하게 처벌하는 법안을 만들었으며, 사이버공간에서의 사용자들은 악성댓글을 근절하는 운동을 전개하고 있다.

악성댓글을 근절하는 좋은 사례로는 악성댓글의 반대체제인 '선플(sunfull)'이 있다. 선플(sunfull)은 착한 인터넷 댓글을 함축하는 신조어로써 영문으로는 햇살 가득한(full sunshine)을 합친 것으로 따뜻한 인터넷 세상을 만들자 라는 뜻이다. 인터넷의 익명성에 기대어 악성 댓글이 난무하는 사회문제를 정화하자는 취지로 전개하고 있다. 국내에서는 악성댓글을 근절하기 위해서 선플달기운동본부가 생겼으며, 악성댓글을 근절하고 선플을 달도록 장려하는 기관이 있다. 매년 11월 첫째 금요일은 '선플의 날'로 정해서 선플 달기 행사를 벌이고 있다.

자료 : 선플달기운동 사이트 (https://www.sunfull.or.kr)

[그림 9.44] 선플달기운동 사이트 화면

9.7.4 방송통신심의위원회

대한민국의 기관 중 하나인 방송통신심의위원회(KCSC : Korea Communication Standards Commission)는 정보통신의 내용을 심의할 수 있는 정보통신에 관한 심의규정 제정권한을 가지고 있다. 과거의 정보통신윤리위원회와 심의 업무가 통합이 되었으며 공정한 방송과 건전한 정보통신문화를 구축하는데 목표를 한다. 윤리 의식이 사회 일부에서 일어나는 의식 개혁만으로는 정보화 사회의 규모와 발전 속도를 따라 잡을 수 없기에, 방송통신심의위원회가 비윤리적인 정보사회 문제를 규제하는데 앞장서고 있다. 방송통신심의위원회는 불건전한 정보통신을 억제하고, 건전한 정보문화를 확산하는데 목적을 두고 있으며, 이를 위하여 정보통신 윤리에 대한 기본 강령을 제정하고, 불건전한 정보 신고센터를 운영하고 있으며, 건전한 정보통신 문화 창달을 위하여 필요한 활동을 담당하고 있다.

자료 : 방송통신심의위원회 사이트 (http://www.kocsc.or.kr)

[그림 9.45] 방송통신심의위원회 사이트 화면

방송통신심의위원회는 주로 디지털 성범죄 신고, 인터넷피해구제 신청 등 정보통신에 관한 문제와 사건사고를 관여하고 피해자들에게 도움을 주는 기관이다.

참고문헌

[1] 김대수 지음, 소프트웨어와 컴퓨팅 사고, 생능출판, 2016년 12월

[2] 아디트야 바르가바 지음 김도형 옮김, Hello Coding 그림으로 개념을 이해하는 알고리즘, 한빛 미디어, 2017년 4월

[3] 천인국 지음, 문제해결과 컴퓨팅 사고, 2017년. 6월

[4] 육군사관학교 · 공군사관학교 · 해군사관학교 · 육군3사관학교 컴퓨터과학과 교수 공저, 4차 산업혁명 시대의 컴퓨터과학 개론 개정판, 도서출판 양서각, 2019년 2월

[5] 김행곤 지음, 컴퓨터 및 IT공학개론, 도서출판 그린, 2003년

[6] 이윤배 지음, 스마트 시대를 위한 컴퓨터 과학의 이해, 휴먼싸이언스, 2010년 8월

[7] 김행곤 지음, 임베디드 소프트웨어 개발을 위한 프로그래밍 언어론, 도서출판 그린, 2007년 3월

[8] 김종훈 · 김종진 공저, 프로그래밍 언어론 쉽게 배우는 언어의 원리와 구조, 한빛미디어, 2008년 6월

[9] 강환수 · 조진형 · 신용현 · 강환일 공저, 모바일 시대의 컴퓨터개론(Introduction to Computers for The Moblie Age) , INFINITY BOOKS, 2014년 12월

[10] 김대수 지음, 개정 5판 컴퓨터 개론(Introduction to Computers), 생능출판, 2014년 12월

[11] 한옥영 지음, 모두를 위한 소프트웨어 입문서 한 권으로 시작하는 소프트웨어, 사람의 무늬 ,2019년 4월

[12] 김현정 지음, 코딩책과 함께 보는 소프트웨어 개념사전, 궁리출판, 2019년 7월

[13] 한선관 · 류미영 지음, 컴퓨팅 사고력을 위한 소프트웨어 교육, 생능출판, 2016년 4월

[14] 제인 크라우스(Jane Krauss) · 키키 프롯츠만(Kiki Prottsman) 지음 · 김수환 · 김찬웅 · 김해영 옮김, code.org를 활용한 컴퓨팅 사고력과 코딩 교육, 한빛아카데미, 2017년 11월

[15] 김행곤 지음, 임베디드 소프트웨어 공학(Embedded Software Technology), 도서출판 그린, 2006년 1월

[16] 김종훈 지음, 소프트웨어 세상을 여는 컴퓨터 과학, 한빛아카데미, 2018년 1월

[17] 이해연 · 류승진 · 최정호 지음, 기초를 탄탄히 세워주는 컴퓨터 사이언스, 카오스북, 2014년 8월

[18] 김행곤 지음, 유비쿼터스 사회와 기술, 도서출판그린, 2010년 12월

[19] 이계영 지음, 운영체제 [개정판], 정익사, 2003년 10월

[20] 김종훈 · 김종진 지음, 컴퓨터 개론 : 쉽게 배우는 컴퓨터 기본 원리, 한빛아카데미, 2013년 3월

[21] 강환수 · 조진형 · 신용현 · 강환일 지음, 소프트웨어 중심사회의 컴퓨터 개론 제4차 산업혁명을 위한 필수 교양서, INFINITY BOOKS, 2019년 2월

[22] 박규석 · 김창수 · 배인한 · 이준연 · 박홍진 지음, 운영체제 <개정판>, 생능출판사, 2013년 8월

[23] 김종현 지음, 개정 5판 컴퓨터구조론, 생능출판사, 2019년 2월

[24] 김행곤 · 손이경 공저, C언어 기반의 데이터 구조, 도서출판 그린, 2019년 3월

[25] 김철진 · 조은숙 · 배동희 공저, UML 과 JAVA로 배우는 객체지향 설계 및 구현, INFINITY BOOKS, 2010년 10월

[26] 김철진 · 조은숙 · 배동희 공저, UML 과 JAVA로 배우는 객체지향 설계 및 구현 2판, INFINITY BOOKS,

2013년 3월

[27] Elmasri · Navathe 지음 · 황규영 · 홍의경 · 음두헌 · 박영철 · 김진호 · 조완섭 옮김, 데이터베이스 시스템 제5판, 피어슨 에듀케이션 코리아 ,2008년 12월

[28] 김연희 지음, 데이터 베이스개론 2판, 한빛아카데미, 2019년 1월

[29] 미크 · 기무라 메이지 지음 · 박주향 옮김, 데이터베이스 첫걸음 완전 초보의 데이터베이스 따라잡기, 한빛미디어, 2016년 10월

[30] 유키 히로시 지음 · 이재광 · 전태일 · 조재신 옮김, 알기 쉬운 정보보호개론 흥미로운 암호 기술의 세계 3판, INFINITY BOOKS, 2017년 5월

[31] 한국정보보호센터 엮음, 정보보호개론, 교우사, 2003년 9월

[32] 사카무라 겐 지음 · 최운식 옮김, 유비쿼터스 컴퓨팅 혁명, 동방미디어, 2002년 8월

[33] 이성환 엮음, 패턴인식의 원리 I , 홍릉과학출판사, 1994년 2월

[34] 구현회 지음, 운영체제 그림으로 배우는 구조와 원리 개정 3판, 한빛아카데미, 2016년 6월

[35] 함호종 · 원종권 지음, 쉽게 배우는 운영체제, 글로벌, 2018년 5월

[36] 강환수 · 강환일 · 이동규 지음, Perfect C 전면개정판 C언어로 배우는 프로그래밍 기초, INFINITY BOOKS, 2016년 1월

[37] 황기태 지음, 명품 C++ Programming 개정판, 생능출판사, 2018년 3월

[38] 황기태 · 김효수 지음, 명품 JAVA Programming 개정 4판, 생능출판사, 2018년 6월

[39] 천인국 지음, 문제해결과 컴퓨팅 사고를 위한 스크래치, INFINITY BOOKS, 2017년 8월

[40] 천인국 지음, 문제해결과 컴퓨팅 사고를 위한 파이썬, INFINITY BOOKS, 2017년 8월

[41] 김호다 · 이지민 · 정영철 · 최동민 · 탁동길 지음, 컴퓨팅 사고를 위한 소프트 파워 UP with 스크래치 3.0, 연두에디션, 2018년 12월

[42] 김진일 · 윤장혁 지음, 파이썬으로 배우는 컴퓨팅사고 STEAM, 이젠 파이썬으로 코딩한다, 연두에디션 , 2018년 7월

[43] 김종훈 지음, 스크래치를 활용한 문제해결능력 향상 : 누구나 할 수 있는 가장 쉬운 프로그래밍 입문서, 한빛아카데미, 2016년 3월

[44] 김치수 지음, 쉽게 배우는 소프트웨어 공학, 한빛 아카데미, 2015년 11월

[45] 최은만 지음, 객체지향 소프트웨어 공학 - 객체지향의 모든 것 · 요구분석 · 아키텍처 설계 · 디자인 패턴 · 테스트 · 에자일 · 프로세스까지 , 한빛아카데미, 2017년 4월

[46] 김의중 지음, 알고리즘으로 배우는 인공지능 · 머신러닝 · 딥러닝 입문, 위키북스, 2016년 7월

[47] 임성수 지음, 모바일 응용 소프트웨어 개발 - 스마트폰을 위한, 국민대학교 출판부, 2010년 12월

[48] 야코 토모노리 · 스기야마 코오지 · 마츠우라 마유미 · 타케노시타 코오요오 · 츠치모토 히로코 지음 · 주한길 옮김, 한 권으로 이해하는 IoT 교과서, 영진닷컴, 2019년 10월

[49] 마첵 크란츠 지음 · 김진희 옮김 · 김남규 검수, IoT 이노베이션 – 4차 산업혁명의 핵심 사물인터넷의 미래, 처음북스, 2017년 7월

[50] 조성준 지음, 세상을 읽는 새로운 언어 빅데이터 – 미래를 혁신하는 빅데이터의 모든 것, 21세기 북스, 2019년 8월

[51] 토마스 얼 · 자이엄 마흐무드 · 리카르도 푸티니 지음 · 강송희 · 강서연 · 김인정 옮김, 클라우드 컴퓨팅 – 개념에서 설계 · 아키텍처까지 · 재출간판, 에이콘출판, 2018년 6월

[52] 최두진 지음, 정보 윤리의 이해와 실천, 한국정보화진흥원, 2010년 10월

[53] https://coding-factory.tistory.com/317

[54] https://m.post.naver.com/viewer/postView.nhn?volumeNo=348789&memberNo=967&vType=VERTICAL

[55] https://coding-factory.tistory.com/202

[56] https://ribelick.tistory.com/266

[57] https://ribelick.tistory.com/266

[58] https://www.samsung.com/sec/galaxy-note10/launching/

[59] https://ko.wikipedia.org/wiki/IOS

[60] https://www.iphonetricks.org/ios-13-release-dates-for-iphone-ipad-and-ipod-touch/

[61] https://www.apple.com/kr/shop/buy-iphone/iphone-11-pro

[62] https://m.blog.naver.com/PostView.nhn?blogId=passion9181&logNo=127218956&proxyReferer=https%3A%2F%2Fwww.google.com%2F

[63] http://blog.naver.com/e_mobis/220648853360

[64] https://ribelick.tistory.com/267?category=302040

[65] https://deeplearning4j.org/kr/neuralnet-overview

[66] http://100.naver.com/100.nhn?docid=925188

[67] http://terms.naver.com/entry.nhn?docId=300394

[68] http://kin.naver.com/knowhow/detail.nhn?d1id=8&dirId=8&docId=649867&qb=7YG065287Jqw65OcIOy7tO2TqO2MhSDtirnsp5U=&enc=utf8&section=kin&rank=1&search_sort=0&spq=0

[69] http://www.etoday.co.kr/news/section/newsview.php?TM=news&SM=2501&idxno=561498

[70] http://www.etnews.com/news/computing/solution/2588355_1476.html

[71] http://blog.naver.com/xcripts?Redirect=Log&logNo=70117851264

[72] http://gojump0713.blog.me/140152184112

[73] http://blog.naver.com/PostView.nhn?blogId=gojump0713&logNo=140134449688&parentCategoryNo=19&categoryNo=&viewDate=&isShowPopularPosts=true&from=search

[74] http://blog.naver.com/PostView.nhn?blogId=gojump0713&logNo=140134449688&parentCategoryNo=19&categoryNo=&viewDate=&isShowPopularPosts=true&from=search

[75] http://blog.naver.com/PostView.nhn?blogId=gojump0713&logNo=140127558200&parentCate

goryNo=19&categoryNo=&viewDate=&isShowPopularPosts=true&from=search

[76] http://blog.naver.com/fround1?Redirect=Log&logNo=80146215122

[77] https://cocomo.tistory.com/374

[78] https://www.samsung.com/sec/samsung-pay/

[79] https://toss.im/

[90] https://www.kakaocorp.com/service/KakaoTalk?lang=ko

[91] http://www.edunet.net/nedu/contsvc/subjectView.do?menu_id=2&contents_id=fs_a0000-2015-0205-0001-000000000032&sub_clss_id=CLSS0000081164&svc_clss_id=CLSS0000059598,CLSS0000059599&contents_openapi=naverdic

[92] https://terms.naver.com/entry.nhn?docId=3586288&cid=59277&categoryId=59281

[93] https://www.sunfull.or.kr/page/main.php

[94] https://terms.naver.com/entry.nhn?docId=1283717&cid=40942&categoryId=34567

[95] http://www.kocsc.or.kr/mainPage.do

[96] 하나금융경영연구소, 차세대 디지털 혁명, 사물인터넷(IoT)의 가능성

[97] https://commons.wikimedia.org/w/index.php?curid=186079

[98] https://commons.wikimedia.org/w/index.php?curid=925505

[99] https://commons.wikimedia.org/w/index.php?curid=170786

[100] https://commons.wikimedia.org/w/index.php?curid=28131684

[101] https://commons.wikimedia.org/w/index.php?curid=8511203

[102] https://commons.wikimedia.org/w/index.php?curid=13310425

[103] http://www.turingarchive.org/viewer/?id=521&title=4

[104] https://commons.wikimedia.org/w/index.php?curid=22828488

[105] https://commons.wikimedia.org/w/index.php?curid=1831682

[106] https://commons.wikimedia.org/w/index.php?curid=55124

[107] https://dlpng.com/png/1877037

[108] https://ko.wikipedia.org/w/index.php?curid=1379445

[109] https://ko.wikipedia.org/wiki/%EB% 8D%B0%EB%8B%88%EC%8A%A4_%EB%A6%AC%EC%B9%98

[110] https://ko.wikipedia.org/wiki/%EC%A0%9C%EC%9E%84%E C%8A%A4_%EA%B3%A0%EC%8A%AC%EB%A7%81

[111] https://www.python.org/

[112] http://www.wikiwand.com/ko/%ED%8C%8C%EC%9D%B4%EC%8D%AC

[113] 한옥영 지음, 모두를 위한 소프트웨어 입문서 한 권으로 시작하는 소프트웨어, 사람의무늬, 2019년 4월

[114] 강민수 ·성재경 ·성창경 ·임명재 ·정동근 ·한성훈 공저, 창의력 컴퓨팅사고를 위한 소프트웨어의 이해, 연두에디션, 2019년 11월

[115] https://www.samsung.com/sec/refrigerators/french-door-rf10r9990m1/

[116] https://www.onestore.co.kr/userpoc/apps/view?pid=0000038821

[117] https://software.naver.com/software/summary.nhn?softwareId=GWS_000642

[118] 조완섭(2016 05) 빅데이터와 활용사례

[119] McKinsey (2011,05) "Big Data: The next frontier for innovation, competition, and productivity"

[120] https://play.google.com/store/apps/details?id=com.kakao.talk&hl=ko

[121] https://line.me/ko/

[122] https://play.google.com/store/apps/details?id=com.instagram.android&hl=ko

[123] https://www.facebook.com/

[124] https://twitter.com/

[125] https://biz.chosun.com/site/data/html_dir/2010/12/15/2010121502142.html

[126] https://m.blog.naver.com/PostView.nhn?blogId=featgirl&logNo=220361058077&proxyReferer=https%3A%2F%2Fwww.google.com%2F

저자약력

김행곤

1978년 5월 ~ 1979년 5월	NASA(미 항공우주국) 연구소	연구원
1979년 8월 ~ 1983년 3월	공군방공포병학교	교관
1988년 1월 ~ 1989년 1월	Bell Lab.	연구원
1987년 3월 ~ 1990년 2월	KT	전임연구원
1991년 8월	중앙대학교	박사
2002년 2월 ~ 2004년 2월	미국 University of Michigan	연구교수
2007년 8월 ~ 2008년 8월	미국 University of CMU	교환교수
2014년 4월	영국 University of Bristol	박사
1990년 3월 ~ 2020년 현재	대구가톨릭대학교	교수

손이경

대구가톨릭대학교 수학교육학과 이학사
대구가톨릭대학교 대학원 전산통계학과 이학석사
대구가톨릭대학교 대학원 컴퓨터공학과 이학박사
현) 대구가톨릭대학교 IT공학부 강의전담교수

SW중심사회에서의 소프트웨어의 이해

발행일 1판 1쇄 인쇄 2020년 2월 25일
1판 1쇄 발행 2020년 2월 27일

지은이 김행곤, 손이경
발행인 윤덕우
발행처 도서출판 그린
주 소 서울특별시 서대문구 연희로5길 50 (03716)
전 화 02)333-2574, 5
팩 스 02)333-2561
출판등록 제8-16호(1995. 5. 3.)
E-mail greenpress@greenpress.co.kr
Homepage http://www.greenpress.co.kr

가 격 16,000 원
ISBN 978-89-5727-299-2 (93000)

* 본 저서는 과학기술정보통신부 및 정보통신기획평가원의 SW중심대학지원사업의 연구결과로 수행되었음(2019-0-01056).